1ESO

LENGUA CASTELLANA y LITERATURA

Para activar tu licencia digital, sigue los siguientes pasos:

1. Entra en **www.construim.cruilladigital.cat**
2. Regístrate.
3. Introduce el código que hay en el interior de la cubierta.

Esta licencia solo se debe activar una única vez.

cruïlla

¿Cómo es este libro?

PRESENTACIÓN DE LAS UNIDADES

Cada unidad se inicia con una doble página que presenta:

- unas preguntas previas de reflexión sobre el tema que se tratará, a partir de una imagen;
- una relación de los contenidos que se aprenderán;
- una relación de las capacidades que se desarrollarán;
- un texto introductorio para reflexionar o explorar los conocimientos previos que se tienen sobre el tema.

DESARROLLO DE LAS UNIDADES

Las **unidades** se articulan en **seis** franjas:

– Lectura
– Uso y comunicación
– Estudio de la lengua
– Ortografía
– Léxico
– Literatura

Las **actividades** están diseñadas desde una perspectiva **comunicativa** y **competencial**. Acercan al estudiante al uso real de la lengua y activan tanto los conocimientos de cursos anteriores como sus habilidades lingüísticas y literarias.

LECTURA: Propone una **lectura** y unas actividades de **comprensión**, **análisis de estructura**, **léxico**, **expresión escrita** y **expresión oral**.

USO Y COMUNICACIÓN: Desarrolla los contenidos a partir de una selección de **textos breves**.

- El **texto** es el motivo para desarrollar el trabajo relacionado con las **competencias**.
- Las **actividades** trabajan la comprensión, el análisis y la creación.
- Los **contenidos principales** aparecen destacados.

ESTUDIO DE LA LENGUA: Trabaja de manera sistemática aspectos de la lengua relacionados con la **sintaxis** y la **morfología**.

ORTOGRAFÍA: Trabaja de manera sistemática aspectos de la lengua relacionados con la **ortografía** y la **puntuación**. Se incluye un **dictado preparado**.

LÉXICO: Trabaja de manera sistemática aspectos de la lengua relacionados con el léxico. Se incide en las **relaciones semánticas** entre palabras y en las formas genuinas de la lengua.

LITERATURA: A través de la selección de textos se descubren y se analizan las características de los **géneros literarios**.

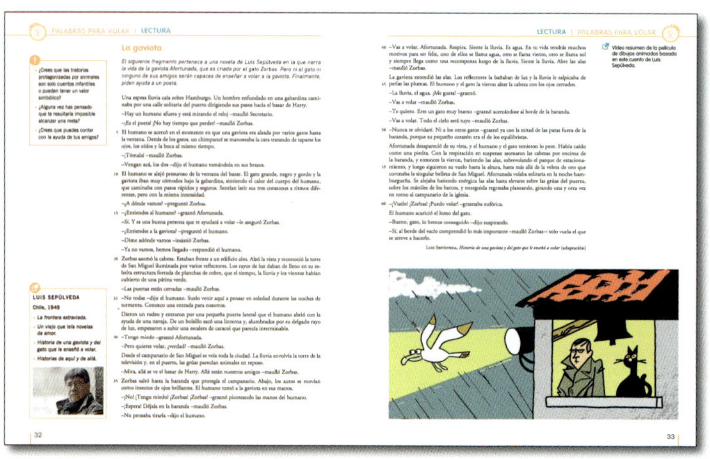

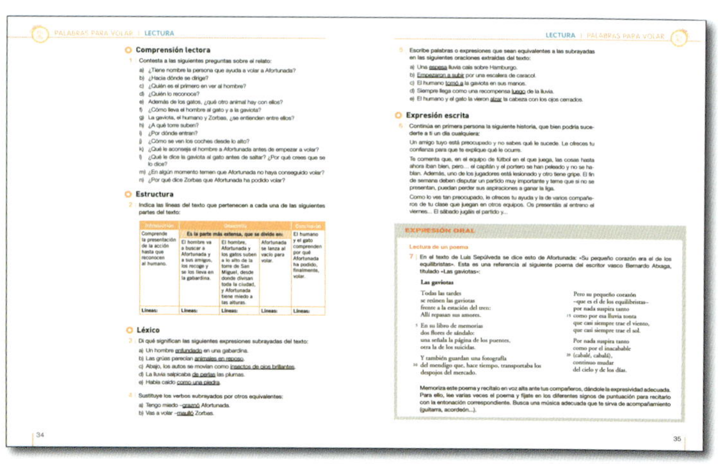

CONCLUSIÓN DE LAS UNIDADES

Al final de cada bloque de unidades, se incluyen:

- una página de **proyecto final** con la expresión oral y la expresión escrita como proyecto transversal;
- dos páginas de actividad de carácter **competencial**, que permite conocer el nivel de aprendizaje alcanzado.

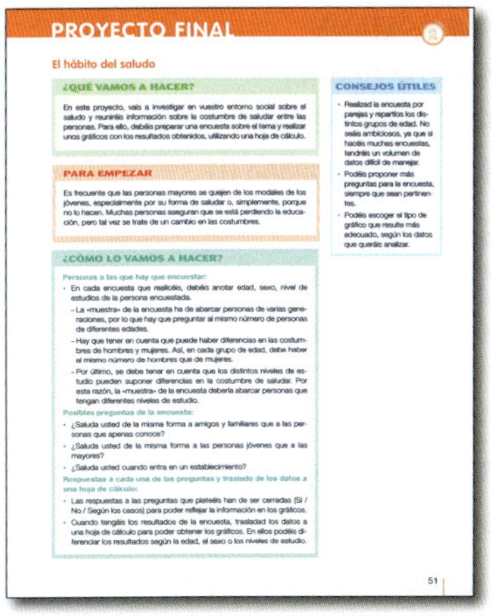

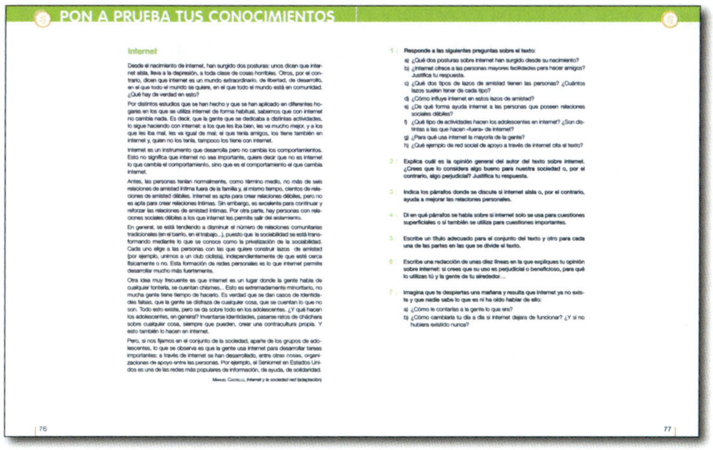

APÉNDICE GRAMATICAL

El libro se cierra con un apéndice que recoge las categorías gramaticales.

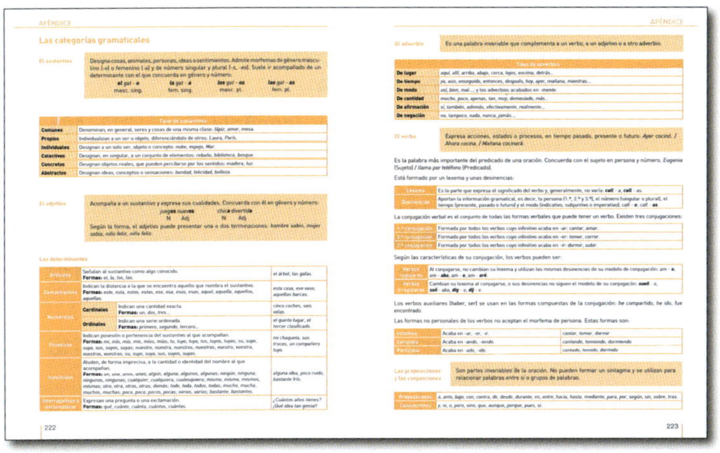

PICTOGRAMA LOCUCIÓN

Repartido a lo largo de las unidades, el pictograma incluye:

- **textos orales** para desarrollar la capacidad de escuchar y trabajar la comprensión lectora;
- propuesta de **dictados**.

EL ENTORNO PERSONAL DE APRENDIZAJE DEL PROYECTO

El libro y la docencia en el aula interactúan de forma natural con el Entorno Personal de Aprendizaje, que se concibe como una plataforma que engloba contenidos multimedia creados para el ámbito digital. Un entorno para trabajar de forma personalizada con los alumnos (en el aula o como extensión de la docencia presencial), donde el estudiante puede organizar su propio proceso de adquisición de conocimientos y competencias.

El Entorno Personal de Aprendizaje ofrece:

- Contenido multimedia referenciado en el libro con el **pictograma** .
- Libro digital. Con edición especial para el uso en pantallas.
- Contenido y actividades de ampliación y refuerzo.
- Personalización y gestión para el profesorado.
- Selección e incorporación contenido.
- Gestión del grupo clase y asignación de tareas (individuales o por grupos personalizados).

En definitiva, la interactividad y flexibilidad propia de este tipo de entornos, adaptada por el equipo editorial a las necesidades docentes de la etapa educativa.

Estas opciones se completan con la oferta de recursos que la editorial pone a disposición del profesorado y del alumnado en www.cruilla.cat.

ÍNDICE

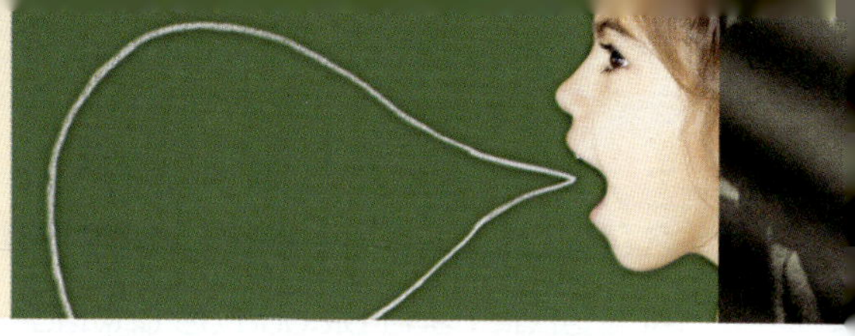

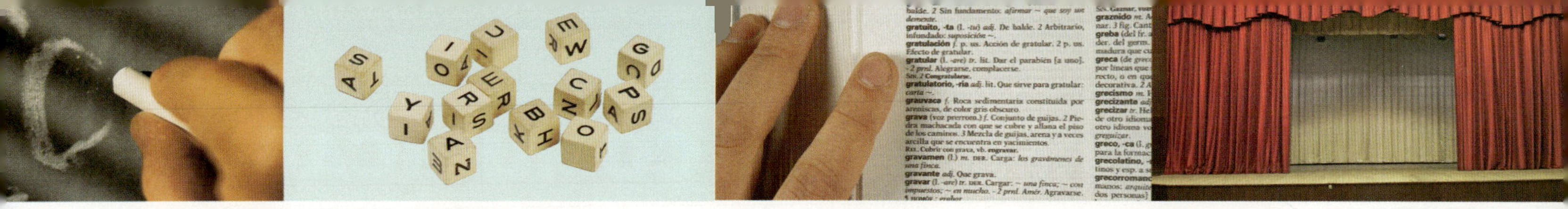

UNIDAD 1

LA RED DE LA COMUNICACIÓN

Observa la fotografía y responde a las preguntas:

- ¿Alguna vez has juntado las manos con otras personas, tal y como se muestra en la imagen? ¿Quiénes eran?
- ¿Qué simboliza este gesto de juntar las manos? ¿Cuándo se utiliza?
- ¿Qué otros gestos conoces que tengan un significado especial?
- ¿Crees que los gestos pueden expresar y comunicar del mismo modo que lo hacen las palabras?

EN ESTA UNIDAD APRENDERÁS...

- Las características de la comunicación.
- Las funciones del lenguaje.
- La comunicación verbal y no verbal.
- Los niveles de estudio de la lengua.
- Las diferencias entre fonemas y letras.
- El uso correcto del punto.
- Las diferencias entre los textos literarios y los no literarios.
- Los diferentes recursos literarios relacionados con la forma y el contenido.

Y SERÁS CAPAZ DE...

- Identificar los elementos de la comunicación para mejorar las estrategias comunicativas.
- Conocer y utilizar los elementos no verbales de la comunicación: gestualidad, mirada...
- Reflexionar sobre aspectos usados a diario en el lenguaje: la ortografía y la puntuación.
- Identificar los recursos lingüísticos propios de la literatura para diferenciar los textos literarios de los no literarios.
- Reflexionar sobre los diferentes recursos del lenguaje para poder hacer un mejor uso de ellos.

EMPEZAMOS

Lee el texto siguiente y contesta a las preguntas:

Si el hombre ha evolucionado, ha sido gracias a que no está solo en el mundo. Y es que allá donde una persona no llega, han podido llegar otras y así hemos ido progresando.

Vivimos en grupo: primero se forma con los familiares más próximos (padres y hermanos); después con el resto de la familia (abuelos, tíos...), y con el tiempo descubrimos a los amigos (del colegio, del parque...). Es así como vamos creando la red de relaciones sociales en nuestra vida, y es en estas relaciones donde desarrollamos el lenguaje, la comunicación, que nos permite intercambiar ideas y experiencias.

De este modo, nace el deseo de conocer a nuevas personas, porque sabemos que en ellas vamos a encontrar a compañeros y amigos con los que vale la pena relacionarse, en los que podemos confiar. Así pues, aunque cambiemos de barrio o de ciudad, o empecemos el curso en otro colegio, conoceremos a nuevos compañeros, haremos nuevas amistades, que nos ayudarán a integrarnos y a las que podremos comunicar nuestras experiencias.

Pero ¿qué pasa si una relación se quiebra? Pues que surge el sentimiento de soledad o de exclusión.

1. ¿Conoces la historia del patito feo?
2. Más allá del cuento infantil, ¿sabes qué quiere simbolizar esta historia?
3. ¿Crees que es justo que se aparte al que es diferente por el simple hecho de serlo?
4. ¿Cómo crees que se puede llegar a sentir el que es rechazado?
5. Relaciona el vídeo que encontrarás en la web con el texto que acabas de leer.

La historia del lobito bueno

!

- ¿Has oído hablar alguna vez del lobo feroz? ¿Conoces su historia?
- ¿Crees que las personas buenas pueden volverse malas?
- ¿Has pensado alguna vez que los cuentos infantiles pueden también hablarnos de temas de adultos?

Este cuento de José Agustín Goytisolo explica la verdadera historia del lobo feroz: dónde nació, cómo y con quién creció... También relata las muchas ganas que tenía de conocer a gente, de tener amigos y de poder ayudar a los demás. Pero una mala experiencia lo convirtió en un lobo feroz.

Érase una vez un lobito bueno. Nació en una montaña, pero desde que era pequeño miraba siempre hacia el llano, en donde había un pueblo. Le gustaba ver a los niños que corrían por las calles.

–Quiero ir al pueblo.

Los lobos mayores le riñeron.

–No vayas, es peligroso. Las personas son capaces de cualquier cosa. Te harán daño.

Pero el lobito bueno no hizo caso. Un día, cuando no lo veían los otros lobos, se escapó, bajó al llano y entró en el pueblo. Caminó por las calles y llegó a la plaza.

–¡Hola! Me llamo Juan.

–¡Hola! Me llamo María –y se sentaron a su lado, acariciándolo. Desde aquel día fueron sus amigos.

La gente del pueblo quería mucho al lobito bueno, porque era simpático y cariñoso, y ayudaba a todo el mundo. Vigilaba las casas, acompañaba a los niños al colegio y llevaba las cestas del pan. Y lo que mejor hacía era cuidar los rebaños de corderos, para que no se perdieran ni se hiciesen daño. Pero en el pueblo las cosas no iban bien. La gente decía:

–Hemos recogido poco trigo.

–No hay patatas.

–Nos iremos a trabajar a la ciudad.

Y se iban. Vendían las gallinas, los corderos y los cerdos, atrancaban las puertas de las casas y subían al autocar. El lobito bueno no entendía lo que pasaba. ¿A dónde se irían? Pero un día Juan y María le dijeron:

–Nosotros también nos vamos. Ya hemos hecho las maletas. Aquí no se va a quedar nadie. ¿Qué harás tú?

¿Qué iba a hacer? Pues marcharse, como todo el mundo.

Aquella tarde, cuando Juan y María subieron al autocar, el lobito bueno intentó primero esconderse entre las maletas, pero lo vieron y lo sacaron de allí. Entonces trepó por la escalerilla trasera y se sentó en el portapaquetes, con los cestos y los bultos.

Después de un viaje muy largo, el autocar entró en una gran ciudad. Las casas eran altas y grises, y en las calles no había árboles. Todo estaba lleno de coches. Cuando el autocar se detuvo y empezó a salir la gente, el lobito bueno bajó de un salto para ponerse al lado de Juan y María. Pero un guardia que estaba en la calle se puso a tocar un silbato y a gritar y a empujar a todos los que acababan de llegar del pueblo.

Se armó un lío tremendo. Todos agarraron sus cestos y maletas y echaron a correr. Cuando el lobito bueno se dio cuenta, ya no había nadie a su lado. ¿Dónde estaban Juan y María? Seguramente sus padres se los habían llevado.

El lobito bueno estuvo buscándolos todo el día por la ciudad. Dio vueltas y vueltas, y pasó por muchas calles y plazas, pero no pudo encontrarlos. Estaba muy cansado y entró en el portal de una casa. Vio una alfombrilla que había al pie de la escalera y se echó allí, para reposar. Pero la portera se enfadó y lo echó a escobazos.

JOSÉ AGUSTÍN GOYTISOLO

Barcelona, 1928 - Barcelona, 1999

- *Los pasos del cazador.*
- *Palabras para Julia.*
- *Elegías a Julia Gay.*
- *Érase una vez la paz.*

El lobito bueno caminó otra vez por las calles, esquivando los coches y mirando a la gente, para ver si alguien le hacía caso. Nadie le decía nada.

Tenía hambre. Y como no le daban de comer, se acercó a una tienda para ver si conseguía un poco de pan. Cuando el dueño lo vio, se puso furioso y quiso pegarle con un palo grande. Corrió y corrió hasta que llegó a un lugar en donde se acababan las casas y empezaba el campo. Allí vio a un pastor que estaba con un rebaño de corderos. No había perro.

El lobito bueno se aproximó, pensando que podría vigilar el rebaño, como hacía en el pueblo, y entonces el pastor le daría pan y queso. Pero los corderos, al verlo, se le echaron encima y empezaron a maltratarlo. Y el pastor le tiró piedras. ¡A correr otra vez!

Cuando estuvo lejos y vio que nadie le perseguía, se detuvo y empezó a pensar. Pensó y pensó. No quería vivir en la ciudad, pues había perdido a sus amigos y además todo el mundo le pegaba. Tampoco le gustaba volver al pueblo, porque en el pueblo ya no había nadie.

Mientras pensaba estas cosas se dio cuenta de que sus uñas y dientes estaban creciendo. Aulló, y el ruido que hizo fue tan fuerte, que pareció un rugido. Entonces tomó una determinación. Se adentró en un bosque y se metió en la primera cueva que encontró. Y en el bosque se quedó para siempre.

Durante el día estaba escondido en la cueva y por las noches salía afuera y daba grandes aullidos, mirando hacia la luna. Sus uñas y sus dientes eran enormes. Cuando tenía hambre, se acercaba al pueblo y se comía a las personas y los corderos que encontraba.

Y esto ocurrió porque el lobito bueno, desengañado por todas las cosas que le sucedieron, se había convertido en un lobo, en un LOBO FEROZ como todos los lobos de este mundo.

José Agustín Goytisolo, «El lobito bueno», *Érase una vez la paz*

Paco Ibáñez canta *El lobito bueno* y otros cuentos de tradición popular.

Comprensión lectora

1 | Contesta a las siguientes preguntas sobre el relato:

a) ¿Dónde nació el lobito?
b) ¿Qué le gustaba mirar desde pequeño?
c) ¿Qué le decían los lobos mayores sobre las personas?
d) ¿A quién encuentra el lobito en la plaza?
e) ¿Acepta la gente al lobito bueno? ¿En qué les ayuda?
f) ¿Por qué se va la gente del pueblo?
g) ¿Cómo logra el lobito bueno subir al autobús? ¿A dónde van?
h) ¿Por qué pierde el lobito bueno a sus amigos?
i) ¿Qué le sucede con una portera?
j) ¿Por qué quiere pegarle el dueño de una tienda?
k) ¿Qué le quiere proponer el lobito bueno al pastor?
l) ¿Por qué el lobito bueno se queda para siempre en el bosque?
m) ¿Por qué se convierte en un lobo feroz?

Estructura

2 | Indica las diferentes partes en las que se divide el cuento:

- La introducción comprende:
  a) La primera línea.
  b) Los dos primeros párrafos.
  c) Desde «Érase una vez…» hasta «Te harán daño».
- El nudo del relato comprende:
  a) Desde «Pero el lobito bueno no hizo caso…» hasta el final.
  b) Desde «Pero el lobito bueno no hizo caso…» hasta «... se metió en la primera cueva que encontró».
  c) Desde «Pero el lobito bueno no hizo caso…» hasta que se van a la ciudad.
- El desenlace comprende:
  a) A partir de «Y en el bosque se quedó para siempre» hasta el final del relato.
  b) Los tres últimos párrafos.
  c) El último párrafo.

Léxico

3 | En el cuento del lobito, aparecen dos palabras antónimas: *bueno* y *feroz*. Relaciona cada palabra con el antónimo correspondiente:

llano	antipático
peligroso	encontrar
simpático	mostrarse
vigilar	calmado
perder	cansarse
esconderse	seguro
detener	arrancar
reposar	descuidar
furioso	montaña

4 | **Escribe un sinónimo de las palabras y expresiones subrayadas de las siguientes oraciones extraídas del texto:**

a) Pero el lobito bueno no hizo caso.
b) Atrancaban las puertas de las casas.
c) Entonces trepó por la escalerilla trasera.
d) Se armó un lío tremendo.
e) El lobito bueno caminó otra vez por las calles.

Expresión escrita

5 | **Escribe una redacción en la que expongas las causas por las que el lobito bueno se convierte en un lobo feroz.**

Para la redacción de tu escrito, ten en cuenta estos posibles factores influyentes en el comportamiento del lobito:

- La actitud de las personas que lo rodean.
- La reacción del lobito bueno cuando Juan y María lo quieren.
- La respuesta del lobito bueno cuando Juan y María lo rechazan.
- La actitud contrapuesta entre las personas del pueblo y de la ciudad.
- La influencia del pastor en la huida del lobito bueno.

6 | **Imagina y escribe un final diferente para este cuento de Goytisolo. Para ello, escoge una de las siguientes opciones que se ofrecen y desarróllala de forma escrita:**

- Han pasado ya muchos años desde que el lobo feroz se adentró en el bosque y ahora vive escondido en la cueva, donde no se relaciona con nadie. Desconfía de todos y…
- Después de mucho tiempo, el lobo se reencuentra con Juan y María, quienes ya se han hecho mayores. Al principio no se reconocen, pero después, y poco a poco, los tres…

EXPRESIÓN ORAL

La amistad

7 | **Después de reflexionar sobre el cuento, explica de forma oral y ante tus compañeros la importancia que tiene la amistad para las personas. Ten en cuenta las siguientes ideas:**

- La importancia de tener amigos.
- La ayuda que nos ofrecen los amigos.
- La necesidad que tenemos de ser comprendidos y de sentirnos queridos por los demás.
- El rechazo que a menudo mostramos ante las cosas y las personas por el simple hecho de que son distintas o porque no las conocemos suficientemente.
- La necesidad de aprender a escuchar a las personas para saber cómo son realmente, antes de juzgarlas.

La comunicación

8 | Lee el texto siguiente y responde a las preguntas que encontrarás a continuación:

Jorge Barudy y Maryorie Dantagnan son doctores especializados en la atención y ayuda a los niños que han sufrido experiencias duras. Su objetivo es que estos niños puedan llevar una vida plenamente integrada en la sociedad. Y, para ello, es muy importante que los pequeños aprendan a comunicarse con los demás.

Cuando un niño ha vivido situaciones difíciles en su vida, suele presentar dificultades para expresar sentimientos y emociones. La idea es poder ayudarles a usar palabras para comunicarlos. Para ello, antes que nada, deben comprenderlos, reconocerlos e identificarlos.

Se comienza trabajando las emociones básicas: tristeza, rabia, alegría y miedo. Luego se progresa hacia otras emociones más complejas, como nervios, desagrado, soledad, orgullo y vergüenza. Al principio se ayuda a los niños a reconocer sus propios sentimientos examinando sus cuerpos, sus caras, sus expresiones y sensaciones (nudo en la garganta, mariposas en el estómago). Una vez reconocidas e identificadas las emociones, estas se definen con palabras y se asocian a experiencias presentes y pasadas.

Jorge Barudy y Maryorie Dantagnan, *La fiesta mágica y realista de la resiliencia infantil* (adaptación)

a) ¿Qué dificultades sufre un niño que ha vivido situaciones difíciles en algún momento de su vida?

b) ¿Cómo ayuda el uso de las palabras a superar esos problemas?

c) ¿Con qué se empieza a trabajar primero?

d) ¿Cómo se ayuda al niño a reconocer los sentimientos?

e) Además de las palabras, ¿con qué otros medios puede el niño expresar sus sensaciones y sentimientos?

f) Mira el vídeo que encontrarás en la web y responde a la pregunta: ¿Siempre se ha dado la misma importancia a las emociones?

La comunicación es importantísima para las personas, ya que evita el aislamiento. Cuando nos comunicamos, explicamos algo de nosotros o de otras personas, y esto lo hacemos mediante palabras, pero también a través de gestos, imágenes o sonidos.

La **comunicación** es un proceso a través del cual se transmite información y en el que intervienen los siguientes elementos: emisor, receptor, mensaje, referente, código y canal.

El **emisor** es la persona que transmite y comunica la información.

Por su parte, la persona que recibe el mensaje emitido por el emisor es el **receptor**.

El **mensaje** es aquella información que transmitimos, lo que comunicamos. Esta información trata sobre un tema determinado, como por ejemplo, lo que hemos hecho durante el día, lo que haremos el fin de semana o lo que preferimos para cenar. Esto es lo que llamamos **referente**, es decir, el tema sobre el que hablamos en el acto de la comunicación.

El emisor y el receptor deben conocer el mismo **código** con el que se ha construido el mensaje, ya que, de lo contrario, emisor y receptor no podrían entenderse.

Muchas veces, en este proceso, emisor y receptor están juntos, es decir, comparten un mismo espacio. Pero en otras ocasiones no es así, y la comunicación se desarrolla a través de otros medios, como el papel, el teléfono, internet, un teléfono móvil... Y este elemento de la comunicación es el **canal**, es decir, el medio a través del cual transmitimos la información.

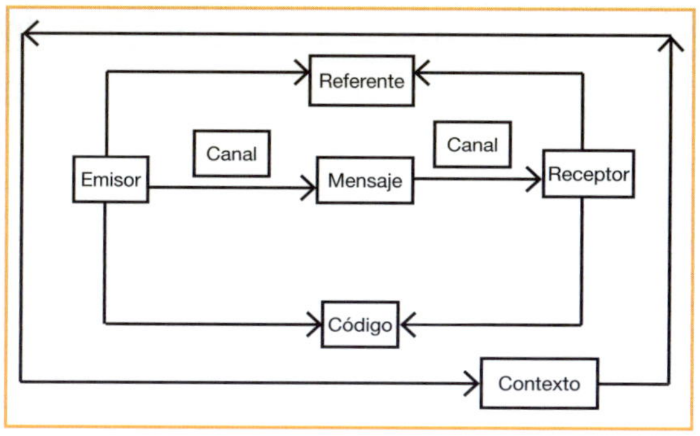

9 | Lee los siguientes actos de comunicación e indica qué elementos intervienen en él, es decir, quién es el emisor y quién es el receptor, así como cuál es el canal utilizado y el mensaje que se transmite:

a) Carla le dice a su amiga Merche en un mensaje a través del móvil: «Quedamos para vernos a las cinco de la tarde en la plaza».

b) Tu madre te dice: «Recoge tu habitación».

c) Carlos te llama al móvil y te comenta si quieres ir mañana al cine.

Las funciones del lenguaje

Las siguientes situaciones comunicativas se centran en diferentes elementos de la comunicación, que determinan la función lingüística que destaca en cada uno de ellos:

Situación	Función del lenguaje
Un chico está de excursión en una montaña nevada, muy abrigado, y dice: «¡Qué frío hace!».	El alpinista expresa el frío que tiene, es decir, se centra en sí mismo, en el emisor. En su mensaje destaca la **función emotiva**.
Una madre le dice a su hijo: «Recoge la mesa, Ricardo».	En este caso, el mensaje se centra en el receptor. La madre quiere que, después de hablar, el hijo haga algo. Su mensaje tiene una **función conativa**.
Dos amigas hablan y una le dice a la otra: «¿Entiendes?».	En este caso, una de las amigas quiere asegurarse de que la otra ha entendido su mensaje y que la está escuchando; o sea, se centra en el propio canal. Por ello decimos que destaca la **función fática** o **de contacto**.
Una señora pregunta a un chico: «¿Dónde están tus padres?», y el chico le responde: «Mi padre ha ido a comprar y me madre está en el gimnasio».	El mensaje del niño que explica a una señora dónde están sus padres se centra en el referente, ya que no dice nada de él ni del receptor. En este mensaje predomina la **función referencial**.
Un chico recita un poema en una celebración familiar.	El niño que recita un poema transmite un mensaje que es bello en sí mismo. En este mensaje destaca la **función poética**.
El profesor explica en clase una lección: «La comunicación posee seis elementos...».	En el mensaje del profesor que explica la lección de Lengua predomina la **función metalingüística**, pues utiliza el lenguaje para hablar del propio lenguaje.

10 | Indica la función lingüística de los siguientes mensajes:

a) Los niños van por la tierra
y las niñas por el aire.
Por el sueño nadie.
Nadie nadie nadie
por el sueño nadie.

José Agustín Goytisolo, *La nana de Julia*

b) ¿Ha quedado claro?

c) El sustantivo es el núcleo del sintagma nominal.

d) ¡Tengo hambre!

e) Mañana será un día soleado y habrá temperaturas propias del verano.

f) ¿Tiene hora, por favor?

La comunicación verbal y no verbal

11 | Observa las siguientes viñetas y responde a las preguntas:

a) ¿Quién es el emisor de los dos primeros mensajes? ¿Y el del último?

b) ¿Cuál es el mensaje de cada situación?

c) ¿A quién va dirigido en cada caso?

d) En estas situaciones, ¿se comunica solo con palabras o se utilizan, además, otro tipo de signos?

La comunicación no sea realiza solo con palabras, sino que, a menudo, encontramos otros elementos que intervienen en ella, como por ejemplo:

- **Gestos**, **expresiones**, **movimientos**, que refuerzan las palabras del mensaje, como por ejemplo, cuando la profesora señala fuera de la clase cuando nos dice que vayamos a buscar tiza, o cuando levantamos la mano en un bar para llamar la atención del camarero.
- En otros casos, no necesitamos las palabras para comunicarnos, puesto que utilizando solamente **gestos** o **imágenes**, podemos expresar aquello que queremos transmitir. Así, si observamos las imágenes de la izquierda, solo por los gestos y expresiones de estos chicos, podemos deducir que la niña está cansada y que el niño muestra enfado o disgusto.
- **Señales** e **indicaciones**, que transmiten una información y que complementan las palabras del mensaje, como es el caso de la persona que advierte al conductor que no puede aparcar en ese lugar.

La comunicación oral y la gestualidad

La comunicación oral va acompañada de gestos tanto del cuerpo como de la cara, que hacen que el acto comunicativo resulte muy expresivo.

12 | Observa estas imágenes y realiza las siguientes actividades:

a) Escribe las palabras o el diálogo que podrían acompañar a estos gestos.
b) Observa atentamente la segunda y tercera imagen; ¿cuál de las dos te parece más formal? Justifica tu respuesta.

La comunicación no verbal

Cuando no utilizamos palabras en nuestro mensaje, estamos usando exclusivamente la **comunicación no verbal**. En nuestra vida cotidiana, podemos encontrar un gran número de mensajes no verbales, como las señales de tráfico, las de los hospitales, las de los parques y jardines…

13 | Fíjate en las siguientes imágenes y escribe en tu cuaderno qué mensaje transmiten y en qué contexto las podemos encontrar:

1

2

3

4

14 | Otra forma de comunicación no verbal que solemos utilizar es la de los emoticonos en las aplicaciones móviles. Dibuja en tu cuaderno el emoticono que utilizarías para acompañar a los siguientes mensajes:

a) ¡Feliz cumpleaños!
b) ¡Era una broma!
c) ¡Estoy muy enfadado!
d) ¡Estoy totalmente de acuerdo!
e) ¿Qué me dices?

15 | Escribe en tu cuaderno cuatro mensajes que enviarías por teléfono móvil, junto con los emoticonos que creas necesarios.

Amplía conocimientos sobre uso y comunicación.

Los niveles de estudio de la lengua

Juega con las palabras.

16 | Lee el siguiente texto y contesta a las preguntas que encontrarás a continuación:

Carmen Martín Gaite es una de las grandes escritoras en lengua castellana y la primera mujer a la que se le concedió el Premio Nacional de Literatura. Nubosidad variable *(1992) es una novela que cuenta la historia de dos grandes amigas que se separaron, porque se enamoraron del mismo hombre. Años más tarde, vuelven a ponerse en contacto mediante las cartas que se escriben.*

A ella le gustaba inventar palabras y desmontar las que oía por primera vez, hacer combinaciones con las piezas resultantes, separar y poner juntas las que se repetían. Las palabras un poco largas eran como vestidos de corpiño, chaleco y falda, y se le podía poner el chaleco de una a la falda de otra con el mismo corpiño, o al revés, que fuera la falda lo que cambiase. Alternando la «f» y la «g», por ejemplo, salían diferentes modalidades de paz, de muerte, de santidad y de testimonio: pacificar y apaciguar, mortificar y amortiguar, santificar y santiguar, testificar y atestiguar; era un juego bastante divertido para hacerlo con diccionario. Algunos corpiños como «filo», que quería decir amistad, y «logos», que quería decir palabra, abrigaban mucho y permitían variaciones muy interesantes. Ella un día los puso juntos y resultó un personaje francamente seductor: el filólogo o amigo de las palabras. Lo dibujó en un cuaderno tal y como se imaginaba, con gafas color malva, un sombrero puntiagudo y en la mano un cazamariposas grande por donde entraban frases en espiral a las que pintó alas. Luego vino a saber que la palabra «filólogo» ya existía, que no la había inventado ella.

–Pero da igual, lo que ha hecho usted es entenderla y aplicársela –le dijo don Pedro Larroque, el profesor de Literatura–. No deje nunca el cazamariposas. Es uno de los entretenimientos más sanos: atrapar palabras y jugar con ellas.

Carmen Martín Gaite, *Nubosidad variable*

a) ¿Qué hace la protagonista con las palabras?
b) ¿Con qué prendas de ropa compara las palabras la protagonista?
c) ¿Cuál es el significado de «filo» y de «logos»?
d) ¿Qué palabra crea la protagonista al juntar «filo» y «logos»? ¿Cuál es su significado?
e) ¿Cómo imagina a un filólogo?
f) ¿Para qué sirve el cazamariposas que tiene el filólogo?
g) ¿Quién es Pedro Larroque? ¿Qué consejo le da a la protagonista?
h) ¿Crees que las palabras pueden «desmontarse», tal y como hace la protagonista?
i) ¿Crees que conocer nuevas palabras puede ayudarnos a expresar mejor lo que pensamos y mejorar nuestra relación con los demás?

Los **filólogos** son aquellas personas que se dedican al estudio no solo de las palabras, sino también de la lengua y de la literatura de una comunidad. Tal y como dice la protagonista del texto, las palabras pueden «desmontarse», pero también unirse y combinarse con otras para crear unidades mayores. Por eso, al estudiar una lengua, los filólogos dividen su estudio en distintos niveles, según se centren en partes más pequeñas o en unidades mayores.

17 | Fíjate en las siguientes palabras y contesta a las preguntas que encontrarás a continuación:

goma - toma - coma - Roma - loma - doma

a) ¿Qué diferencias detectas en la forma de estas palabras?
b) Por sí solas, ¿las letras que cambian tienen algún significado?
c) ¿Varía el significado de las palabras si se cambia una de sus letras?

Las letras aisladas no nos transmiten ningún significado si no se unen a otras para formar palabras: *r*, *t*, *c*, *g*... Por lo tanto, estas letras y los sonidos que representan son unidades de la lengua sin significado.

En cambio, las palabras *Roma*, *toma*, *goma*... sí que poseen un significado, de modo que son unidades de la lengua con significado. También tienen sentido las oraciones que podemos formar con ellas, como por ejemplo: *Estuve en Roma* o *Toma la goma que me dejaste*.

Los **sonidos** y las **letras** de una lengua son unidades mínimas sin significado. Pero si se combinan, forman unidades mayores con significado.

Los diferentes niveles de estudio de la lengua son: el nivel **fónico**, el **morfosintáctico** y el **léxico-semántico**.

El nivel fónico

18 | En la tabla siguiente, aparecen una serie de palabras en castellano, junto con su equivalente en catalán. Observa las letras destacadas y, a continuación, contesta a las preguntas:

Castellano	Catalán
capu**ch**a	capu**tx**a
geolo**g**ía	**g**eolo**g**ia
joven	**j**ove
cebolla	**c**eba
monta**ñ**a	munta**ny**a
abra**z**o	abra**ç**ada

a) ¿Qué sonidos se escriben de manera distinta en castellano y en catalán?
b) ¿Qué sonidos se escriben de la misma forma en castellano y en catalán?
c) ¿Qué letras resaltadas en negrita se pronuncian de la misma manera en las diferentes lenguas, pero se escriben de diferente forma?
d) ¿Qué letras destacadas en negrita se pronuncian de manera distinta en castellano y en catalán?

Todas las lenguas poseen unos sonidos determinados para poder crear las diferentes palabras que componen su vocabulario. Estos sonidos se representan en la escritura mediante letras.

El **nivel fónico** estudia los sonidos que utiliza una lengua para formar palabras, así como sus características.

El nivel morfosintáctico

19 | Fíjate en las siguientes series de palabras y contesta a las preguntas:

casa - casas - casita	historia - prehistoria
señor - señora	canto - cantaba - cantaré

a) ¿Qué elementos tienen en común las palabras de cada serie?
b) ¿Qué varía en cada una de estas series de palabras?
c) ¿Qué diferencias en su significado provoca este cambio?

Las palabras pueden estar compuestas por unidades más pequeñas, que poseen algún tipo de significado. Por ejemplo, la terminación *-ita* de *casita* nos indica que es pequeña, y la terminación *-s* de *casas* nos dice que hay más de una. Asimismo, la partícula *pre-*, que precede a *historia*, indica que es antes de la historia, y las terminaciones *-o*, *-aba* y *-aré* aportan información sobre quién y cuándo ejecuta la acción de *cantar*.

20 | Lee las siguientes oraciones y contesta a las preguntas:

- El amiga suyos fue con mí al cines a ver uno películas.
- Me compramos unas jerséis que me iban pequeño.
- La autobuses llegaron tarde al parada.
- Los obras de la casas van muy lentos.
- Resolvieron bien las problemos matemática y las dieron una premios.

a) ¿Son correctas todas las palabras de estas oraciones?
b) ¿Son correctas las oraciones que se forman con estas palabras? ¿Por qué?
c) ¿Qué cambios deberías realizar para que estas oraciones fueran correctas? Escríbelos en tu cuaderno.

Aunque las palabras de estas oraciones sean correctas, no se combinan entre ellas de manera adecuada, de modo que forman oraciones mal construidas. Cada lengua tiene unas normas determinadas para combinar correctamente las palabras y formar así oraciones, que deben respetarse para poder ser entendidas.

La **morfología** se ocupa de la forma y estructura de las palabras. Por su parte, la **sintaxis** estudia cómo se unen las palabras para construir oraciones correctas. Estas dos disciplinas forman parte del **nivel morfosintáctico** del estudio de la lengua.

21 | Copia el texto siguiente en tu cuaderno y corrige los errores morfosintácticos que detectes:

El otro día veí a Pedro y a Ana. Las encontré en la colas del cine y estuvo hablando con ellos un ratos. Al principio solo vieron a Pedro; después aparecieron Ana. Ella me explicó que estaba estudiando segundos de Bachilleratos y que tenía muchos trabajo porque las asignaturas eran bastante difíciles. Él me dijo que había dejado los estudios y que estaba trabajando en una tiendas de la ropa.

Pedro y Ana había vivido durante muchos tiempos en mi barrio, pero sus padres se había trasladado a Barcelona y no las veía desde hacía tres años.

El nivel léxico-semántico

22 | Lee este texto y contesta a las preguntas:

> A mis 12 años de edad estuve a punto de ser atropellado por una bicicleta. Un señor cura que pasaba me salvó con un grito: «¡Cuidado!».
>
> El ciclista cayó a tierra. El señor cura, sin detenerse, me dijo: «¿Ya vio lo que es el poder de la palabra?». Ese día lo supe. Ahora sabemos, además, que los mayas lo sabían desde los tiempos de Cristo, y con tanto rigor que tenían un dios especial para las palabras.
>
> Nunca como hoy ha sido tan grande ese poder. La humanidad entrará en el tercer milenio bajo el imperio de las palabras. No es cierto que la imagen esté desplazándolas ni que pueda extinguirlas. Al contrario, está potenciándolas: nunca hubo en el mundo tantas palabras con tanto alcance y autoridad como en la actualidad. Palabras inventadas, maltratadas o sacralizadas por la prensa, por los libros, por los carteles de publicidad; habladas y cantadas por la radio, la televisión, el cine, el teléfono, los altavoces públicos; gritadas a brocha gorda en las paredes de la calle o susurradas al oído en las penumbras del amor. No: el gran derrotado es el silencio. Las cosas tienen ahora tantos nombres en tantas lenguas que ya no es fácil saber cómo se llaman en ninguna.
>
> GABRIEL GARCÍA MÁRQUEZ, «Botella al mar para el Dios de las palabras» (adaptación)

a) ¿Qué hecho hace que el autor descubra el poder de las palabras? ¿Por qué?
b) ¿Quiénes tenían un dios especial para las palabras?
c) ¿Cree el autor que las imágenes están desplazando el poder de las palabras? ¿Por qué?
d) Según el autor, ¿quién es el gran derrotado?
e) ¿Por qué crees tú que las palabras de una lengua son importantes para las personas que la hablan?

El **léxico** de una lengua lo forma su vocabulario, es decir, el conjunto de todas las palabras que posee esa lengua.

Por su parte, la **semántica** estudia todo lo relacionado con el significado de las palabras de una lengua.

23 | Fíjate en las siguientes series de palabras y explica qué relación hay entre ellas:

a) *football* - fútbol
b) grande - pequeño
c) piña - plátano - uvas - manzanas - naranjas
d) contento - feliz

Como habrás observado, la relación entre las diferentes series de palabras anteriores se puede establecer según su origen, por su significado contrario, porque todas ellas son frutas o porque poseen un mismo significado.

El nivel **léxico-semántico** estudia las palabras de una lengua, así como su origen, su evolución y su significado.

Amplía conocimientos sobre el estudio de la lengua.

Los sonidos y las letras

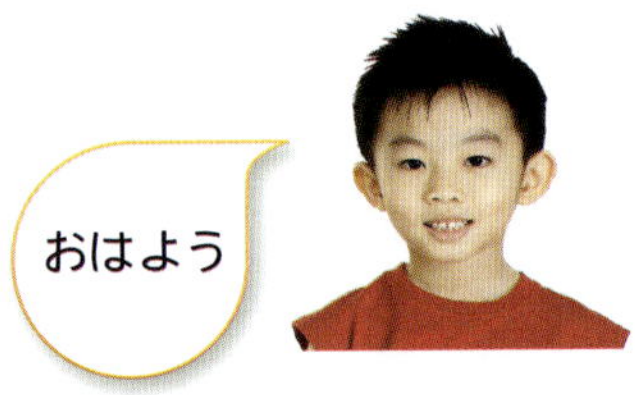

24 | **Observa las imágenes de la izquierda y contesta a las preguntas:**

a) ¿Cuántos de estos idiomas eres capaz de reconocer?
b) ¿Utilizan estas lenguas los mismos sonidos para crear palabras?
c) ¿Cuáles de estas lenguas tienen letras parecidas y cuáles diferentes?
d) ¿Crees que los hablantes de las lenguas que utilizan un mismo alfabeto no tienen dificultades para entenderse entre sí? ¿Por qué?

Cada una de las personas de las imágenes de la izquierda utiliza lenguas diferentes para comunicarse. Estas lenguas tienen sus propios sonidos para pronunciar las palabras y usan, además, letras distintas para representarlos.

Los **sonidos** que posee una lengua para formar palabras se conocen con el nombre de **fonemas** y las **letras** que los representan se denominan **grafías**.

Los fonemas y las grafías del castellano

El castellano posee veinticuatro fonemas: cinco vocálicos y diecinueve consonánticos. En cambio, tiene veintisiete grafías. Esta diferencia se da porque no siempre existe una correspondencia entre los fonemas y las grafías. Por ejemplo, la *h* no representa ningún fonema y, en cambio, las grafías *b* y *v* representan un mismo fonema.

El conjunto de las grafías de la lengua castellana se denomina abecedario, y cada una de ellas tiene una forma en mayúscula y otra en minúscula, que procede de las que utilizaban los romanos para escribir en latín:

Mayúscula	Minúscula	Nombre	Mayúscula	Minúscula	Nombre	Mayúscula	Minúscula	Nombre
A	a	*a*	J	j	*jota*	R	r	*erre*
B	b	*be*	K	k	*ka*	S	s	*ese*
C	c	*ce*	L	l	*ele*	T	t	*te*
D	d	*de*	M	m	*eme*	U	u	*u*
E	e	*e*	N	n	*ene*	V	v	*uve*
F	f	*efe*	Ñ	ñ	*eñe*	W	w	*uve doble*
G	g	*ge*	O	o	*o*	X	x	*equis*
H	h	*hache*	P	p	*pe*	Y	y	*ye*
I	i	*i*	Q	q	*cu*	Z	z	*zeta*

Los dígrafos

Los **dígrafos** son representaciones de un fonema mediante dos grafías.

25 | **Ordena alfabéticamente las siguientes palabras:**

a) estuche
b) chapuza
c) yeso
d) revista
e) boda
f) lodo
g) quitar
h) tetera
i) mirar
j) ñu
k) waterpolo
l) caso

26 | **Escribe cinco palabras con cada uno de los dígrafos del castellano.**

! Los dígrafos del castellano son los siguientes: *ch*, *ll*, *rr*, *gu*, *qu*.

La ortografía de *c* / *qu* / *k*

27 | Copia el siguiente texto en tu cuaderno y escribe *c* o *q* en los espacios en blanco:

Mucha gente se pregunta por ___ué ha bajado tanto su ___alidad de vida desde hace muchos años. ___uando empezó la ___risis, en 2008, nadie pensó que las conse___uencias de la ___uiebra de los mer___ados llegarían tan lejos.

La letra ***c*** y el dígrafo ***qu*** pueden representar un mismo fonema en castellano, como por ejemplo, en las palabras *cuando*, *que* o *cuestión*. Por ello, y también por la influencia del catalán, a veces surgen dudas a la hora de escribirlos.

Se escribe ***c*** ante las vocales ***a***, ***o***, ***u***, y ***qu*** ante las vocales ***e***, ***i***.

La grafía ***k*** se utiliza en algunas palabras del castellano que no proceden del latín, como *anorak* o *kiwi*.

! En algunas palabras, es correcto utilizar la grafía ***k*** o la ***qu***, como por ejemplo: *bikini* / *biquini*; *euskera* / *eusquera*; *kiosco* / *quiosco*.

Signos de puntuación

El punto

El **punto** es un signo de puntuación que indica una pausa al final de un enunciado. Después del punto, siempre escribiremos la primera letra de la siguiente palabra con mayúscula.

Hay tres clases de punto:

Punto y seguido	Separa oraciones que mantienen entre sí una cierta relación de significado.
Punto y aparte	Separa párrafos en los que se desarrolla una idea distinta sobre el mismo tema del texto.
Punto y final	Se utiliza para terminar un texto.

28 | Copia en tu cuaderno el texto siguiente y escribe punto y seguido, punto y aparte, o punto y final en los espacios en blanco:

Ayer por la mañana fui por primera vez a mi nuevo trabajo___ al llegar me explicaron lo que debería hacer durante mi turno: descargar los camiones que llegaran y dejar el material en su lugar correspondiente___ cuando acabé la jornada laboral, no podía casi ni caminar___ me dolían todas las articulaciones y cada uno de los músculos de mi cuerpo___

Dictado

Cuando llegó a su nuevo instituto, le invadió una sensación de soledad. No conocía a nadie y la cuestión era que tampoco tenía ánimos suficientes para relacionarse con cualquier otra chica de su edad. Pensó que había sido una equivocación haberse ido a vivir con su padre y se preguntaba cuánto tiempo tardaría en adaptarse a su nueva vida.

! **¡Fíjate!**

cuando
cuestión
cualquier
e**qu**ivocación
cuánto

Amplía conocimientos sobre ortografía.

El léxico de la lengua española

29 | Lee el siguiente texto, fíjate en las palabras destacadas y contesta a las peguntas:

Sofía, ven a recogerme en coche al **almacén** y trae el **anorak** que te había prestado, porque quiero ir a **esquiar** este **sábado**. Cuando bajes, ten cuidado porque hay mucho **barro**. Si te apetece, esta noche podemos ir a comer una ***pizza*** al **restaurante** de la esquina. Envíame un mensaje para decirme si te va bien.

a) ¿Sabes cuál es el origen de la mayoría de las palabras del castellano?
b) ¿Todas las palabras proceden de la misma lengua?
c) ¿De qué otras lenguas hemos tomado prestadas muchas palabras?
d) Busca información en internet y di de qué lengua proceden las palabras destacadas en el texto: griego, italiano, francés, hebreo, árabe, esquimal o inglés.

El castellano es una lengua románica, al igual que el catalán, el gallego, el portugués, el francés o el italiano, entre otras. Esto quiere decir que la mayor parte de las palabras que forman parte de su vocabulario proceden de la lengua que hablaban los antiguos romanos: el latín. Pero también existen muchos otros términos que proceden de lenguas distintas y que utilizamos habitualmente. Algunas ya se empleaban antes de que los romanos llegaran a la Península, otras son posteriores y, finalmente, otras se han ido incorporando a lo largo de los siglos.

Lenguas prerromanas	Latín	Lenguas posteriores al latín
Se hablaban en la península Ibérica antes de la llegada de los romanos. Las lenguas prerromanas son: • El vasco. • El íbero. • El celta.	Es la lengua que se impuso en la mayor parte de la península Ibérica cuando fue conquistada por los romanos. El castellano, el catalán, el gallego y el portugués se formaron a partir del latín.	Son las otras lenguas de las que hemos adoptado palabras. Algunas de estas lenguas son: • El árabe. • El francés. • El italiano. • El griego. • El inglés.

La mayor parte de las palabras del castellano las podemos encontrar definidas en los **diccionarios**. En ellos, es frecuente que se indique de dónde proceden los términos que buscamos. El diccionario más completo es el *Diccionario de la Real Academia Española* (*DRAE*), que se puede consultar también en internet.

30 | Busca en el *Diccionario de la Real Academia Española* las siguientes palabras y di de qué lengua proceden. Indica también si se trata de una lengua que se hablaba antes de la llegada de los romanos, si procede del latín o si es posterior a ellos:

a) izquierda
b) guerra
c) escopeta
d) yate
e) alcalde
f) chocolate
g) harina
h) poesía
i) arroz
j) cantar
k) barranco
l) vagón

Amplía conocimientos sobre léxico.

Los textos literarios y no literarios

31 | Lee los siguientes textos sobre el valor de la amistad y responde a las preguntas:

Animación que trata el valor de la amistad, sin hacer uso de las palabras.

①

La amistad es una relación de afecto entre dos o más personas. La amistad es una de las formas más comunes de relacionarnos con los demás. La inmensa mayoría de las personas mantiene algún tipo de relación amistosa con otra u otras personas.

②

Sol, en sus paseos, empezó a encontrarse con Ramón, cada vez con más frecuencia. Su conversación, suave y levemente teñida de amargura, la atraía. Le impresionaba, sobre todas las cosas, la sensación de soledad que emanaba de aquel hombre. Sentía una mezcla de compasión y simpatía por él, y se interesaba cada vez más por conocer sus pensamientos. Estaba tan llena de curiosidad por todas las cosas, por todos los seres, que no le costaba apasionarse.

Ana María Matute, *Luciérnagas* (adaptación)

a) ¿Cuál de los textos anteriores explica un concepto?
b) ¿Cuál de los dos textos relata cómo se siente una persona?
c) ¿Cuál de los dos escritos es más subjetivo?
d) ¿Cuál de los dos fragmentos crees que intenta expresarse de una forma especial?

La amistad es un valor muy importante en nuestras vidas, que ha preocupado a muchos pensadores. Una de estas figuras fue la escritora Ana María Matute (1925), que en 1955 escribió *Luciérnagas*, un libro en el que explora las vivencias de una adolescente en tiempos difíciles.

Como habrás observado, los textos 1 y 2 son muy diferentes:

Texto 1	Texto 2
Es un texto objetivo.	Es un texto subjetivo.
Expone las ideas más importantes de un tema.	Expone las ideas que más han llamado la atención del autor.
Usa las palabras con su significado literal.	En algunos momentos, usa las palabras con un sentido figurado.
Su principal objetivo es transmitir información.	Su principal objetivo es resultar bello, llamar la atención del lector por la manera de decir las cosas.
Predomina la función referencial.	Predomina la función poética.

Así pues, podemos concluir que el texto 2 es un texto literario.

Un **texto literario** es un texto que tiene por objeto llamar la atención sobre su manera de expresarse, ya que lo que se persigue es que el texto resulte bello. En los textos literarios predomina la función poética.

Los recursos literarios

!

El significado denotativo del verbo *teñir* es «impregnar algo de una materia que haga que cambie de color».

Sin embargo, en la expresión «su conversación [...] teñida de amargura», se utiliza el significado connotativo del verbo *teñir*, que es «dominar completamente algo».

En los textos literarios, el mensaje transmite información de forma «especial», ya que se apoya en el significado connotativo del lenguaje.

- El **significado denotativo** de una palabra es su significado objetivo, el que registra el diccionario.
- El **significado connotativo** de una palabra es el que se apoya en lo que sugiere esta.

Para potenciar el significado connotativo, el lenguaje literario se sirve de los **recursos literarios** o **figuras literarias**, es decir, de unas formas especiales del lenguaje que hacen que los textos resulten más sugerentes.

Hay recursos literarios muy variados:

- Unos recursos se refieren a la **forma de las palabras** y **oraciones**.
- Otros se refieren a su **significado**.

Los recursos literarios relacionados con la forma

Lee el siguiente fragmento:

Los ríos sonorosos,
el silbo de los aires amorosos.

San Juan de la Cruz

Este texto habla de un paisaje en el que destacan dos cosas: el murmullo de los ríos y el del aire. Para reforzar esta idea, el autor utiliza palabras que contienen el sonido *s*, que sugiere el ruido de estos elementos.

La **aliteración** es un recurso literario en el que un sonido se va repitiendo en palabras muy cercanas para reproducir un determinado efecto sonoro.

32 | Lee este fragmento y di en qué se diferencian los adjetivos subrayados de los destacados en negrita:

Antiguos sepulcros orillaban el camino y mustios cipreses dejaban caer sobre ellos su sombra **venerable**. La silla de posta seguía siempre la vieja calzada, y mis ojos **fatigados** de mirar en la noche, se cerraban con sueño.

Ramón del Valle-Inclán, *Sonata de primavera*

Un recurso literario muy utilizado es el uso de **epítetos**, es decir, el empleo de adjetivos que van delante del nombre y que destacan una cualidad que es propia de ese sustantivo.

33 | Lee este fragmento y di cuáles de los adjetivos destacados son epítetos y cuáles no:

El Monte Carmelo es una colina **desnuda** y **árida** situada al noroeste de la ciudad. Manejados los **invisibles** hilos por **expertas** manos de niño, a menudo se ven cometas de **brillantes** colores en el azul del cielo, estremecidas por el viento, asomando por encima de la cumbre.

Juan Marsé, *Últimas tardes con Teresa*

Fíjate en la expresión destacada del siguiente fragmento:

¡Los actores ya están ahí! ¡La obra empieza ya! Peleas, enredos, vicios, crímenes... **La luna que aparece, tapias de convento que se suben, la luna que desaparece, tapias de convento que se bajan**...

José Luis Alonso de Santos, *La sombra del Tenorio* (adaptación)

Las dos oraciones destacadas tienen una estructura sintáctica equivalente, aunque se utilicen palabras distintas. En este caso, se utiliza un paralelismo.

El **paralelismo** es un recurso literario que consiste en construir dos o más oraciones con la misma estructura sintáctica, utilizando palabras distintas.

Los recursos literarios relacionados con el contenido

Un recurso literario muy frecuente se basa en relacionar aquello de lo que se habla (un objeto, una persona, un paisaje...) con otro elemento con el que comparte alguna característica que se quiere destacar.

34 | Lee el siguiente fragmento y contesta a las preguntas:

Visto desde la loma, el pueblo de Ainielle se cuelga sobre el barranco, como un alud de losas y pizarras torturadas, y solo en las casas más bajas el sol alcanzará a arrancar aun algún último destello al cristal y a las pizarras.

Julio Llamazares, *La lluvia amarilla* (adaptación)

a) ¿Qué es Ainielle?
b) ¿A qué se parece según el autor?

Una **comparación** es un recurso literario mediante el cual se relacionan dos elementos que poseen una característica común. La relación entre los dos elementos se establece mediante un nexo comparativo (*como*, *igual que*...).

35 | Lee el siguiente fragmento y contesta a las preguntas:

Encontré para alquilar una casa que me pareció extravagante. Había que viajar por horas en metro para llegar hasta allá. Lo que me gustó de esa casa fue que parecía una jaula. Tenía tres pisos, corredores y habitaciones chicas. Esa casa era una indescriptible pajarera.

Pablo Neruda, *Confieso que he vivido* (adaptación)

a) ¿A qué se parecía la casa de Pablo Neruda?
b) ¿Cómo interpretas la última oración del fragmento? ¿Crees que realmente Pablo Neruda se fue a vivir a una pajarera?

La última oración del fragmento anterior, en la que se establece una relación entre la casa del escritor y una pajarera, es una comparación en la que se ha suprimido el nexo *como*. Es decir, es una metáfora.

Una **metáfora** es un recurso literario mediante el cual se identifican los dos elementos de una comparación y en el que no aparece el nexo comparativo.

36 | Lee el texto siguiente y realiza las actividades:

Roque fue el primero en dejarse caer del otro lado de la tapia. Lo hizo blandamente, con una **elegancia felina**, como si sus rodillas y sus ingles estuvieran montadas sobre muelles [...]. Pero lo único que se apresuraba de Daniel el Mochuelo era el corazón, que bailaba como un loco.

MIGUEL DELIBES, *El camino*

a) Busca y señala dos comparaciones en el texto.

b) ¿Crees que la expresión destacada se usa con su significado literal? ¿De qué recurso literario se trata?

Lee el siguiente fragmento:

En la terraza, estaba adosado un banco que ofrecía asiento a la sombra. Todo aparecía allá abajo: vega, río, ciudad, agitándose **dulcemente** como un cuerpo dormido.

LUIS CERNUDA, *Ocnos*

La palabra destacada del texto explica la forma en que se agitan la vega, el río y la ciudad. Sin embargo, es un uso especial de la palabra, ya que la manera en que se agitan el río, la vega y la ciudad se capta con el sentido de la vista, pero *dulcemente* alude al gusto. En este caso, hay una sinestesia.

La **sinestesia** es un recurso literario mediante el cual aquello que se capta a través de un sentido determinado se relaciona con otro distinto.

37 | Lee el siguiente fragmento, fíjate en la expresión destacada y di qué significa *benévolo*:

La plaza, hay que reconocerlo, es informe; la fuente, hay que reconocerlo, es absurda. Pero **la noche, el aire, los árboles, son benévolos**.

LUIS CERNUDA, *Variaciones sobre tema mexicano*

En la expresión destacada se usa el adjetivo *benévolos*, que generalmente se aplica a personas. Sin embargo, aquí se refiere a la noche, al aire, a los árboles, que son seres inanimados, de modo que se personifican.

La **personificación** es un recurso literario que consiste en atribuir cualidades humanas a seres inanimados.

38 | Lee estos fragmentos y di en cuál de ellos hay una personificación y en cuál una sinestesia:

a) Los ruidos de las noches no se olvidan nunca. Las noches son muy cuidadosas con los ruidos. Parece que les dan una importancia de acontecimiento. Porque todo suena con la claridad de una amenaza.

FELIPE BENÍTEZ REYES, *La propiedad del paraíso*

b) Había en el ambiente un silencio turbio, opaco, que tampoco decía nada de interés. Me dirigí descalzo al pasillo y desde él alcancé el salón.

JUAN JOSÉ MILLÁS, *El orden alfabético*

Amplía conocimientos sobre literatura.

Una red social para trabajar

¿QUÉ VAMOS A HACER?

En este proyecto, vais a diseñar una red social que os ayude a trabajar en grupo a través de herramientas informáticas.

CONSEJOS ÚTILES

- El trabajo en grupo exige la colaboración de todos sus miembros, de forma que deben participar cada uno de ellos.
- Reuníos para intercambiar propuestas y decidid cuál es la más conveniente.
- Podéis repartiros las distintas tareas, pero tened en cuenta que todos los miembros del grupo han de revisar lo que elaboran los demás.

PARA EMPEZAR

Las tecnologías de la información y de la comunicación (TIC) son un instrumento muy útil para la educación, sea cual sea el nivel de estudios en el que os encontréis.

Posiblemente, muchas de las tareas que vais a realizar este curso precisan de programas informáticos, ya sea para la presentación de trabajos escritos, como apoyo a vuestras exposiciones orales, para la elaboración de gráficos…

Por otra parte, es importante que aprendáis a trabajar en grupo y, para ello, resulta necesario disponer de un espacio en el que podáis reuniros, intercambiar ideas y propuestas o acceder a documentos compartidos, para que así podáis comunicaros sin tener que quedar en un lugar y hora en concreto.

¿CÓMO LO VAMOS A HACER?

- Formad grupos de tres o cuatro alumos.
- Determinad qué actividades os conviene llevar a cabo a través de esa red social (difundir información, compartir documentos, conversar *online*…).
- Reflexionad de qué manera pueden participar los miembros de la red en cada uno de esos espacios.
- Pensad, además, qué información debe incluir cada alumno cuando se inscriba en la red (optativas elegidas, asignaturas favoritas, asignaturas de las que necesite recibir algún tipo de apoyo…) y elaborad el impreso que se deba rellenar.
- Por último, tened en cuenta que esta red social puede incluir también apartados para actividades de ocio (actividades extraescolares que se llevan a cabo, deportes que se practican...).

Las redes sociales

Las redes sociales son sitios de internet que permiten a las personas conectarse con sus amigos e incluso realizar nuevas amistades, de manera virtual, y compartir contenidos, crear comunidades sobre intereses similares: trabajo, lecturas, juegos, amistad, relaciones comerciales...

El origen de las redes sociales se remonta al menos a 1995, cuando el esta,dounidense Randy Conrads creó el sitio web classmates.com. Con esta red social pretendía que la gente pudiera recuperar o mantener el contacto con antiguos compañeros del colegio, instituto, universidad...

En 2002 comenzaron a aparecer los primeros sitios web que promocionaban redes de círculos de amigos en línea o relaciones en las comunidades virtuales. La popularidad de estos sitios creció rápidamente y se fueron perfeccionando hasta conformar el espacio de las redes sociales en internet. Las redes sociales continúan creciendo y ganando adeptos en forma acelerada.

En estas comunidades, un número inicial de participantes envía mensajes a sus conocidos (normalmente, sus contactos de correo electrónico) invitándolos a unirse a la comunidad. Los nuevos participantes repiten el proceso, y así crece el número total de miembros y los enlaces de la red.

Para ingresar en una red social basta con registrarse gratuitamente, completar una ficha con datos personales y empezar a asociarse con otros usuarios. Todo lo que se necesita es una dirección válida de correo electrónico.

En las redes sociales en internet se promueve ante todo la posibilidad de relacionarnos con otras personas, aunque no las conozcamos personalmente. El sistema es abierto y dinámico y se va construyendo con lo que cada miembro de la red aporta.

Las redes sociales, entre otras cosas, sirven como plataforma de promoción personal, ya que cualquiera de los que conforman la red puede leer quién eres, qué hiciste, tus ideas y proyectos.

Su auge se ha producido en parte gracias al avance de las conexiones a internet y al aumento en la cantidad de personas con acceso a una computadora. Quienes más las utilizan son los adolescentes y adultos jóvenes, generalmente universitarios y profesionales con acceso a internet. Lo más interesante es que su utilidad va mutando a medida que se incrementan los que las conforman.

Escritorio Familia, «Redes sociales» (adaptación)

Hay varios tipos de redes sociales:

1. Redes sociales genéricas. Son las más numeroras y conocidas. Las más extendidas en España son Facebook, Tuenti, Google +, Twitter o Myspace.
2. Redes sociales profesionales. Sus miembros están relacionados laboralmente. Pueden servir para conectar compañeros o para la búsqueda de trabajo. Las más conocidas son Linkedin, Xing y Vidaeo.
3. Redes sociales temáticas. Están basadas en un tema concreto. Pueden relacionar personas con el mismo *hobby* o la misma actividad. Las más famosas son Flickr e Instagram.

Fotonostra, «Redes sociales» (adaptación)

1 | **Contesta a las siguientes preguntas sobre el primer texto:**

a) ¿Qué son las redes sociales?
b) ¿Cuál fue la primera red social?
c) ¿Cuándo surgió?
d) ¿Quién la creó?
e) ¿Con qué finalidad se creó?
f) ¿Qué tipo de sitios web aparecieron en 2002?
g) ¿Qué aceptación tuvieron entre el público?
h) ¿Cómo ha sido su evolución?
i) ¿Qué objetivo persiguen las redes sociales?
j) ¿Cómo se va formando el sistema de las redes sociales?
k) ¿Qué hay que hacer para ingresar en una red social?
l) ¿Por qué sirve de plataforma de promoción personal?
m) ¿A qué se debe el auge de las redes sociales?

2 | **Responde a las siguientes preguntas sobre el segundo texto:**

a) ¿A qué tipo de red social pertenece Google +?
b) ¿A qué tipo de red social pertenece Linkedin?
c) ¿A qué tipo de red social pertenece Flickr?

3 | **Relaciona cada tipo de red social con su característica:**

Redes sociales temáticas	Son las más numerosas.
Redes sociales genéricas	Sirven para buscar trabajo.
Redes sociales profesionales	Relacionan personas con el mismo *hobby*.

4 | **Relee la parte del texto que explica cómo se forma y crece una red social y diseña un esquema en el que lo reflejes.**

5 | **Habrás observado que muchas celebridades (músicos, cantantes, actores y actrices, escritores...) tienen cuentas en las principales redes sociales. Escribe una redacción en la que expliques a qué crees que es debido y qué utilidad tiene para ellos.**

6 | **Habrás oído en los medios de comunicación que, en algunos casos, se habla de los riesgos de las redes sociales. ¿A qué riesgos crees que se pueden referir?**

UNIDAD 2

PALABRAS PARA VOLAR

Observa la fotografía y responde a las preguntas:

- ¿Qué deporte están practicando las personas de la fotografía?
- Además de mucho entrenamiento, ¿qué más te parece que han necesitado para conseguir formar esa circunferencia?
- ¿Sabes cuál es la palabra que se utiliza para designar la colaboración de varias personas para conseguir un mismo objetivo?
- ¿En qué contexto crees que las palabras pueden ayudar a volar?

EN ESTA UNIDAD APRENDERÁS...

- Las características del diálogo.
- La estructura de las palabras.
- Las características de la sílaba.
- El concepto de diptongo, triptongo e hiato.
- El uso de la coma.
- El uso del diccionario.
- Las características del teatro.
- Los aspectos escénicos del teatro.

Y SERÁS CAPAZ DE...

- Reconocer los elementos propios del diálogo para utilizarlo de forma adecuada.
- Reflexionar sobre aspectos usados a diario en el lenguaje: la estructura de las palabras y el uso de la coma.
- Resolver dudas utilizando los diccionarios.
- Identificar la estructura de las palabras para poder construir otros términos nuevos de forma adecuada.
- Reflexionar sobre las características del teatro para disfrutar mejor de la lectura de una obra o de su representación.

EMPEZAMOS

Lee el texto siguiente y contesta a las preguntas:

«No todos lo podemos todo», dijo Virgilio en la Antigüedad. Y es cierto. Por eso el hombre es un ser social, que necesita de los demás para poder alcanzar metas que para él solo le resultarían imposibles. Así pues, el hombre no vive aislado, y de las relaciones sociales nace la cooperación, la solidaridad y la ayuda que todos necesitamos.

Si por un momento echamos la mirada atrás, nos daremos cuenta de que siempre ha habido gente que nos ha ayudado: cuando necesitábamos aprender a caminar, caída tras caída, alguien nos levantó; en el colegio, siempre hemos colaborado con los compañeros, y los profesores nos han ayudado a obtener buenos resultados.

Y en el origen de esta cooperación está la comunicación, es decir, el lenguaje, ya que debemos saber explicarnos no solo para pedir ayuda, sino para decir cómo somos, qué estamos haciendo y qué necesitamos.

1. ¿Crees que es importante tener amigos?
2. ¿Cuándo fue la última vez que necesitaste la ayuda de tus compañeros?
3. ¿Conoces alguna actividad en la que sea necesaria la colaboración de los otros?
4. Establece las relaciones que encuentres entre este vídeo que encontrarás en la web y el texto que acabas de leer.

- ¿Crees que las historias protagonizadas por animales son solo cuentos infantiles o pueden tener un valor simbólico?
- ¿Alguna vez has pensado que te resultaría imposible alcanzar una meta?
- ¿Crees que puedes contar con la ayuda de tus amigos?

La gaviota

El siguiente fragmento pertenece a una novela de Luis Sepúlveda en la que narra la vida de la gaviota Afortunada, que es criada por el gato Zorbas. Pero ni el gato ni ninguno de sus amigos serán capaces de enseñar a volar a la gaviota. Finalmente, piden ayuda a un poeta.

Una espesa lluvia caía sobre Hamburgo. Un hombre enfundado en una gabardina caminaba por una calle solitaria del puerto dirigiendo sus pasos hacia el bazar de Harry.

–Hay un humano afuera y está mirando el reloj –maulló Secretario.

–¡Es el poeta! ¡No hay tiempo que perder! –maulló Zorbas.

El humano se acercó en el momento en que una gaviota era alzada por varios gatos hasta la ventana. Detrás de los gatos, un chimpancé se manoseaba la cara tratando de taparse los ojos, los oídos y la boca al mismo tiempo.

–¡Tómala! –maulló Zorbas.

–Vengan acá, los dos –dijo el humano tomándola en sus brazos.

El humano se alejó presuroso de la ventana del bazar. El gato grande, negro y gordo y la gaviota iban muy cómodos bajo la gabardina, sintiendo el calor del cuerpo del humano, que caminaba con pasos rápidos y seguros. Sentían latir sus tres corazones a ritmos diferentes, pero con la misma intensidad.

–¿A dónde vamos? –preguntó Zorbas.

–¿Entiendes al humano? –graznó Afortunada.

–Sí. Y es una buena persona que te ayudará a volar –le aseguró Zorbas.

–¿Entiendes a la gaviota? –preguntó el humano.

–Dime adónde vamos –insistió Zorbas.

–Ya no vamos, hemos llegado –respondió el humano.

Zorbas asomó la cabeza. Estaban frente a un edificio alto. Alzó la vista y reconoció la torre de San Miguel iluminada por varios reflectores. Los rayos de luz daban de lleno en su esbelta estructura forrada de planchas de cobre, que el tiempo, la lluvia y los vientos habían cubierto de una pátina verde.

–Las puertas están cerradas –maulló Zorbas.

–No todas –dijo el humano. Suelo venir aquí a pensar en soledad durante las noches de tormenta. Conozco una entrada para nosotros.

Dieron un rodeo y entraron por una pequeña puerta lateral que el humano abrió con la ayuda de una navaja. De un bolsillo sacó una linterna y, alumbrados por su delgado rayo de luz, empezaron a subir una escalera de caracol que parecía interminable.

–Tengo miedo –graznó Afortunada.

–Pero quieres volar, ¿verdad? –maulló Zorbas.

Desde el campanario de San Miguel se veía toda la ciudad. La lluvia envolvía la torre de la televisión y, en el puerto, las grúas parecían animales en reposo.

–Mira, allá se ve el bazar de Harry. Allá están nuestros amigos –maulló Zorbas.

Zorbas saltó hasta la baranda que protegía el campanario. Abajo, los autos se movían como insectos de ojos brillantes. El humano tomó a la gaviota en sus manos.

–¡No! ¡Tengo miedo! ¡Zorbas! ¡Zorbas! –graznó picoteando las manos del humano.

–¡Espera! Déjala en la baranda –maulló Zorbas.

–No pensaba tirarla –dijo el humano.

LUIS SEPÚLVEDA

Chile, 1949

- *La frontera extraviada.*
- *Un viejo que leía novelas de amor.*
- *Historia de una gaviota y del gato que le enseñó a volar.*
- *Historias de aquí y de allá.*

–Vas a volar, Afortunada. Respira. Siente la lluvia. Es agua. En tu vida tendrás muchos motivos para ser feliz, uno de ellos se llama agua, otro se llama viento, otro se llama sol y siempre llega como una recompensa luego de la lluvia. Siente la lluvia. Abre las alas –maulló Zorbas.

La gaviota extendió las alas. Los reflectores la bañaban de luz y la lluvia le salpicaba de perlas las plumas. El humano y el gato la vieron alzar la cabeza con los ojos cerrados.

–La lluvia, el agua. ¡Me gusta! –graznó.

–Vas a volar –maulló Zorbas.

–Te quiero. Eres un gato muy bueno –graznó acercándose al borde de la baranda.

–Vas a volar. Todo el cielo será tuyo –maulló Zorbas.

–Nunca te olvidaré. Ni a los otros gatos –graznó ya con la mitad de las patas fuera de la baranda, porque su pequeño corazón era el de los equilibristas.

Afortunada desapareció de su vista, y el humano y el gato temieron lo peor. Había caído como una piedra. Con la respiración en suspenso asomaron las cabezas por encima de la baranda, y entonces la vieron, batiendo las alas, sobrevolando el parque de estacionamiento, y luego siguieron su vuelo hasta la altura, hasta más allá de la veleta de oro que coronaba la singular belleza de San Miguel. Afortunada volaba solitaria en la noche hamburgueña. Se alejaba batiendo enérgica las alas hasta elevarse sobre las grúas del puerto, sobre los mástiles de los barcos, y enseguida regresaba planeando, girando una y otra vez en torno al campanario de la iglesia.

–¡Vuelo! ¡Zorbas! ¡Puedo volar! –graznaba eufórica.

El humano acarició el lomo del gato.

–Bueno, gato, lo hemos conseguido –dijo suspirando.

–Sí, al borde del vacío comprendió lo más importante –maulló Zorbas–: solo vuela el que se atreve a hacerlo.

Luis Sepúlveda, *Historia de una gaviota y del gato que le enseñó a volar* (adaptación)

Vídeo resumen de la película de dibujos animados basada en este cuento de Luis Sepúlveda.

Comprensión lectora

1 | Contesta a las siguientes preguntas sobre el relato:

a) ¿Tiene nombre la persona que ayuda a volar a Afortunada?
b) ¿Hacia dónde se dirige?
c) ¿Quién es el primero en ver al hombre?
d) ¿Quién lo reconoce?
e) Además de los gatos, ¿qué otro animal hay con ellos?
f) ¿Cómo lleva el hombre al gato y a la gaviota?
g) La gaviota, el humano y Zorbas, ¿se entienden entre ellos?
h) ¿A qué torre suben?
i) ¿Por dónde entran?
j) ¿Cómo se ven los coches desde lo alto?
k) ¿Qué le aconseja el hombre a Afortunada antes de empezar a volar?
l) ¿Qué le dice la gaviota al gato antes de saltar? ¿Por qué crees que se lo dice?
m) ¿En algún momento temen que Afortunada no haya conseguido volar?
n) ¿Por qué dice Zorbas que Afortunada ha podido volar?

Estructura

2 | Indica las líneas del texto que pertenecen a cada una de las siguientes partes del texto:

Introducción	Desarrollo			Conclusión
Comprende la presentación de la acción hasta que reconocen al humano.	**Es la parte más extensa, que se divide en:**			El humano y el gato comprenden por qué Afortunada ha podido, finalmente, volar.
	El hombre va a buscar a Afortunada y a sus amigos, los recoge y se los lleva en la gabardina.	El hombre, Afortunada y los gatos suben a lo alto de la torre de San Miguel, desde donde divisan toda la ciudad, y Afortunada tiene miedo a las alturas.	Afortunada se lanza al vacío para volar.	
Líneas:	**Líneas:**	**Líneas:**	**Líneas:**	**Líneas:**

Léxico

3 | Di qué significan las siguientes expresiones subrayadas del texto:

a) Un hombre enfundado en una gabardina.
b) Las grúas parecían animales en reposo.
c) Abajo, los autos se movían como insectos de ojos brillantes.
d) La lluvia salpicaba de perlas las plumas.
e) Había caído como una piedra.

4 | Sustituye los verbos subrayados por otros equivalentes:

a) Tengo miedo –graznó Afortunada.
b) Vas a volar –maulló Zorbas.

5 | Escribe palabras o expresiones que sean equivalentes a las subrayadas en las siguientes oraciones extraídas del texto:

a) Una espesa lluvia caía sobre Hamburgo.
b) Empezaron a subir por una escalera de caracol.
c) El humano tomó a la gaviota en sus manos.
d) Siempre llega como una recompensa luego de la lluvia.
e) El humano y el gato la vieron alzar la cabeza con los ojos cerrados.

Expresión escrita

6 | Continúa en primera persona la siguiente historia, que bien podría sucederte a ti un día cualquiera:

Un amigo tuyo está preocupado y no sabes qué le sucede. Le ofreces tu confianza para que te explique qué le ocurre.

Te comenta que, en el equipo de fútbol en el que juega, las cosas hasta ahora iban bien, pero… el capitán y el portero se han peleado y no se hablan. Además, uno de los jugadores está lesionado y otro tiene gripe. El fin de semana deben disputar un partido muy importante y teme que si no se presentan, puedan perder sus aspiraciones a ganar la liga.

Como lo ves tan preocupado, le ofreces tu ayuda y la de varios compañeros de tu clase que juegan en otros equipos. Os presentáis al entreno el viernes... El sábado jugáis el partido y...

EXPRESIÓN ORAL

Lectura de un poema

7 | En el texto de Luis Sepúlveda se dice esto de Afortunada: «Su pequeño corazón era el de los equilibristas». Esta es una referencia al siguiente poema del escritor vasco Bernardo Atxaga, titulado «Las gaviotas»:

Las gaviotas

Todas las tardes
se reúnen las gaviotas
frente a la estación del tren:
Allí repasan sus amores.

En su libro de memorias
dos flores de sándalo:
una señala la página de los puentes,
otra la de los suicidas.

Y también guardan una fotografía
del mendigo que, hace tiempo, transportaba los despojos del mercado.

Pero su pequeño corazón
–que es el de los equilibristas–
por nada suspira tanto
como por esa lluvia tonta
que casi siempre trae el viento,
que casi siempre trae el sol.

Por nada suspira tanto
como por el inacabable
(cabalé, cabalá),
continuo mudar
del cielo y de los días.

Memoriza este poema y recítalo en voz alta ante tus compañeros, dándole la expresividad adecuada. Para ello, lee varias veces el poema y fíjate en los diferentes signos de puntuación para recitarlo con la entonación correspondiente. Busca una música adecuada que te sirva de acompañamiento (guitarra, acordeón...).

El diálogo

8 | Lee el texto siguiente y responde a las preguntas:

La «resiliencia» es la capacidad que tienen las personas para sobreponerse a las adversidades y superar las dificultades. En este contexto, la escuela resiliente es aquella que enseña a sus alumnos no solo matemáticas, experimentales o sociales, sino también a afrontar en grupo los problemas y las adversidades.

Las escuelas son ambientes claves para que las personas desarrollen la capacidad de sobreponerse a las adversidades.

Los profesores proporcionarán a los alumnos un ambiente estable que permita el desarrollo de sus aspectos más positivos y su capacidad de resolver problemas y establecer relaciones con los demás.

Las escuelas resilientes son aquellas que promueven un sentimiento de comunidad y proporcionan a alumnos y a profesores la sensación de estar en un lugar donde normalmente no existe la intimidación, la delincuencia o la violencia. Además, las escuelas resilientes aportan a todos los que la forman las herramientas necesarias para afrontar, superar, fortalecer e, incluso, adaptarse a partir de acontecimientos adversos.

El profesorado que promueve la resiliencia cree que ha de enseñar y motivar al alumnado a mejorar y desarrollar aún más sus capacidades académicas, físicas y sociales. Para ello, el diálogo entre todos posee un papel fundamental.

Anna Forés y Jordi Grané, *La resiliencia* (adaptación)

a) ¿Qué es la escuela resiliente?

b) ¿Qué herramientas proporciona a los alumnos?

c) ¿Por qué es importante que en una escuela no haya intimidación, delincuencia ni violencia?

d) ¿Qué papel juega la comunicación, el diálogo, en la escuela resiliente?

e) Relaciona el contenido de este artículo periodístico que encontrarás en la web con lo que afirma el texto trabajado.

El **diálogo** es una conversación entre dos o más personas. Se trata, por tanto, de un proceso de comunicación oral. Sin embargo, se puede dar también en otras formas de comunicación, como un diálogo escrito, un diálogo a través de mensajes de móvil, en un chat de internet, en una obra de teatro…

Características del diálogo tradicional

- Se inicia con un saludo más o menos formal.
- El estilo es menos formal según la confianza que haya entre los interlocutores; por ejemplo, un alumno no mantiene el mismo diálogo con su profesor que con un compañero de clase.
- También influye el lugar en el que se produce el diálogo: no es lo mismo una conversación en la calle o en un bar, que en un juzgado o en un debate político.
- Es improvisado. Esto quiere decir que, a diferencia de otros textos, el diálogo no tiene una estructura definida. Puede empezar hablándose de un tema y saltar a otro, y después acabar hablando de un tercero sin ninguna relación aparente con el anterior.
- Concluye con una despedida.

Como el diálogo es una forma de comunicación improvisada, es frecuente encontrar:

- **Errores en la pronunciación:** *olvidao*, en vez de *olvidado*; *pa*, en vez de *para*...
- **Oraciones mal construidas:** «Yo, para mí, que esto no es verdad...»; en vez de «Yo creo que esto no es verdad».
- **Oraciones inacabadas:** «Esto me huele a...».
- **Repetición de palabras:** «Sí, sí, por supuesto, por supuesto».

9 | Lee el siguiente diálogo y realiza las actividades que encontrarás a continuación:

–Hola, ¿cómo estás?

–Muy bien, gracias.

–¿Cómo han ido las vacaciones?

–Pues mira, fui solo y me lo pasé pipa, ¿entiendes? Espabilas mucho, espabilas mucho, aprendes a desenvolverte. Y bueno, lo que me contaban a mí de Canarias es que las tiendas, los supermercados y las discotecas están muy en manos de los alemanes.

–Yo eso no sé, porque no estuve nunca, pero...

–Hay una cadena de la cadena de 40 Principales. Allí es en alemán y en inglés, y yo me quedé flipadísimo. Y yo ¡ostras!, pues en castellano nada.

–A mí, por ejemplo, bueno, gente que estuvo, extranjera, que no es de aquí y estuvo en, en Canarias me dijo que se decepcionó, porque buscaba un ambiente español. Y no lo hay. Y no lo hay. Y no lo hay. Pero en cambio dicen que hay mucho trabajo, no sé si es en verdad o no.

–Sí, eso sí. En temporadas. Sí, sobre todo en hostelería. En hostelería hay muchísimo, aparte pagan muy bien, lo que pasa es que, ¡hombre!, es un poquito esclavo.

–¿Y cuántos días estuviste?

–Dos semanas.

–Y ahora ¿qué?

–Pues nada, de vuelta al trabajo.

–Pues no te molesto más.

–Vale. Adiós.

–Adiós.

RAE, *Banco de datos CREA* (adaptación)

a) ¿Cuántos interlocutores intervienen en este diálogo?

b) ¿Dónde crees que podría producirse esta conversación?

c) ¿Se tratan uno o varios temas? Justifica tu respuesta.

d) Busca en el texto dos oraciones mal construidas e indica qué error presentan.

e) Escribe las oraciones anteriores de la forma más correcta posible. Para ello, haz los cambios que sean necesarios.

f) ¿Crees que se trata de un texto formal o no formal? Justifica tu respuesta, aportando ejemplos extraídos del texto.

La transcripción de diálogos

Lee detenidamente el siguiente fragmento de la transcripción de un diálogo de una receta de cocina, donde se explica cómo se hace un puré de patatas:

Primero echas el puré de la lata en un cacharro. ¿Así tal cual? Sí, sí, lo echas en un recipiente con la mitad leche y mitad agua. Hay que ir añadiendo sin dejar de mover. ¿Mezclándola, la leche y el agua? Sí. Pones leche Ideal, ¿no? No, leche normal, leche normal y agua. Ya. Y luego ya, cuando ya la tienes al final, le añadí la leche Ideal o un poco de crema. Pero todo eso, mientras se está cociendo. No tiene que cocer. Y tiene que calentarse sin hervir. Fíjate, cómo, vamos tiene su truco.

RAE, *Banco de datos CREA* (adaptación)

Como puedes observar, resulta muy difícil poder entender el sentido de este texto, pues no se separan las intervenciones de cada interlocutor, ni se utilizan signos de puntuación que muestren cómo se desarrolla y estructura la conversación. Esto dificulta enormemente su lectura y comprensión.

Para realizar una correcta transcripción de un diálogo, es necesario:

- Indicar mediante **guiones** la intervención de cada interlocutor. A menudo, sobre todo si hay más de dos, suele indicarse, de forma destacada, el nombre de cada hablante antes de cada una de las intervenciones.
- Una vez delimitada la intervención de cada hablante, debe marcarse la puntuación. Para ello, pueden utilizarse:
  - Los **signos de interrogación y exclamación** que sean necesarios.
  - Los **signos de puntuación**, es decir, la coma, el punto o los puntos suspensivos, en caso de que sea una oración inacabada.

10 | Haz la transcripción del diálogo anterior en tu cuaderno. Para ello:

a) Indica cuántas personas intervienen.
b) Utiliza los signos de interrogación y exclamación que creas necesarios.
c) Puntúa adecuadamente el texto.

Cuando hayas realizado la actividad anterior, te darás cuenta de que los diálogos se acompañan de otros elementos que no son lingüísticos:

La entonación	La lengua oral tiene muchos matices de entonación, como exclamaciones e interrogaciones, que aportan diferentes significados al diálogo (desde la simple pregunta hasta la ironía).
Los gestos	Los gestos realizados por el hablante y las expresiones faciales no se reflejan en la transcripción del diálogo.
El contexto	En el diálogo suelen hacerse alusiones directas al lugar en el que se está desarrollando el acto de la comunicación, con expresiones como «así», «aquí» o «allí», las cuales acostumbran a ir acompañadas de gestos o señalando con el dedo. Todos estos elementos no aparecen en la lengua escrita.

Por esta razón, es aconsejable utilizar la voz de un narrador que explique todos los elementos que no pueden reflejarse en una transcripción. Otra forma de aludir a estos aspectos es indicándolos entre paréntesis.

11 | Lee la siguiente escena teatral y realiza las actividades:

Hombre bajo: ¿Puedo sentarme con usted?

Hombre alto: Precisamente estaba a punto de pedir la cuenta.

Hombre bajo: ¿No me reconoce? No me ha reconocido.

Hombre alto: ¿?

Hombre bajo: Nos vemos todos los días.

Hombre alto: ¿¿??

Hombre bajo: Cada mañana, en la escalera. Yo salgo cuando usted regresa.

Hombre alto: Ah, sí. Sí.

Hombre bajo: «Bueenoos diíaas». ¿Reconoce mi voz?

Hombre alto: Sí, ahora sí.

Hombre bajo: Aunque no suena igual a estas horas, y en domingo, que a las seis de la mañana de un día de trabajo.

Hombre alto: Perdone que no lo haya reconocido.

Hombre bajo: No hay nada que perdonar, es comprensible. Con su permiso, voy a tomar asiento. Es comprensible. Vuelve usted hecho una sombra y otra sombra se le cruza en la escalera. «Bueenoos diíaas», oye que le dicen, y usted contesta, «Bueenoos diíaas», pero no es más que eso, el cruce de dos sombras en una escalera.

Hombre alto: Es verdad.

Hombre bajo: Tiene que ser duro. Trabajar de noche, me refiero. Como tener la vida cabeza abajo, ¿no?

Hombre alto: Me va a perdonar, pero tengo un poco de prisa.

Juan Mayorga, «El buen vecino», *Teatro breve entre dos siglos*

a) ¿Dónde crees que se desarrolla este diálogo?

b) ¿Cuántos hablantes intervienen? ¿Qué relación hay entre ellos?

c) ¿Crees que están sentados o de pie? ¿Qué piensas que están haciendo?

d) ¿Hay fragmentos que tienen una entonación especial? Si es así, ¿cuáles son esos fragmentos?

e) ¿Cómo deben interpretarse los interrogantes del hombre alto?

f) ¿Cómo acaba la escena? ¿Quién se va? ¿Quién se queda solo? ¿Consideras esta conversación un diálogo formal?

g) Haz una transcripción de este diálogo en el que un narrador en tercera persona explique esta situación.

Para ello, sigue estas instrucciones:

- Describe el lugar en el que podría desarrollarse este diálogo: es una conversación que transcurre al aire libre o en un recinto cerrado; los personajes están acompañados de más gente o están solos...
- Presenta a los personajes, es decir, explica cómo visten y qué hacen: llevan uniforme, ropa informal, ropa formal o deportiva; están trabajando o, por el contrario, gozando de su tiempo libre...
- Escribe entre paréntesis los gestos que acompañan a sus intervenciones, es decir, tanto gestos con las manos (señalar, saludar...), como con la cara (expresión de sorpresa, alegría, tristeza, enfado...).

Amplía conocimientos sobre uso y comunicación.

La estructura de las palabras

Ejemplo de uso creativo del lenguaje en una canción.

12 | Lee el siguiente texto y contesta a las preguntas que encontrarás a continuación:

Gianni Rodari (1920-1980) fue un escritor, pedagogo y periodista italiano especializado en literatura infantil y juvenil. En su obra Cuentos por teléfono *relata las diferentes historias que un padre le explica a su hija cada noche antes de irse a dormir. Pero como él siempre está de viaje, se las cuenta por teléfono.*

El país con el *des* delante

Juanito Pierdedía era un gran viajero. Viaja que te viaja, llegó al país con el *des* delante.

–¿Pero qué clase de país es este? –preguntó a un ciudadano que tomaba el fresco bajo un árbol.

El ciudadano, por toda respuesta, sacó del bolsillo una navaja y se la enseñó bien abierta sobre la palma de la mano.

–¿Ve esto?

–Es una navaja.

–Se equivoca. Esto es una «desnavaja», es decir, una navaja con el *des* delante. Sirve para hacer crecer los lápices cuando están desgastados, y es muy útil en los colegios.

–Magnífico –dijo Juanito–. ¿Qué más?

–Luego tenemos la máquina «desfotográfica», que en lugar de hacer fotografías, hace caricaturas, y así nos reímos. Luego tenemos el «descañón».

–¡Brrrrr, qué miedo!

–¡Qué va! El «descañón» es lo contrario del cañón y deshace la guerra.

–¿Y cómo funciona?

–Es sencillísimo; puede manejarlo incluso un niño. Si hay guerra, tocamos la destrompeta, disparamos el descañón y la guerra queda deshecha.

Qué maravilla el país con el *des* delante.

Gianni Rodari, *Cuentos por teléfono* (adaptación)

a) ¿Por qué este lugar se llama «El país con el *des* delante»?
b) ¿Qué palabras especiales utilizan los habitantes de este país?
c) ¿Qué otras tres palabras aparecen en el texto con la forma *des* que no son exclusivas de este país?
d) ¿Qué diferencias hay entre una *navaja* y una *desnavaja*? ¿Y entre un *cañón* y un *descañón*?
e) ¿Cuál es el significado de la forma *des*?
f) ¿Qué otras palabras con la forma *des* conoces? Escríbelas en tu cuaderno.
g) ¿Qué crees que deberíamos hacer para ponernos de acuerdo y evitar que hubiera guerras en el mundo?
h) ¿Qué palabras con la forma *des* sería necesario inventar para mejorar el mundo? Haced una lista entre todos los miembros de la clase y votad aquella que os parezca más importante.

En una lengua, las palabras no son las unidades más pequeñas con significado, sino que existen otras que, sin ser palabras, poseen también significado, como es el caso de la forma *des* del texto anterior:

des - hacer	Acción contraria a la de hacer.
des - componer	Acción contraria a la de componer.
des - control	Que no hay control.

Los **monemas** son las unidades con significado más pequeñas de la lengua.

13 | Forma tres palabras con cada uno de los monemas siguientes y explica qué significado aportan a la palabra. Ten en cuenta que pueden ir al principio o al final de esta:

a) -ito
b) pre-
c) bi-
d) hiper-
e) -ería
f) -ista
g) mono-
h) -ero

Los lexemas y los morfemas

14 | Fíjate en las siguientes palabras, separadas en monemas, y contesta a las preguntas:

a) ¿Qué significan estas palabras?
b) ¿Qué monemas no cambian en ellas?
c) ¿Qué otros monemas varían?
d) ¿Qué cambios de significado aportan los monemas *-ita*, *-s*, *-era*, *-ería*, *-o*, *-a* a las palabras a las que se unen?

Existen dos clases de monemas: los lexemas y los morfemas:

Lexema	Es la parte de la palabra que aporta el significado básico y, generalmente, no varía.	*cas-*: construcción para vivir.
		niñ-: persona que tiene pocos años.
		papel: hoja delgada hecha con pasta de fibras vegetales.
Morfemas	Es la parte de la palabra que modifica de alguna forma su significado básico y es la parte que puede cambiar.	*-ita*: indica pequeñez.
		-s: indica que hay más de uno.
		-o: indica género masculino.
		-a: indica género femenino.
		-era: indica lugar donde se guarda o deja algo.
		-ería: indica lugar donde se vende algo.

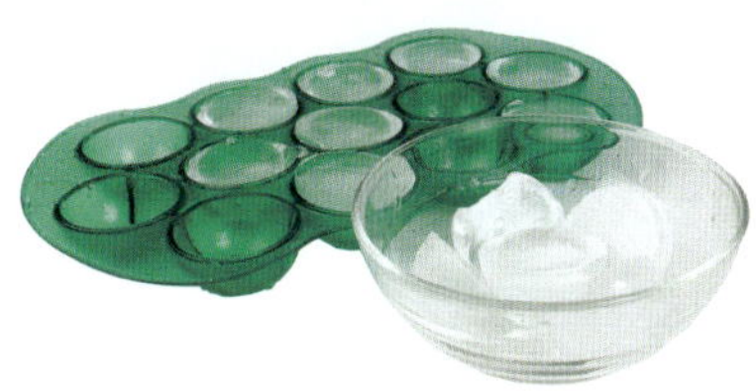

!

Las palabras que tienen el mismo lexema forman una familia léxica: *mar, marino, marear, marea, submarino...*

15 | Indica el lexema de las siguientes palabras:

a) gatos
b) cantaré
c) prehistoria
d) continuación
e) montañismo
f) futbolista
g) desorden
h) tarjetero

16 | Separa los lexemas y los morfemas de cada una de las palabras de las siguientes series:

a) moral, moralidad, inmoral, amoral
b) humano, humanidad, inhumano, humanizar
c) mover, móvil, inmóvil, remover
d) servir, servible, inservible, servicio
e) pan, panecillo, panadería, panadero

Las clases de morfemas

Los morfemas se dividen en: morfemas derivativos y morfemas flexivos.

Morfemas derivativos	Se utilizan para crear palabras nuevas. Se pueden añadir delante (**prefijos**) o detrás (**sufijos**) del lexema.	**Prefijos**	des + contar re + contar
		Sufijos	pastel + ero pastel + ería pastel + ito
Morfemas flexivos	No forman palabras nuevas, ya que solo nos indican características como el **género** (masculino o femenino), el **número** (singular o plural) y, en el caso de los **verbos**, el tiempo (presente, pasado o futuro) o la persona (1.ª, 2.ª o 3.ª).	**Género**	alumn + a alumn + o
		Número	alumno alumno + s
		Tiempo y persona del verbo	cant + é cant + as cant + ará

17 | Indica si los morfemas destacados en las siguientes palabras son flexivos o derivativos:

a) pequeñ - ita
b) des - conocer
c) in - control - able
d) casa - s
e) leon - as
f) pre - decir
g) cuchar - ón
h) carpet - azo
i) re - hacer
j) busc - ó
k) frut - ería
l) cicl - ista
m) pens - aba
n) caj - ita

18 | Señala los prefijos de las siguientes palabras:

a) remover
b) subcutánea
c) transatlántico
d) bimotor
e) monopatín
f) desprestigio
g) tetracampeón
h) intravenoso
i) inadecuado
j) supermercado

19 | Combina los prefijos de la primera columna con las palabras de la segunda y crea términos nuevos:

in-	marino
des-	sílaba
i-	poner
sub-	humano
anti-	misiles
pre-	ordinario
extra-	cocinado
tri-	colocar
re-	legal

20 | Señala los sufijos de las siguientes palabras:

a) frutería
b) aburridísimo
c) tienducha
d) resbaladizo
e) cuadernillo
f) comprador
g) peliculón
h) australiano

21 | Crea dos palabras nuevas añadiendo sufijos a cada uno de los términos siguientes:

a) carpeta
b) presentar
c) pescado
d) mar
e) sal
f) paz
g) camino
h) pensar

Las clases de palabras

Según se combinen los lexemas y morfemas, las palabras pueden clasificarse en **primitivas**, **derivadas** y **compuestas**.

Palabras primitivas	Están formadas por un **lexema** y pueden llevar **morfemas flexivos**.	*libros, edificio, hermosas, sol, temía*
Palabras derivadas	Están formadas por un **lexema** y algún **morfema derivativo** (prefijo o sufijo).	*ventanilla, martillazo, artista, ilegal, multiusos*
Palabras compuestas	Están formadas por la unión de **dos o más lexemas**.	*mediodía, parabrisas*

22 | Clasifica las siguientes palabras según sean primitivas, derivadas o compuestas:

nieve	cubrecama	lucecita	entristecida
antiguos	internacional	jóvenes	comparable
portafolios	salero	quitamanchas	feliz

Palabras primitivas	Palabras derivadas	Palabras compuestas

Amplía conocimientos sobre el estudio de la lengua.

La sílaba

Lee las siguientes instrucciones del juego de las palabras encadenadas. Cuando tengáis claras las reglas del juego, jugad en grupos de seis alumnos, aunque pueden participar tantos jugadores como se quiera:

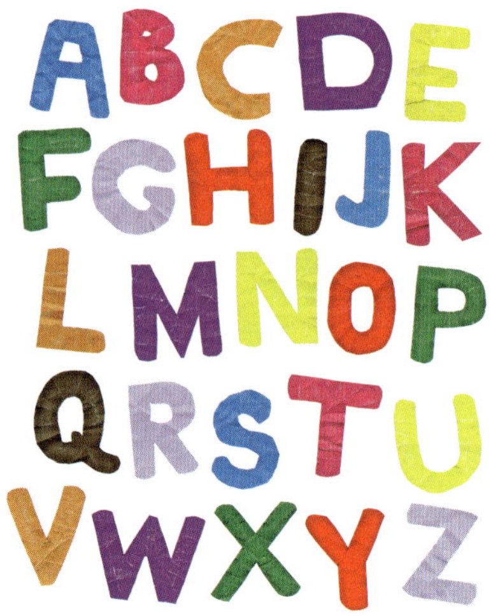

1. Empieza el juego cuando el primer jugador dice una palabra. A continuación, el siguiente debe crear otra que empiece con la última sílaba de la anterior, y así sucesivamente. Por ejemplo, si el primer jugador dice «teléfo**no**», el siguiente puede decir «**no**vela», el otro, «**la**ta», el que viene a continuación, «**ta**rima»...
2. Un jugador queda eliminado si, después de diez segundos, no es capaz de decir una palabra nueva o repite una palabra ya dicha.
3. Gana el último jugador que no es eliminado.

Una **sílaba** es un fonema o un conjunto de fonemas que pronunciamos en un solo golpe de voz.

El núcleo de una sílaba es siempre una vocal, que puede formar por sí misma una sílaba o ir acompañada de consonantes o de otra u otras vocales:

pa - ter - ni - dad   re - pues - to   a - bun - dan - cia

Según el número de sílabas, las palabras pueden ser:

- **Monosílabas**, es decir, formadas por una sola sílaba, como *té*, *sol* o *cien*.
- **Polisílabas**, es decir, formadas por más de una sílaba. Las polisílabas pueden clasificarse, a su vez, en bisílabas (dos sílabas), trisílabas (tres sílabas), cuatrisílabas (cuatro sílabas)...

! Recuerda que, a diferencia del catalán, en castellano los dígrafos forman parte de la misma sílaba y no podemos separarlos:

- *ca - lle*
- *ba - rra - ca*
- *ca - cha - rro*

Las sílabas tónicas y átonas

En las palabras con más de una sílaba, podemos distinguir entre:

- **Sílaba tónica:** es la que se pronuncia con mayor intensidad.
- **Sílabas átonas:** son el resto de las sílabas de la palabra, es decir, las que se pronuncian con menor intensidad.

Los diptongos, triptongos e hiatos

23 | Separa estas palabras en sílabas y contesta a las preguntas:

apuesta   paisaje   océano   quería
averiguáis   fuente   copiéis   miércoles

a) ¿Cuántas sílabas tiene cada una de las palabras anteriores?
b) ¿Qué palabras tienen sílabas que contengan dos o tres vocales?
c) ¿Qué palabras tienen dos vocales juntas, pero pertenecen a sílabas distintas?

Un **diptongo** es la unión de dos vocales en una sola sílaba.

Un diptongo puede estar formado por dos vocales cerradas o por una vocal cerrada y otra abierta, o al revés: ***cui*** *- da - do*, ***ai*** *- re*, *b****ue*** *- no*.

Un **triptongo** es la unión de tres vocales en una misma sílaba.

Las vocales que forman un triptongo son: una vocal cerrada + una vocal abierta + una vocal cerrada: *es - tu - d****iái****s*, *des - pre - c****iéi****s*.

Un **hiato** lo forman dos vocales seguidas que pertenecen a sílabas distintas.

Se forma un hiato cuando en una palabra hay dos vocales abiertas juntas, así como cuando hay una abierta y otra cerrada (o al revés) y la vocal tónica es la cerrada: *c****a*** *-* ***e****r*, ***a*** *-* ***é*** *- re - o*, *que - r****í*** *-* ***a***, *b****a*** *-* ***ú****l*.

> **!** Las vocales abiertas (fuertes) son *a*, *e*, *o*. Las vocales cerradas (débiles) son *i*, *u*.

24 | Señala los diptongos, los triptongos y los hiatos que contengan las siguientes palabras:

a) saltáis
b) cuento
c) leeremos
d) teatro
e) pienso
f) anunciáis
g) sabían
h) siempre
i) míos
j) comíais

Signos de puntuación

La coma (I)

La **coma** indica una pausa breve dentro de una misma oración y también separa las palabras de una enumeración: «Vino Juan, Mar y Ana».

25 | Lee las siguientes oraciones y pon la coma donde sea necesario:

a) El coche tenía un faro estropeado el parabrisas agrietado la rueda izquierda pinchada y los intermitentes delanteros rotos.
b) Nos compramos una novela de aventuras un cuaderno de dibujo unos lápices de colores y un álbum de fotos.
c) Me comí una ensalada macarrones lomo y un pastel de chocolate.
d) Para poder hacer el trabajo de Ciencias el miércoles que viene, necesitaremos: microscopio pinzas algodón papel secante y una cartulina grande.
e) A la fiesta invitaron a Ana Juan Pedro y María.

Dictado

Cuando fuimos a pescar al pantano, tuvimos la suerte de que hiciera buen tiempo. Nos habíamos planteado aplazar la excursión porque el día anterior hizo mucho frío y llovió un poco, pero al final decidimos seguir con nuestros planes. Alberto, como siempre, no pescó ni un solo pez y a Juan se le escaparon casi todos. Yo conseguí pescar cinco peces y gané la apuesta que habíamos hecho.

> **!** ¡Fíjate!
>
> **c**uando
> **h**iciera
> **hab**íamos
> **exc**ursión
> pe**z**, pe**ces**

Amplía conocimientos sobre ortografía.

El diccionario

Diccionario de la Real Academia Española

26 | Lee el siguiente texto y contesta a las peguntas:

Las lenguas cambian continuamente, y lo hacen de modo especial en sus palabras. Por ello, los diccionarios nunca están terminados: son una obra viva que se esfuerza en reflejar su evolución registrando nuevas formas y atendiendo a los cambios de significado.

La Real Academia Española y las veintiuna Academias que con ella integran la Asociación de Academias de la Lengua Española trabajan juntas al servicio de la unidad del idioma. Cuanto aparece en el *Diccionario de la Real Academia Española* (*DRAE*) es fruto de ese estudio y de la aprobación conjunta.

RAE, «Presentación», *Diccionario de la Real Academia Española* (adaptación)

a) ¿Se pueden dar por terminados los diccionarios en algún momento? ¿Por qué?
b) ¿Quiénes han participado en la elaboración del diccionario académico?
c) ¿Con qué fin trabajan las diferentes academias de la lengua?

Existen distintos tipos de diccionarios. Algunos de ellos son: el general, el de sinónimos y antónimos, el de idiomas, el de dudas y el enciclopédico.

El **diccionario** es el libro en el que se recogen y definen, ordenadas alfabéticamente, las palabras de una lengua.

En una definición del diccionario, podemos distinguir las siguientes partes:

Entrada	Palabra que se va a definir.
Información sobre...	• El **origen** (solo en algunos diccionarios). • La **categoría gramatical** (si es un sustantivo, se indica también el género).
Acepciones	Cada uno de los diferentes significados de esa palabra se separan introducidos por un número (1, 2, 3...) o por otros signos gráficos (//).

Observa este ejemplo extraído del *DRAE*:

ducha. ← entrada
(Del fr. *douche*, y este del it. *doccia*, caño de agua). ← origen
1. f. Acción y efecto de duchar. ← información gramatical
2. f. Agua que, en forma de lluvia o de chorro, se hace caer en el cuerpo para limpiarlo o refrescarlo, o con propósito medicinal.
3. f. Aparato o instalación que sirve para ducharse.
4. f. Recipiente de loza u otra materia donde se recogen las aguas de la **ducha**.
5. f. Habitación o lugar donde hay una **ducha**. ← acepciones

27 | Observa el ejemplo anterior y contesta a las preguntas:

a) ¿Qué palabra se define?
b) ¿De dónde procede esta palabra?
c) ¿Por qué deducimos que es un sustantivo?
d) ¿Cuántas acepciones tiene?

28 | Busca las siguientes palabras en el diccionario y di a qué categoría gramatical pertenecen y cuántas acepciones tiene cada una de ellas: remediar, transgresor, clavel, humilde.

Amplía conocimientos sobre léxico.

Los géneros literarios

Tradicionalmente, se han distinguido tres grandes géneros literarios:

- **Lírica:** obras que hablan de los sentimientos del autor.
- **Narrativa:** obras en las que se narran acontecimientos que se desarrollan en un determinado momento y lugar.
- **Teatro:** obras pensadas para ser representadas en un escenario y ante un público.

Historia de una escalera

Las características del género teatral

29 | Lee el texto y responde a las preguntas:

Acto 1

Escena 1

Un tramo de escalera con dos rellanos, en una casa modesta de vecindad. La barandilla que bordea los escalones es muy pobre, con el pasamanos de hierro. En el rellano hay cuatro puertas.

Nada más levantarse el telón vemos cruzar y subir fatigosamente al cobrador de la luz, portando su grasienta cartera. Vuelve al I, donde le espera la señora Generosa.

Cobrador: La luz. Dos pesetas. *(Le tiende el recibo. La puerta III se abre y aparece Paca. El cobrador repite, tendiéndole el recibo.)* La luz. Cuatro diez.

Generosa: *(Mirando el recibo.)* ¡Dios mío! ¡Cada vez más caro! No sé cómo vamos a poder vivir. *(Se mete.)*

Paca: ¡Ya, ya! *(Al cobrador.)* ¿Es que no saben hacer otra cosa que elevar la tarifa? ¡Menuda ladronera es la compañía! Les debía dar vergüenza chuparnos la sangre de esa manera! *(El cobrador se encoge de hombros.)* ¡Y todavía se ríe!

Cobrador: No me río señora. *(A Elvira, que abrió la puerta II.)* Buenos días. La luz. Seis sesenta y cinco. *(Elvira recoge el recibo y se mete.)*

Paca: Se ríe por dentro. ¡Buenos pájaros son todos ustedes! Esto se arreglaría como dice mi hijo Urbano: tirando a más de cuatro por el hueco de la escalera.

Cobrador: Mire lo que dice, señora. Y no falte.

Paca: ¡Cochinos!

Cobrador: Bueno, ¿me paga o no? Tengo prisa.

Paca: ¡Ya va, hombre! Se aprovechan de que una no es nadie, que si no…

Antonio Buero-Vallejo, *Historia de una escalera* (adaptación)

a) ¿Dónde se sitúa el texto?

b) ¿Qué personajes intervienen? ¿Cómo son las relaciones entre ellos?

c) ¿Qué sucede?

d) ¿Sabes por qué algunos fragmentos están en cursiva?

e) ¿Sabes qué es una escena? ¿Y un acto?

!

En 1949, el dramaturgo Antonio Buero Vallejo (1916-2000) revolucionó el teatro español con el estreno de *Historia de una escalera*, obra centrada en las relaciones personales de los habitantes de un humilde barrio.

Representación de la obra teatral *Historia de una escalera*.

El fragmento anterior corresponde al inicio de una obra de teatro.

El texto teatral es solo el punto de partida de la obra: en él, el autor escribe las palabras que han de decir los distintos personajes y da indicaciones sobre cómo deben comportarse los actores que los representan; además, describe cómo ha de ser el escenario.

Siguiendo esas «instrucciones», se montará la representación teatral, que es el resultado que verán finalmente los espectadores.

La estructura interna y la estructura externa

Una obra de teatro representa ante los espectadores un conflicto entre varios personajes. En ella podemos distinguir la siguiente **estructura interna**:

- El **planteamiento**: se presenta a los personajes y se explica la situación inicial.
- El **nudo**: desarrolla un conflicto entre los personajes. El momento de máximo enfrentamiento entre ellos es conocido como **clímax**.
- El **desenlace**: muestra el final del conflicto.

Tradicionalmente, las obras de teatro tienen una **estructura externa** muy convencional:

- Suelen dividirse en tres **actos**, aunque también hay obras de cinco actos, cuatro actos, dos actos…
- A su vez, los actos se dividen en **escenas**, las cuales se delimitan por la entrada o salida de algún personaje.

!

La mayor parte de una obra de teatro la compone el **diálogo**; sin embargo, en algún momento se insertan **monólogos**, es decir, cuando un personaje expresa en voz alta sus pensamientos.
En otros momentos, los personajes hablan **aparte**; es decir, en voz alta, pero se ha de entender que los otros personajes no lo oyen.

30 | Lee este resumen de una obra teatral y contesta a las preguntas que encontrarás a continuación:

***La malquerida*, de Jacinto Benavente**

En la hacienda de El Soto, viven Doña Raimunda y su hija, Acacia. Al quedar viuda Raimunda, contrae matrimonio con Esteban. Este se enamora perdidamente de su hijastra, a la que intenta seducir constantemente.

Acacia lleva toda la vida rechazando a Esteban, aunque en ella se ha despertado un amor muy profundo que oculta bajo una máscara de hostilidad. El conflicto estalla cuando Esteban comienza a deshacerse de todos los hombres que pretenden a Acacia, que empieza a ser conocida en el pueblo como «La malquerida».

Llega un momento en que los crímenes de Esteban se hacen evidentes y todo el pueblo lo acusa, incluida su mujer. Esteban está dispuesto a entregarse, pero Acacia confiesa su amor por su padrastro. Finalmente, su madre, indignada, quiere matarla, pero Esteban se adelanta y mata a Raimunda.

a) ¿Cuál es el planteamiento de la obra?
b) ¿Qué conflicto surge entre los personajes?
c) ¿Cómo evolucionan?
d) ¿Cuál es el clímax de la obra?
e) ¿Cuál es el desenlace?

Los personajes

En una obra teatral, podemos distinguir los siguientes tipos de personajes:

Personajes principales	**Los protagonistas:** son aquellos personajes que se enfrentan a un conflicto.
	Los antagonistas: son aquellos personajes que se oponen a los protagonistas.
Personajes secundarios	Son los personajes que colaboran con alguno de los personajes principales o forman parte de la ambientación de la obra.

! La personalidad de los personajes no se explica directamente en el texto de la obra, sino que debe deducirse de lo que dicen y de lo que hacen estos.

31 | Lee este fragmento de *La malquerida* y contesta a las preguntas:

ESTEBAN: Me entregaré yo mismo. ¡Descuida! ¡Déjame tú, Raimunda! Te queda tu hija. Ya sé que tú me hubieras perdonao. ¡Ella no!

RAIMUNDA: No, Esteban. ¡Esteban de mi alma!

ESTEBAN: ¡Déjame, déjame!

RAIMUNDA: Hija, ya lo ves. Y ha sío por ti. ¡Esteban, Esteban!

ACACIA: ¡No le deje usted salir, madre!

RAIMUNDA: ¡Ah!

ESTEBAN: *(A Acacia.)* ¿Quieres ser tú quien me delate? ¿Por qué me has odiao tanto? ¡Si yo te hubiera oído tan siquiera una vez llamarme padre! ¡Si tú pudieras saber cómo te he querío yo siempre!

ACACIA: ¡Madre, madre!

ESTEBAN: Malquerida habrás sío sin yo quererlo. Pero antes, ¡cómo te había yo querío!

RAIMUNDA: ¿No le llamarás nunca padre, hija?

ESTEBAN: No me perdonará nunca.

RAIMUNDA: Sí, hija, abrázale. Que te oiga llamarle padre.

ESTEBAN: ¡Hija!

ACACIA: ¡Esteban! ¡Dios mío, Esteban!

ESTEBAN: ¡Ah!

RAIMUNDA: ¿Aún no le dices padre? Qué, ¿ha perdío el sentío? ¡Ah!, ¿boca con boca y tú abrazao con ella? ¡Quita, aparta, que ahora veo por qué no querías llamarle padre! ¡Que ahora veo que has sío tú quien ha tenío la culpa de tóo, maldecía!

ACACIA: Sí, sí. ¡Máteme usted! Es verdad, es la verdad. ¡Ha sío el único hombre a quien he querío!

ESTEBAN: ¡Ah!

RAIMUNDA: ¿Qué dice, qué dice? ¡Te mato! ¡Maldecía!

JACINTO BENAVENTE, *La malquerida*

Retrato de Jacinto Benavente.

a) ¿Qué pretende hacer Esteban? ¿Cómo reaccionan Raimunda y Acacia?

b) ¿Quién crees que es el protagonista de la obra? ¿Y el antagonista?

c) ¿A qué parte de la obra crees que pertenece este fragmento: al planteamiento, al nudo o al desenlace? Justifica tu respuesta.

32 | Lee este fragmento de *Viva el teatro* y contesta a las preguntas que encontrarás a continuación:

Al abrirse el telón se escucha una brillante música de obertura y se ven en el escenario baúles con vestuario, así como diferentes elementos escénicos que indican que estamos en un ensayo. Al fondo hay un gigantesco barco pirata. Hay algunos actores hablando en grupos, y otros entran, salen, se saludan y hablan con entera libertad, dando la sensación de que están solos y no hay público en la sala. Llega Begoña, la directora, con un ejemplar de la obra. Se coloca en el centro del escenario, da unas palmadas fuertes para llamar la atención de los actores y baja la música.

BEGOÑA: ¡Vamos a empezar el ensayo! Comenzamos por el coro de los piratas de la escena primera, cuando llegan en su barco a raptar a la princesa Blancaflor, así que preparaos para esa escena. Tenéis que poneros las cosas de piratas que podáis: espadas, gorros... *(Se acerca a dos niños-actores que están en un lateral del escenario.)* Vosotros, Lara y Daniel, que sois los narradores, tenéis que ir colocando la escenografía y las cosas que hagan falta para las escenas. Poned algo aquí ahora para que esto parezca el jardín de la princesa, donde la raptan...

DANIEL: Si quieres podemos poner unos tiestos grandes de los que hay en la galería, así parece que hay plantas...

BEGOÑA: Eso está muy bien... Poned los tiestos que queráis.

LARA: A la princesa la raptan en el jardín, Begoña... ¿no?

BEGOÑA: Sí, está paseando por el jardín de su palacio y se la llevan...

LARA: Pero... ¿no dices que está lloviendo?

BEGOÑA: Claro, por eso tiene que llevar en esa escena un paraguas que sea bonito y un poco cursi.

JOSÉ LUIS ALONSO DE SANTOS, *Viva el teatro* (adaptación)

a) ¿En qué lugar sucede la escena de este fragmento? ¿Qué hay en el escenario?
b) ¿Quiénes están en escena al iniciarse la representación?
c) ¿Quién es Begoña?
d) ¿De qué trata la obra que van a ensayar?
e) ¿Qué harán para poder representar el papel de piratas?
f) ¿Cómo simularán que se trata de un jardín?
g) ¿Cómo imaginarán los espectadores que está lloviendo?

En el fragmento anterior, has podido ver cuáles son algunas de las tareas que son necesarias para llevar a cabo una representación teatral y algunos de los profesionales que intervienen en ella:

Director de escena	Es el responsable de dar instrucciones a los actores sobre cómo deben representar a sus personajes: cómo hay que hablar, de qué forma tienen que moverse, dónde se han de situar...
Actores y actrices	Representan a los personajes y han de seguir las instrucciones del director de escena. En su modo de actuar, han de reflejar la manera de ser del personaje que representan.
Escenógrafo	Diseña el decorado de la obra. En esta tarea colaboran los responsables de vestuario, de iluminación y de sonido.

Amplía conocimientos sobre literatura.

PROYECTO FINAL

El hábito del saludo

¿QUÉ VAMOS A HACER?

En este proyecto, vais a investigar en vuestro entorno social sobre el saludo y reuniréis información sobre la costumbre de saludar entre las personas. Para ello, debéis preparar una encuesta sobre el tema y realizar unos gráficos con los resultados obtenidos, utilizando una hoja de cálculo.

PARA EMPEZAR

Es frecuente que las personas mayores se quejen de los modales de los jóvenes, especialmente por su forma de saludar o, simplemente, porque no lo hacen. Muchas personas aseguran que se está perdiendo la educación, pero tal vez se trate de un cambio en las costumbres.

¿CÓMO LO VAMOS A HACER?

Personas a las que hay que encuestar:

- En cada encuesta que realicéis, debéis anotar edad, sexo, nivel de estudios de la persona encuestada.
  - La «muestra» de la encuesta ha de abarcar personas de varias generaciones, por lo que hay que preguntar al mismo número de personas de diferentes edades.
  - Hay que tener en cuenta que puede haber diferencias en las costumbres de hombres y mujeres. Así, en cada grupo de edad, debe haber el mismo número de hombres que de mujeres.
  - Por último, se debe tener en cuenta que los distintos niveles de estudio pueden suponer diferencias en la costumbre de saludar. Por esta razón, la «muestra» de la encuesta debería abarcar personas que tengan diferentes niveles de estudio.

Posibles preguntas de la encuesta:

- ¿Saluda usted de la misma forma a amigos y familiares que a las personas que apenas conoce?
- ¿Saluda usted de la misma forma a las personas jóvenes que a las mayores?
- ¿Saluda usted cuando entra en un establecimiento?

Respuestas a cada una de las preguntas y traslado de los datos a una hoja de cálculo:

- Las respuestas a las preguntas que plateéis han de ser cerradas (Sí / No / Según los casos) para poder reflejar la información en los gráficos.
- Cuando tengáis los resultados de la encuesta, trasladad los datos a una hoja de cálculo para poder obtener los gráficos. En ellos podéis diferenciar los resultados según la edad, el sexo o los niveles de estudio.

CONSEJOS ÚTILES

- Realizad la encuesta por parejas y repartíos los distintos grupos de edad. No seáis ambiciosos, ya que si hacéis muchas encuestas, tendréis un volumen de datos difícil de manejar.
- Podéis proponer más preguntas para la encuesta, siempre que sean pertinentes.
- Podéis escoger el tipo de gráfico que resulte más adecuado, según los datos que queráis analizar.

El saludo

El saludo constituye el primer contacto concreto con el prójimo. Es su personal tarjeta de visita, la primera impresión que quedará vinculada a la imagen que el otro se hará de usted.

El saludo representa lo que uno es: cordial, reservado, desconfiado, huraño, tímido, descarado..., cada cual con su forma de saludar.

Sea cual sea la nota fundamental de su personalidad, recuerde que, en el momento en que saluda se está relacionando con otra persona sirviéndose de señales bien definidas.

Es comprensible que su saludo se adapte también a las circunstancias y a la persona que tiene delante. Al saludar a un desconocido que le presentan, se comportará de forma distinta que al encontrarse con un viejo amigo o con el vecino.

De la misma forma, resulta muy probable que su actitud sea muy diferente si se encuentra con una persona que le ha causado algún perjuicio o si se encuentra con alguien que le ha favorecido.

En cualquier caso, hay algunas reglas generales que distinguen la buena educación de la grosería. No por ello el saludo debe ser siempre igual, una especie de máscara forzada que se imprime en el rostro cada vez que nos encontramos con alguien; al contrario, debe ser lo más espontáneo posible.

Una sonrisa cordial sería lo mejor, pero no siempre nos hallamos con el estado de ánimo adecuado. Aunque tenga un mal día, al encontrarse con un conocido no le salude con un gruñido.

El saludo es una puerta que se abre: nunca se puede estar seguro de lo que se encontrará al otro lado.

Saludar significa dedicar en ese momento su atención a la persona que tiene delante.

Al encontrarse con un amigo, si tiene prisa, como ocurre con frecuencia, puede dirigirle un simple gesto con la mano y una sonrisa; en cambio, en los encuentros de trabajo, el rito de saludarse, darse la mano y preguntar «¿Cómo está?» no admite excepciones.

Y con los saludos más vale abundar. Así, si saluda por error a una persona a la que no conoce por confundirla con otra, nada más fácil que disculparse con una sonrisa.

Al entrar en un local público, como por ejemplo una sala de espera, dirigir un gesto de saludo a todos los presentes es siempre un gesto cortés. También es costumbre dar los buenos días a quien se encuentra durante un paseo por la montaña.

En cambio, cuando se encuentre por la calle con un conocido en compañía de una tercera persona, si no se la presentan, diríjale un gesto de saludo con la cabeza al despedirse.

ROBERTA BELLINZAGHI, *Manual de los buenos modales* (adaptación)

1 | **Responde a las siguientes preguntas sobre el texto:**

a) ¿Qué supone el saludo en las relaciones entre las personas?
b) ¿Qué representa el saludo sobre una persona?
c) ¿A qué se debe adaptar el saludo?
d) ¿Qué tipo de gestos se usan en el saludo?
e) ¿Hay que saludar siempre de la misma forma?
f) ¿Cómo debe ser el saludo, espontáneo o forzado?
g) ¿Cuál es el saludo ideal?
h) ¿Por qué dice el texto que un saludo es una puerta que se abre? Argumenta tu respuesta.
i) ¿Qué manera de saludar hemos de evitar a toda costa?

2 | **Explica las distintas circunstancias que, según el texto, pueden hacer variar la manera de saludar a una persona.**

3 | **Explica cómo, según el texto, hemos de comportarnos en las siguientes situaciones:**

a) Al encontrarnos con un amigo cuando tenemos prisa.
b) Al encontrarnos a alguien del trabajo.
c) Al entrar en una tienda o en una sala de espera.
d) Cuando nos encontramos con un conocido que va acompañado de alguien y no nos lo presenta.

4 | **Divide el texto en dos partes y resume el contenido de cada una de ellas. Después, escribe un título general diferente al que ahora tiene y otro para cada una de las partes.**

5 | **Describe diferentes formas de saludar que utilices con tus amigos. Explica si con todos tus amigos os saludáis de la misma forma o, por ejemplo, utilizáis diferentes saludos según los compañeros.**

6 | **¿Crees que es importante saludar a los demás? ¿Piensas que uno debe someterse a unas normas al hacerlo? ¿Siempre ha de ser así? Escribe una redacción de unas diez líneas sobre este tema.**

UNIDAD 3

CONECTADOS

Observa la fotografía y responde a las preguntas:

- ¿Qué está haciendo la chica de la fotografía?
- ¿Qué hace el chico?
- ¿Crees que, de alguna manera, podrían estar comunicándose con alguien?
- ¿Crees que, en el lugar donde se encuentran, es fácil poder comunicarse a través de los medios que están utilizando?

EN ESTA UNIDAD APRENDERÁS...

- Las características de la entrevista.
- Las características del sustantivo.
- Las diferentes clases de sustantivos.
- Las reglas de acentuación regular.
- El uso de la coma.
- La homonimia y la polisemia.
- Las características de la tragedia, la comedia y el drama.

Y SERÁS CAPAZ DE...

- Reconocer los mecanismos de una entrevista para comprenderla y poder realizarla.
- Reflexionar sobre aspectos usados a diario en el lenguaje: los sustantivos, la homonimia y la polisemia.
- Acentuar y puntuar de forma correcta los textos para expresarte con mayor corrección.
- Disfrutar en mayor profundidad de una obra teatral al conocer sus características.

EMPEZAMOS

Lee el texto siguiente y contesta a las preguntas:

El hombre es un ser social porque ha desarrollado su capacidad para comunicarse. El deseo y la necesidad de hacerlo no han cambiado en los últimos años, pero lo que sí se ha transformado radicalmente han sido los canales y las formas de comunicación. Antes solo teníamos un teléfono fijo y ahora disponemos de móviles que podemos utilizar desde cualquier lugar del mundo; antes enviábamos cartas a través del correo convencional y ahora lo hacemos mediante correo electrónico, o utilizando otras formas de comunicación más rápidas, prácticas e inmediatas, como los mensajes de teléfonos móviles.

Y sin darnos cuenta, la informática, y sobre todo internet, han convertido nuestro mundo en aquel mundo de ciencia ficción que imaginaron nuestros abuelos, en el que, gracias a la videoconferencia, podemos dialogar con las personas que están a miles de kilómetros como si estuvieran junto a nosotros.

Así pues, la comunicación cada vez es más rápida e inmediata: en todo momento podemos saber lo que hacen nuestros amigos, familiares... cada hora, e incluso cada minuto. Pero ¡cuidado! Hemos de aprender a ser precavidos y a no confiar ciegamente en todo lo que entra por nuestra pantalla. Y es que, en el mundo virtual, puede haber tantos peligros como en el mundo real.

1. ¿Qué ventajas tienen las nuevas formas de comunicación respecto a los métodos tradicionales?
2. ¿Qué es lo que ha cambiado en la comunicación entre las personas, la necesidad de hacerlo o la forma de hacerlo? Justifica tu respuesta.
3. ¿Te has comunicado alguna vez con alguna persona que estuviera muy lejos de ti a través de videoconferencia? Si es así, ¿fue fácil poder establecer esa comunicación?
4. Relaciona el reportaje que encontrarás en la web con lo que se afirma en el texto.

Ciberamistades

- ¿Tienes cuenta en Facebook?
- ¿Qué haces cuando alguien te envía una solicitud de amistad a través de las redes sociales?
- ¿Todo lo que se dice en las redes sociales es verdad?

Dafne es el nick *que utiliza en Facebook la protagonista de esta historia, una adolescente que chatea con amigos en esta red social. En su perfil ha puesto la foto de su hermana, de la que todos opinan que tiene unos ojos preciosos. Un día conoce a Roberto y se enamora de él. Intenta hablar con el chico, pero no consigue hacerlo. Hasta que, al cabo de mucho tiempo, a Dafne le llega una solicitud de amistad de alguien que dice llamarse Roberto...*

Desde que encontró la solicitud de amistad de Roberto, la vida de Dafne había vuelto a convertirse en una aventura. Se acabaron los días que se repetían a sí mismos, la espera que no llegaba a ninguna parte, la ansiedad, los correos electrónicos sin contestación, y los sms solo de ida.

Ahora su móvil no dejaba de recibir mensajes del nuevo número que le había dado Roberto, y ya conocía la razón por la que él no se había puesto en contacto con ella durante más de un mes, él mismo se lo contó en una de las múltiples conversaciones que mantuvieron desde el ordenador de su amiga Paula, siempre con el mismo tono y la misma alegría por parte de Dafne. Roberto no dejaba de contarle historias de sus vacaciones.

–He estado de viaje por Europa. No puedes imaginar cuántas cosas bonitas he visto. Pero ninguna como tú.

–Wueno, gracias, xro no exagers. Yo no soy tan bonita.

–Sí que lo eres. Y tú tienes que saberlo. ¿O es que no hay montones de chicos detrás de esos ojos?

–No muxos, no t creas. Y sobr todo, no ls q m importan a mí. Algunos hasta dsaparecn sin más, justo cuand m pidn speranzas y yo s ls doy.

–Esos son unos tontos.

–¿T dics tonto a ti mismo?

–No. Yo nunca desaparecería sin más.

–Pues lo hicist, tío, has stado más d 1 mes sin dar señals d vida. Ni sms, ni Facebook, ni móvil, ni nada de nada. Xq no cntstabas?

La palabra *nick* es un acortamiento del término inglés *nickname*, que significa «apodo».

INMA CHACÓN

Zafra, 1954

- *Las filipinianas.*
- *Tiempo de arena.*
- *La princesa india.*
- *Nick, una historia de redes y mentiras.*

–Ya te lo he dicho. He estado viajando por Europa, y no tenía internet.

–Y el móvil? Podías habr cntstado alguno de mis sms? Aunq fueran 2 palabrs, tmpk creo q fuera tan caro.

–Lo siento. La verdad es que no sé qué pasó con ese móvil. Pero ya tienes mi número nuevo y mi nueva dirección, para que puedas localizarme a cualquier hora. No te cortes. Hazme perdidas y te llamo yo.

–Weno. De momnto conténtat con el Facebook. No m llams hasta q yo no t lo diga.

Y cuando no estaban conectados al chat de Facebook no dejaban de enviarse mensajes al teléfono móvil. A Dafne no le extrañó que Roberto no utilizase abreviaturas para ahorrar espacios y escribir más rápido, como todo el mundo. Ni siquiera se planteó el motivo por el que había cambiado incluso en la forma de expresarse. Ni por qué nunca le había propuesto que se conectasen con una webcam, que, por otro lado, hubiese resultado una complicación. Y es que a ella no le importaba cómo se comunicaban entre sí, lo único que tenía importancia es que lo hiciesen. Y si era sin cámaras, mucho mejor.

Dafne solo quería que se estableciera entre ellos una relación de confianza, para poder contarle toda la verdad con el tiempo. Aún no sabía cómo hacerlo, pero lo haría, le contaría que Dafne no existe, que la chica de los ojos de gato no se llama así, y que nunca le ha enviado mensajes ni ha hablado con él en el chat. Y tampoco le ha querido como ella le quiere, desde el día en que él sujetó la puerta del bar para dejarla pasar por debajo de su brazo. Pero todavía es pronto para sacarle del engaño. Aún tiene que convencerse a sí misma de que él puede llegar a sentir por ella lo mismo que ella siente por él.

Le falta atreverse a pasar al teléfono, para saber cómo suena su voz cuando no está gritando con sus amigotes en el bar. Y eso que a él le encantaría que Dafne le llamase, pero todavía no ha llegado el momento. No está preparada para dar ese paso. Roberto, sin embargo, insiste cada día en que necesita oírla.

–Déjame que te llame y hablamos en persona. No con esta máquina que no deja que nos conozcamos de verdad. Dime solo a qué hora y yo te llamo. Así tú no gastas.

–Mjor no. Q m cobran a mí la confrncia aunq m llams tú.

Inma Chacón, *Nick, una historia de redes y mentiras* (adaptación)

Facebook, público o privado.

Comprensión lectora

1 | Contesta a las siguientes preguntas sobre el relato:

a) ¿Por qué está ilusionada Dafne?
b) ¿Por qué no le escribía Roberto?
c) ¿Qué es lo que le gusta a Roberto de Dafne?
d) ¿Cuánto tiempo ha estado Roberto sin dar señales de vida?
e) ¿Quiere Dafne hablar por teléfono con Roberto? ¿Por qué?
f) Roberto no escribe con abreviaturas. ¿Qué debe de querer decir esto?
g) ¿Por qué crees que Dafne no quiere conectarse a una webcam?
h) ¿Tiene intención Dafne de explicarle a Roberto sus engaños?
i) ¿Qué excusa pone Dafne para que Roberto no la llame por teléfono?
j) ¿Crees que Roberto dice la verdad, o puede que también esconda algo? Justifica tu respuesta.

Estructura

2 | Completa las siguientes afirmaciones sobre la estructura del texto, seleccionando la respuesta correcta:

El **planteamiento** abarca:

- El primer párrafo, donde conocemos a los personajes, así como la situación inicial, es decir, la solicitud de amistad de Roberto.
- El primer y segundo párrafos, en los cuales se da a conocer a los personajes y la situación inicial, y empieza a desarrollarse la acción.
- Hasta el primer punto y seguido.

El **desarrollo** se inicia después del planteamiento y se divide en:

- La primera parte, que comprende:
  - El segundo párrafo y el fragmento de los diálogos, que transcribe el chateo entre los protagonistas.
  - El fragmento de los diálogos.
  - Desde «Roberto no dejaba de contarle historias de sus vacaciones» hasta «Y si era sin cámaras, mucho mejor».
- La segunda parte, que va desde:
  - «Y cuando no estaban conectados al chat…» hasta el final.
  - «Y cuando no estaban conectados al chat…» hasta «Roberto, sin embargo, insiste cada día en que necesita oírla».
  - «Y cuando no estaban conectados al chat…» hasta «Y si era sin cámaras, mucho mejor».

El **desenlace**:

- Como es el fragmento de un texto, no tiene desenlace.
- Comprende el último diálogo.
- Comprende desde «Le falta atreverse...» hasta el final.

Léxico

3 | Reescribe las siguientes oraciones que dice Dafne, aplicando las normas ortográficas correspondientes:

a) Wueno, gracias, xro no exagers. Yo no soy tan bonita.
b) No muxos, no t creas. Y sobr todo, no ls q m importan a mí. Algunos hasta dsaparecn sin más, justo cuand m pidn speranzas y yo s ls doy.
c) Pues lo hicist, tío, has stado más d 1 mes sin dar señals d vida. Ni sms, ni Facebook, ni móvil, ni nada de nada. Xq no cntstabas?
d) Y el móvil? Podías habr cntstado alguno de mis sms? Aunq fueran 2 palabrs, tmpk creo q fuera tan caro.

4 | Busca un sinónimo para cada una de las siguientes palabras del texto. Después, escribe una oración con cada una de ellas:

a) conversaciones
b) contestación
c) localizar
d) complicación
e) confianza
f) mensaje
g) sujetar
h) engaño
i) atreverse
j) máquina

Expresión escrita

5 | Escribe un posible diálogo que podrías mantener con una persona a través de las redes sociales. Para ello, ten en cuenta las siguientes indicaciones sobre cómo se ha establecido ese contacto y cómo influirá esto en el diálogo que mantengas con esa persona:

- En primer lugar, piensa qué información quieres que muestre tu perfil y el nivel de privacidad que deseas mantener. Ya sabes que no es aconsejable mostrar todos los detalles de tu identidad, sino que hay que preservar ciertos datos personales.
- Recibes una petición de amistad de alguien que no conoces. ¿Qué haces? ¿Le contestas inmediatamente o esperas un tiempo?
- Al final resulta ser un chico que conociste en el cine cuando fuiste con tus amigos.
- Ahora que ya sabes quién es y has verificado su identidad, ya puedes intercambiar con él mensajes y mostrar tu perfil completo.

EXPRESIÓN ORAL

Relaciones virtuales

6 | Haz una exposición sobre las ventajas e inconvenientes de internet frente a las formas tradicionales de relacionarse. Para ello, ten en cuenta los elementos que se muestran en esta tabla comparativa:

Ventajas de las relaciones a través de internet	Ventajas de las relaciones tradicionales
Mayor rapidez.	Contacto directo con las personas.
Mayor alcance.	Mejor expresión de los sentimientos.
Mayor accesibilidad.	Mayor implicación en la relación.

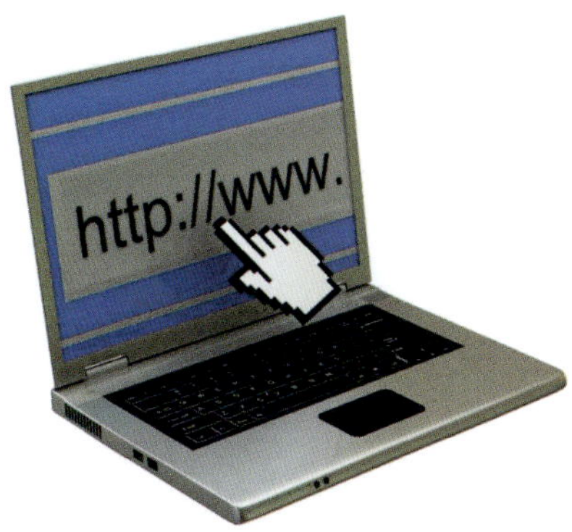

La entrevista

7 Lee el texto siguiente y responde a las preguntas que encontrarás a continuación:

Redes sociales y menores

Ana Marzo es una abogada experta en el uso de las redes sociales. Trabaja en el sector de la consultoría y asesoría jurídica en el marco de las nuevas tecnologías y cuenta con una amplia experiencia en formación y concienciación sobre los riesgos de internet para los menores.

Pregunta (P): ¿Qué es hoy en día internet para los menores?

Respuesta (R): Lo es prácticamente todo, es una forma de comunicarse, de ocio, de ayuda al estudio, es parte de su vida cotidiana y casi un medio natural.

P: ¿Pero diría que internet entraña peligros para los menores?

R: En términos generales sí. Obviamente, los riesgos que internet entraña para un menor de diez o doce años son mayores que para uno de dieciséis o diecisiete, porque entiendo que la falta de conciencia sobre el riesgo es mayor en los de doce que en los de dieciséis o diecisiete.

P: Entonces, ¿tenemos que evitar que los niños accedan a internet?

R: No, esa no es la solución. Debemos intentar que los niños hagan un uso responsable de internet; eso solo lo conseguiremos si cuando se inician en ello les acompañamos en la navegación y, sobre todo, si les educamos en el respeto a los demás. Además también hay que vigilar a los menores y controlar no solo el tiempo, sino también las páginas a las que acceden.

P: ¿Alguna otra recomendación en particular?

R: Sí, las básicas de «convivencia familiar y digital», como puede ser negociar con los niños los horarios y tiempo de navegación, ubicar el ordenador en un lugar común de la casa y no en el cuarto de los menores, limitar técnicamente el acceso a determinadas páginas web, navegar con ellos de vez en cuando, consultar el historial de páginas visitadas por el menor y, por supuesto, advertirle de los riesgos que existen y de las precauciones que debe adoptar, tales como no responder a desconocidos, no abrir archivos de dudoso contenido y no revelar datos personales a terceros.

Revista d'Avaluació, Innovació i Qualitat Educativa, 2011 (adaptación)

a) ¿Quién es Ana Marzo?

b) ¿Por qué crees que entrevistan a esta persona en esta publicación en concreto?

c) ¿Qué representa hoy en día internet para los menores?

d) ¿Es internet un peligro para los menores de edad? ¿Entraña el mismo riesgo para un niño de diez años que para otro de diecisiete?

e) ¿Aconseja la entrevistada impedir el acceso a internet a los menores de edad? ¿Cuál es su propuesta?

f) Según la autora, ¿cuáles son las normas básicas de «convivencia familiar y digital»?

g) ¿Sabes qué significan las letras P y R que hay al principio de cada intervención?

h) ¿Para qué se utiliza la negrita en el texto?

i) Relaciona el texto con el contenido del enlace que encontrarás en la web.

El texto que acabas de leer es una **entrevista**, es decir, un género periodístico muy utilizado en cualquier medio de comunicación. Es un diálogo transcrito, donde se reproducen las opiniones de una persona conocida, o no, pero cuya opinión sí resulta interesante por algún motivo.

Las entrevistas se rigen por unas normas y se definen por unas características propias:

Características generales de la entrevista

- La entrevista se desarrolla a partir de las **preguntas** del periodista y las respuestas que ofrece el entrevistado. Las preguntas que se formulan suelen haberse planificado previamente por el entrevistador.
- El **título** de la entrevista acostumbra a ser una frase interesante que ha dicho el propio entrevistado.
- Al principio, el periodista hace una pequeña explicación en la que expone quién es el entrevistado y el motivo por el que se le entrevista. Esta explicación constituye la **presentación** del entrevistado.
- Se pueden incluir **descripciones** del lugar en el que se hace la entrevista, de las expresiones y entonaciones del entrevistado...

Características formales de la entrevista

- Se diferencian las preguntas de las respuestas, ya sea escribiendo los nombres de los periodistas y de los entrevistados, o destacando en negrita las preguntas.
- Se suelen corregir los errores y repeticiones propios del diálogo espontáneo para facilitar la lectura del texto.
- Se tiene que adecuar el texto al lenguaje estándar para eliminar las características propias del lenguaje formal.
- Se puntúa el texto de forma adecuada. En ocasiones, los puntos suspensivos sirven para indicar un silencio o bien para señalar que falta un fragmento de la entrevista.

A la hora de transcribir la entrevista, suelen darse algunas diferencias entre lo que el entrevistado dice en su conversación oral al entrevistador y lo que este termina transcribiendo. Son correcciones necesarias para adaptar el diálogo oral a las formalidades del registro escrito:

Correcciones de forma en la transcripción de la entrevista

Registro oral	Registro escrito
Errores y repeticiones propios del diálogo espontáneo.	Corrección de los errores propios del diálogo espontáneo para facilitar la lectura del texto.
Mmmm, pues, no sé, sería bueno, creo, vaya, que se tomaran las medidas necesarias para que todo funcionara de lo mejor.	*En mi opinión, lo correcto sería que se tomaran las medidas necesarias para que todo funcionara de la mejor manera posible.*
Silencio o eliminación de un fragmento de la entrevista.	Puntuación adecuada.
Sobre lo que me preguntas, déjame pensar [breve silencio]. *Sí, sería posible que, en estos casos, se tuviera en cuenta la opinión del consumidor afectado.*	*Sobre lo que me preguntas, déjame pensar... Sí, sería posible que, en estos casos, se tuviera en cuenta la opinión del consumidor afectado.*

8 | Lee la siguiente entrevista y realiza las actividades:

El humor es sabiduría reflexiva

Jesús Damián Fernández, pedagogo especializado en la aplicación del humor.

Junto a su socio Eduardo Jáuregui, con quien fundó la consultora Humor Positivo, es pionero en España en la formación de profesionales en el desarrollo y aplicación del sentido del humor mediante innovadores cursos.

Déme un bálsamo para tanto desencanto.

Es necesario lanzar una mirada generosa, positiva, optimista y alegre para afrontar los contratiempos, hoy más que nunca.

Usted trabaja con realidades duras.

Con familias desestructuradas, chicos en situación de conflicto social y colectivos que lo están pasando mal. Los beneficios terapéuticos del humor están de sobra comprobados; potencia la imaginación como elemento clave en la resolución de problemas. Pero mi pretensión es ofrecer una forma de ver el mundo más saludable.

Su tesis doctoral trató sobre el humor.

El sentido del humor es un recurso pedagógico y didáctico. Mediante el humor se agilizan y enriquecen los procesos de enseñanza y aprendizaje, se desarrolla la memoria. Se trata de aprender riendo y gozar educando. He puesto en marcha un proyecto en mi municipio que se llama Escuelas que Ríen.

¿Podemos aplicar el humor a las Matemáticas?

Las tablas de multiplicar se pueden aprender a ritmo de rap. En realidad, el único obstáculo es el tiempo, prepararte las clases.

¿Y cómo trabaja con los alumnos?

Los niños pueden ser muy crueles con sus iguales, por eso es esencial diferenciar la risa compartida y la risa a expensas de otros. Les damos un taller de cuentachistes, evitando los machistas, sexistas o racistas.

Ya.

Y se los hacemos contar con distintos acentos, sin palabras o en un idioma desconocido, así rompen el miedo a comunicarse dentro del grupo.

Inteligente y práctico.

El sentido del humor hace que nuestra mente esté continuamente en funcionamiento, fomentando el pensamiento divergente y creativo.

IMA SANCHÍS, «La contra», *La Vanguardia*, 5 de abril de 2013 (adaptación)

a) Señala el título de la entrevista.
b) ¿Cómo se distingue formalmente la presentación del entrevistado?
c) ¿Cómo se llama el entrevistador? ¿Y el entrevistado?
d) ¿Cómo se diferencian las preguntas de las respuestas?
e) ¿Cuál es la receta que propone el entrevistado para contrarrestar el pesimismo?
f) ¿Con qué tipo de alumnos trabaja Jesús?
g) ¿Cómo puede aplicarse el humor a la asignatura de Matemáticas?
h) ¿Cómo pueden los alumnos del taller romper el miedo a comunicarse?
i) ¿Qué efectos tiene el sentido del humor sobre nuestra mente?

9 | ¡Conviértete en periodista por un día! Elige a una persona, conocida o no, para hacerle una entrevista. Contacta con ella, quedad para reuniros un día, entrevístale y presenta la entrevista en clase o publícala en el blog del colegio. Para ello, sigue las siguientes recomendaciones:

- **Antes de hacer la entrevista:**
  a) Selecciona la persona a la que vayas a entrevistar. Debes tener muy claro por qué puede ser interesante hablar con ella.
  b) Infórmate sobre esta persona: qué cosas interesantes ha vivido y visto, qué ha hecho a lo largo de su vida, o si ha escrito algo, ha grabado algún disco, ha pintado cuadros…
  c) Prepara una batería de preguntas que ayuden conocer mejor a la persona entrevistada. Deben ser preguntas breves y cortas. Siempre han de ser claras, para que se entienda enseguida lo que quieres preguntar. Además, debes tener en cuenta a quién entrevistas, ya que no es lo mismo entrevistar a un jugador de fútbol que a una persona que haya cumplido 100 años. Las preguntas han de ser diferentes.
- **En el transcurso de la entrevista:**
  a) Fíjate en cómo habla la persona entrevistada: puede ser muy nerviosa o calmada; puede moverse mucho al hablar, hacer muchos gestos o, por el contrario, ser inexpresiva y muy tranquila.
  b) Graba la entrevista. No es conveniente apuntar lo que dice alguien e ir interrumpiéndolo para tomar nota de sus palabras.
  c) Puedes hacerle fotos. Una imagen del entrevistado ayudará al lector a conocer al personaje.
  d) Presta atención a lo que dice la persona entrevistada y transmítele confianza, para que así te explique muchas cosas.
- **Una vez terminada la entrevista:**
  a) Redacta una introducción que explique quién es el entrevistado. Resulta interesante comentar sus gestos, la forma de hablar, el tono...
  b) Escribe las preguntas en negrita, para diferenciarlas así de las respuestas.
  c) Puntúa correctamente las respuestas de la persona entrevistada.
  d) Corrige las frases incorrectas y propias de la lengua oral que haya pronunciado la persona entrevistada, pero ten en cuenta que no debes cambiar el sentido de sus palabras.

Amplía conocimientos sobre uso y comunicación.

El sustantivo

10 | Lee el siguiente texto y contesta a las preguntas:

Karelia Vázquez es una periodista cubana especializada en temas de salud, consumo y nuevas tecnologías. Escribe en El País Semanal *y en* Marie Claire. *Es autora del blog* Vivo entre Google y Facebook.

Unos expertos británicos crearon en 2008 la palabra *nomofobia* a partir de la expresión inglesa *no mobile phobia* y la describieron como el miedo a no estar en contacto por el móvil, un sentimiento que, según sus estimaciones, podrían estar incubando el 53 % de los usuarios de este servicio de telefonía. En su opinión, la *nomofobia* podría manifestarse cuando nos quedamos sin cobertura o sin batería, o cuando perdemos el teléfono.

Lo que está bastante claro es que se ha creado una nueva necesidad: estar conectado las 24 horas y los 7 días de la semana. Algunos estudios en Estados Unidos estiman que, mientras estamos despiertos, el tiempo promedio que pasamos sin mirar el móvil es de unos diez minutos. Y precisamente la capacidad de abstraernos de la realidad que nos rodea es uno de los grandes atractivos del móvil. Un informe de 2012 indica que un 13 % de los usuarios fingen usarlo para evitar relacionarse con la gente que tiene alrededor, y otro abrumador 43 % de ellos se entretienen con el teléfono porque lo que tiene cerca les parece aburrido.

Karelia Vázquez, «Érase un hombre a un teléfono pegado», *El País Semanal,* 14 de julio de 2013 (adaptación)

a) ¿En qué consiste la *nomofobia*? ¿Cuándo se manifiesta?
b) ¿Qué nueva necesidad ha creado el uso de los teléfonos móviles?
c) ¿Qué promedio de tiempo pasamos sin mirar el móvil?
d) Señala diez sustantivos que aparecen en el texto y escríbelos en tu cuaderno. ¿Cómo los has reconocido?
e) Relaciona el contenido del vídeo que encontrarás en la web con el texto de Karelia Vázquez.

El texto anterior habla de la aparición de una nueva palabra, que ha surgido por la necesidad de definir un nuevo fenómeno social.

El **nombre** o **sustantivo** es una clase de palabra que utilizamos para designar objetos, seres, sentimientos, sensaciones, ideas…

11 | Señala los sustantivos de las siguientes oraciones:

a) El día de su cumpleaños fuimos a cenar a un restaurante.
b) Escribía con un rotulador de color verde.
c) Apaga la televisión porque tenemos que ir a casa de la abuela.
d) El lobo huyó por el bosque porque lo perseguían unos cazadores.
e) Fui al cine acompañada de mi familia y allí me encontré con mis amigas.
f) Escríbele una carta a los abuelos para contarles cómo lo estamos pasando estos días de vacaciones.
g) Los vecinos han tenido que llamar al fontanero, porque se les ha estropeado el grifo.
h) María se dirigió a la oficina de Correos a recoger el paquete que le habían enviado.

Los morfemas del sustantivo

12 | Fíjate en los siguientes sustantivos y contesta a las preguntas que encontrarás a continuación:

reloj	amigo	mano	problema
pez	profesora	niñas	jueves

a) ¿Qué sustantivos son masculinos y cuáles femeninos? ¿Por qué?

b) ¿Cuáles pueden cambiar de género y cuáles no? Justifica tu respuesta.

c) ¿Qué sustantivos están en singular y cuáles en plural?

d) ¿Qué sustantivo tiene la misma forma para el singular que para el plural?

Los sustantivos pueden llevar dos tipos de morfemas flexivos:

- **Morfemas de género**, es decir, masculino (*niñ**o***) o femenino (*niñ**a***).
- **Morfemas de número**, es decir, singular (*niño*) o plural (*niño**s***).

Género de los sustantivos

La mayoría de los sustantivos poseen un solo género (**masculino** o **femenino**), que podemos reconocer según acepten las formas del determinante ***el*** / ***los*** para el masculino y ***la*** / ***las*** para el femenino:

el reloj	la mano	el pez	la pared	el césped

Los sustantivos que poseen dos formas, una para el masculino y otra para el femenino, suelen marcar el género mediante el morfema -***o*** para el masculino y el morfema -***a*** para el femenino, o añadiendo el morfema -***a*** al final de la palabra:

amig - **o** / amig - **a**	profesor / profesor - **a**

! El género de algunos sustantivos presenta formas diferentes, como es el caso de los morfemas femeninos: -***triz*** o -***esa*** (*actor* / *ac**triz***, *alcalde* / *alcald**esa***), o los casos en que el femenino se forma con una palabra distinta (*caballo* / *yegua*).

13 | Lee las siguientes oraciones y contesta a las preguntas:

- El tesorero llevó los sobres con dinero al presidente de la empresa.
- La nadadora llegó tarde a la competición por el atasco de tráfico.
- Los montañistas llegaron a la cumbre antes del amanecer.
- Encontró sus llaves sobre la mesa de la cocina.
- La doctora me ha recomendado que me tome esta medicación para poder recuperarme del todo de la infección.

a) Clasifica los sustantivos de las oraciones anteriores según sean masculinos o femeninos.

b) Señala los sustantivos que presentan una variación de género -*a*, -*o*.

c) Señala los sustantivos que forman el femenino añadiendo el morfema -*a* al final de la palabra.

d) ¿En qué sustantivos reconocemos el género por el determinante que lo acompaña (*el*, *la*, *los*, *las*)?

! Hay parejas de palabras cuya única diferencia es el cambio de -*o*, -*a* al final. No debemos confundirnos y pensar que son variaciones de género de una misma palabra, ya que, en algunos casos, son palabras distintas cuyo significado es completamente diferente; por ejemplo, la *caballa* no es el femenino del *caballo*.

14 | Explica la diferencia de significado entre la forma femenina y la masculina de los siguientes sustantivos:

a) el suelo / la suela
b) el cometa / la cometa
c) el editorial / la editorial
d) el cerezo / la cereza
e) el cura / la cura
f) el pendiente / la pendiente
g) el foco / la foca
h) el frente / la frente

Número de los sustantivos

El **número** de los sustantivos indica si hay un solo elemento (**singular**) o más de uno (**plural**).

Como norma general:

- Cuando el singular termina en vocal, el plural se forma añadiendo el morfema -**s**: *casa* / *casa**s***.
- Cuando el singular termina en consonante, el plural se forma añadiendo el morfema -**es**: *pared* / *pared**es***.

!

Algunos sustantivos siguen otras normas para formar el plural:

- Cambian el determinante singular por la forma plural: ***el*** *jueves* / ***los*** *jueves*.
- Añaden el morfema -s a una palabra que termina en consonante: *mamut* / *mamu**ts***.

15 | Escribe en tu cuaderno el plural de las siguientes palabras:

a) la crisis
b) el jardín
c) el anorak
d) el colibrí
e) el martes
f) el club
g) el mamut
h) la tribu
i) el pie
j) el mantel

Las clases de sustantivos

Según su significado, los sustantivos se pueden clasificar en:

- Comunes y propios.
- Concretos y abstractos.
- Individuales y colectivos.

Sustantivos comunes y propios

Los sustantivos **comunes** designan, de forma genérica, personas, animales, cosas, sentimientos…: *mujer*, *ardilla*, *libro*, *ciudad*, *alegría*.

Los sustantivos **propios** individualizan a una persona, animal o cosa, diferenciándolo de los demás: *Andrés*, *Toby*, *Barcelona*, *Ebro*.

Los sustantivos propios se escriben con la primera letra en mayúscula.

16 | Señala los sustantivos del texto siguiente y clasifícalos según sean comunes o propios:

Este verano fuimos de vacaciones con Andrea, Manuel y Carlos. Nuestra idea inicial era ir a Portugal y bajar desde la ciudad de Coimbra hasta Lisboa, pero Andrea nos convenció de que antes fuéramos a Galicia, porque sus abuelos tenían una casa en Vigo y allí podríamos pasar unos días. Después continuamos nuestra ruta hasta Lisboa. El viaje resultó fabuloso.

Sustantivos concretos y abstractos

Los sustantivos **concretos** designan seres o cosas que podemos percibir a través de los sentidos: *agua*, *sofá*, *cojín*, *madera*.

Los sustantivos **abstractos** nombran conceptos, ideas, sentimientos... que no podemos percibir a través de los sentidos: *amor*, *inteligencia*, *belleza*, *cariño*.

17 | Clasifica los siguientes sustantivos según sean concretos o abstractos:

a) pereza
b) obsesión
c) tranquilidad
d) gafas
e) guitarra
f) azúcar
g) mármol
h) alegría

Sustantivos individuales y colectivos

Los sustantivos **individuales** designan, en singular, un solo elemento: *oveja*, *plato*, *álamo*.

Los sustantivos **colectivos** indican, en singular, un conjunto de elementos: *rebaño*, *vajilla*, *alameda*.

18 | Relaciona cada uno de los sustantivos individuales de la primera columna con el sustantivo colectivo que le corresponda de la segunda:

barco	manada
árbol	familia
madre	pedregal
pájaro	banda
piedra	bosque
músico	bandada
persona	ejército
soldado	multitud
elefante	flota

19 | Copia esta tabla en tu cuaderno y analiza los siguientes sustantivos:

	Género (M / F)	Número (S / P)	Común o propio	Concreto o abstracto	Individual o colectivo
gente					
tristeza					
calamares					
Everest					
voluntad					
cables					
manzana					
lobo					
Italia					

Amplía conocimientos sobre el estudio de la lengua.

La acentuación regular

20 | Lee el siguiente texto y contesta a las preguntas:

El término «amigo», en las redes sociales, tiene un significado diferente al tradicional que recibe en la vida real. En las redes sociales, «amigo» es todo aquel que ha sido invitado a visitar el sitio personal en la red. Y funciona de la siguiente manera: un usuario envía mensajes a diferentes personas invitándolas a ver su sitio. Los que aceptan se convierten en «amigos» y repiten el proceso, invitando a amigos suyos a esa red. Así, va creciendo el «número de amigos», de miembros en la comunidad y de enlaces en la red.

Ministerio de Educación de Argentina, *Los adolescentes y las redes sociales* (adaptación)

a) ¿Qué diferencia hay entre el término *amigo*, referido a la amistad tradicional, y el usado en el contexto de las redes sociales?

b) ¿Cómo se hacen amigos en las redes sociales?

c) Escribe en tu cuaderno tres palabras agudas, tres palabras llanas y tres palabras esdrújulas del texto.

La clasificación de las palabras según la sílaba tónica

Según la posición de la sílaba tónica, las palabras se clasifican en:

Agudas	La sílaba tónica es la última.	*a - cor - de - **ón*** *do - **lor*** *ca - te - **dral***
Llanas	La sílaba tónica es la penúltima.	*cor - **ti** - na* *me - **da** - lla* ***ár** - bol* ***tré** - bol*
Esdrújulas	La sílaba tónica es la antepenúltima.	***pá** - ja - ro* ***mú** - si - ca* *e - **xá** - me - nes*
Sobreesdrújulas	La sílaba tónica es la anterior a la antepenúltima sílaba.	***mués** - tra - se - los* *ex - **plí** - ca - nos - lo* ***á** - bre - me - lo*

La acentuación regular

Todas las palabras polisílabas tienen una sílaba tónica, pero no todas llevan **tilde** o **acento gráfico**. Para saber qué palabras llevan tilde y cuáles no, hay que seguir las reglas generales de acentuación:

Tipo de palabra	Se acentúan…	Ejemplo
Agudas	Cuando terminan en *n*, en *s*, o en vocal.	*pasión, Andrés, consomé*
Llanas	Cuando no terminan en *n*, en *s*, ni en vocal.	*carácter, ágil, césped*
	Cuando terminan en consonante + *s*.	*bíceps, récords*
Esdrújulas	Siempre.	*páginas, célebre*
Sobreesdrújulas	Siempre.	*cógeselo, pásaselo*

! Como norma general, las palabras monosílabas no llevan tilde: *fue, dio, pan*.

21 | Copia las siguientes palabras en tu cuaderno y escribe tilde cuando sea necesario:

a) etapa c) redaccion e) buscalo g) album
b) caracter d) historia f) rapidez h) comico

La acentuación de diptongos, triptongos e hiatos

En las palabras que contengan un **diptongo** o un **triptongo**, se seguirán las normas generales de acentuación: *lle - **váis**, es - tu - **diéis***.

En las palabras que contengan un **hiato**, se seguirán las siguientes reglas:

- Cuando las dos vocales sean abiertas, se seguirán las normas generales de acentuación: *o - **cé** - **a** - no, p**o** - **e** - ta*.
- Cuando el hiato está formado por una vocal abierta y una vocal cerrada tónica (o al revés), siempre pondremos la tilde sobre la vocal cerrada, sin tener en cuenta las normas de acentuación: *te - **ní** - **a**, c**a** - **í** - mos*.

22 | Copia estas palabras en tu cuaderno, clasifícalas según tengan un diptongo, un triptongo o un hiato, y escribe la tilde cuando sea necesario:

a) linea c) vueltas e) dia g) archipielago i) teniamos
b) ciencia d) escribireis f) pension h) pleito j) materia

A la hora de acentuar los diptongos, hay que tener en cuenta las siguientes normas:

- Cuando el diptongo está formado por una vocal abierta y otra cerrada, en el caso de que haya que poner tilde, esta se escribirá sobre la vocal abierta: ***hués** - ped, pri - **sión***.
- Cuando el diptongo está formado por dos vocales cerradas, en el caso de que haya que poner tilde, esta irá sobre la segunda vocal: ***cuí** - da - te*.

Signos de puntuación

La coma (II)

La coma se emplea para:

- Separar los incisos (aclaraciones o explicaciones) en una oración: «La conferencia, **que se estaba realizando entonces**, tuvo que aplazarse».
- Separar expresiones como *es decir*, *por ejemplo*, *o sea*, *sin embargo*, *por último*, *además*…: «Te lo dije ayer, **o sea**, ya estabas avisada».

23 | Lee las siguientes oraciones y escribe la coma cuando sea necesario:

a) Luis que ya había acabado su trabajo se fue al cine.
b) Ya lo sé o sea no me lo repitas más.
c) Era muy tarde y además hacía mucho frío.
d) Ana la hermana de Laura es bibliotecaria.
e) Por último iré a comprar los tomates.

Dictado

«Si no invertimos en ciencia y educación, no hay futuro», piensa el catedrático José Ginés Mora. Y pone el ejemplo de Finlandia, con una tasa de paro del 18 % en los ochenta. Invirtió en educación, ciencia y tecnología aumentando el gasto hasta el 3 % de su producto interior bruto (PIB). «Actualmente, son un espejo en que mirarnos». Pero hasta ahora, piensa Mora, la gente no le daba la importancia que merece a la educación.

«La Universidad que pasa frío», *El País*, 23 de julio de 2013 (adaptación)

¡Fíjate!

ciencia
edu**cación**
José Gi**nés**
invir**tió**
tecnolo**gía**

Amplía conocimientos sobre ortografía.

La polisemia y la homonimia

24 | **Lee el siguiente texto y contesta a las peguntas:**

Las redes sociales son espacios en internet en los cuales se puede abrir una cuenta o perfil y, a partir de ahí, relacionarse con otras personas de la misma red. Se pueden «colgar» fotos, vídeos, escribir comentarios, conversar en chats… En definitiva, comunicarse y relacionarse. Las más utilizadas son Tuenti (la más usada por los adolescentes, aunque cualquier persona puede tener una cuenta en esta red) y Facebook.

Cristina Isasi, «Redes sociales», *Menores en peligro, padres en acción* (adaptación)

a) ¿A qué se refiere la palabra *red* que aparece en el texto?
b) ¿Qué quiere decir crearse un *perfil* en una red social?
c) ¿Tienes alguna *cuenta* en una red social? ¿Qué significa esto?
d) ¿Qué otros significados distintos conoces de las palabras *red*, *cuenta* o *perfil*? Explícalos.

Las palabras *red*, *cuenta* o *perfil*, que aparecen en el texto, se utilizan con un significado determinado, pero estas palabras poseen también otras acepciones. Por ejemplo, la palabra *cuenta* puede significar, asimismo, la acción de contar, una operación matemática, un depósito de dinero en una entidad bancaria, o cada una de las bolas ensartadas en un collar.

Las palabras **polisémicas** son aquellas que tienen más de un significado. Estos significados se muestran en las diferentes acepciones de una palabra determinada que se registran en el diccionario.

25 | **Explica por qué la palabra *cabeza* es polisémica. Escribe tres oraciones en las que esta palabra tenga diferentes significados.**

26 | **Escribe dos significados distintos para cada una de las siguientes palabras polisémicas:**

pie	hoja	carta	banco	boca

Las palabras **homónimas** son aquellas palabras que tienen un significado distinto, pero se escriben o pronuncian de la misma forma. En el diccionario aparecen en entradas diferentes.

27 | **Explica los distintos significados que tienen las palabras homónimas subrayadas en las siguientes oraciones:**

a) Manuel nada muy bien. / No quiero nada más.
b) Le traje el documento que me había pedido. / Este traje le sienta muy bien.
c) ¡Hola, Marta! / La ola era muy grande.
d) Vino a las tres. / No tomo vino en las comidas.
e) Tuvo mucha suerte con la combinación de la lotería. / He cambiado el tubo de la calefacción.

Amplía conocimientos sobre léxico.

Los géneros teatrales

La tragedia y la comedia

28 | Observa esta imagen y responde a las preguntas:

La máscara en el teatro.

a) ¿Qué representan estas máscaras?
b) ¿Qué sentimiento transmite cada una de ellas?
c) ¿Cómo lo has deducido?

Estas máscaras eran usadas en el teatro clásico griego (alrededor del siglo v a. C.), y las utilizaban los actores para representar a los personajes de las obras clásicas. Nuestro teatro actual tiene su origen en el teatro griego clásico. En aquella época, había dos géneros teatrales (es decir, dos maneras de hacer obras de teatro) con características propias muy distintas que había que respetar. Estos géneros eran la tragedia y la comedia:

- La máscara de la izquierda se usaba en las **tragedias**, es decir, en obras protagonizadas por personajes nobles (reyes, príncipes…) y divinidades. En ellas se representaba la historia de un héroe o de una heroína que intentaba enfrentarse al destino que le habían marcado los dioses. Normalmente, tenían un final desgraciado, pues el héroe acababa fracasando.
- La máscara de la derecha se utilizaba en las **comedias**, es decir, en obras protagonizadas por personajes humildes. En ella se presentaba un conflicto en el que aparecían ridiculizados los distintos personajes. Su intención era provocar la risa de los espectadores y tenían un final feliz.

Con el paso del tiempo, los dos géneros se fueron modificando, pero, aun así, han ido mantenido sus características básicas:

La tragedia	• Aparecen todo tipo de personajes (de posición social elevada, gente humilde…). • El protagonista suele tener un final desgraciado. • El destino del protagonista ya no viene determinado por los dioses, sino por las circunstancias.
La comedia	• Aparecen personajes de todos los grupos sociales. • Se ridiculiza a los personajes exagerando sus defectos. Se busca la comicidad y la risa. • Suele tener un final feliz.

!

En la obra *Bodas de sangre* (1931), de Federico García Lorca, una joven que acaba de casarse se reencuentra en el convite con un antiguo pretendiente, que ahora está casado con otra mujer.

29 | Lee el texto siguiente y responde a las preguntas:

Exterior de la casa de la novia. Entonación en blancos grises y azules fríos. Grandes chumberas. Tonos sombríos y plateados. Panorama de mesetas color barquillo, todo endurecido como paisaje de cerámica popular. Una criada arregla en una mesa copas y bandejas.

PADRE DE LA NOVIA: ¿Somos los primeros?

CRIADA: No. Hace rato llegó Leonardo con su mujer. Corrieron como demonios. La mujer llegó muerta de miedo.

PADRE DE LA NOVIA: Ese busca la desgracia. No tiene buena sangre.

MADRE DEL NOVIO: ¿Qué sangre va a tener? La de toda su familia. Nace de su bisabuelo, que empezó matando, y sigue en toda la mala ralea, manejadores de cuchillos y gente de falsa sonrisa.

PADRE DE LA NOVIA: ¡Vamos a dejarlo!

CRIADA: ¿Cómo lo va a dejar?

MADRE DEL NOVIO: Me duele hasta la punta de las venas. En la frente de todos ellos yo no veo más que la mano con que mataron a mi marido y mi hijo mayor. ¿Tú me ves a mí? ¿No te parezco loca? Pues es loca de no haber gritado todo lo que mi pecho necesita. Tengo en mi pecho un grito siempre puesto de pie a quien tengo que castigar y meter entre los mantos. Pero me llevan a los muertos y hay que callar. *(Se quita el manto.)*

PADRE DE LA NOVIA: Hoy no es día de que te acuerdes de esas cosas.

MADRE DEL NOVIO: Cuando sale la conversación, tengo que hablar. Y hoy más. Porque hoy me quedo sola en mi casa.

PADRE DE LA NOVIA: *(Entrando en la casa.)* ¿Y mi hija?

NOVIO: Está dentro.

PADRE DE LA NOVIA: *(Saliendo de la casa.)* ¡Aquí no está!

MUJER: ¡Han huido! ¡Han huido! Ella y Leonardo. En el caballo. Van abrazados, como una exhalación.

PADRE DE LA NOVIA: ¡No es verdad! ¡Mi hija, no!

MADRE DEL NOVIO: ¡Tu hija, sí! Planta de mala madre, y él, él también, él. Pero ¡ya es la mujer de mi hijo!

NOVIO: *(Entrando.)* ¡Vamos detrás! ¿Quién tiene un caballo?

MADRE DEL NOVIO: ¿Quién tiene un caballo ahora mismo, quién tiene un caballo? Que le daré todo lo que tengo, mis ojos y hasta mi lengua...

VOZ: Aquí hay uno.

MADRE DEL NOVIO: *(Al hijo.)* ¡Anda! ¡Detrás! *(Salen con dos mozos.)* No. No vayas. Esa gente mata pronto y bien...; pero sí, corre, ¡y yo detrás!

PADRE DE LA NOVIA: No será ella. Quizá se haya tirado al pozo.

MADRE DEL NOVIO: Al agua se tiran las honradas, las limpias; ¡esa, no! Pero ya es mujer de mi hijo. Dos bandos. *(Entran todos.)* Mi familia y la tuya. Salid todos de aquí. Vamos a ayudar a mi hijo. *(La gente se separa en dos grupos.)* ¡Fuera de aquí! Ha llegado otra vez la hora de la sangre. Dos bandos. Tú con el tuyo y yo con el mío. ¡Atrás! ¡Atrás!

FEDERICO GARCÍA LORCA, *Bodas de sangre* (adaptación)

a) ¿Dónde transcurre la acción del fragmento?
b) ¿Qué personajes intervienen?
c) Clasifica los diferentes personajes que intervienen en esta escena en principales y secundarios.
d) ¿Qué van a celebrar?
e) ¿Qué opina la madre del novio de Leonardo y su familia? ¿Qué motivos tiene para odiarlos?
f) ¿Qué han hecho Leonardo y la novia? ¿Por qué crees que han actuado de esta forma?
g) ¿Qué quiere hacer el novio?
h) ¿Qué consecuencias tiene la fuga de Leonardo y de la novia en las relaciones entre las dos familias?
i) La madre del novio tiene una actitud contradictoria: primero dice a su hijo que persiga a los fugitivos y, en seguida, le pide que no vaya; pero, a continuación, vuelve a cambiar de opinión. Di a qué crees que se deben esas dudas.
j) Describe qué emoción o deseo predomina en los siguientes personajes: Leonardo y la novia, y el novio y su madre.
k) ¿Crees que la obra avanzará hasta terminar en un desenlace trágico? Justifica tu respuesta.
l) ¿Qué características de la tragedia reconoces en este texto de Federico García Lorca?

Cartel de *Bodas de sangre*.

El drama

El **drama** es un género teatral que surgió con posterioridad a la tragedia y la comedia.

El drama posee las siguientes características:

- Aparecen personajes reconocibles, propios de la época en la que se escribió, es decir, son personajes contemporáneos.
- Presenta conflictos serios, que reflejan los problemas del ser humano en la sociedad.
- Con frecuencia, los protagonistas consiguen superar esos conflictos y la obra tiene un final feliz.
- En ella se mezclan momentos cómicos y trágicos.

30 | **Responde a las siguientes preguntas, teniendo en cuenta el vídeo y buscando la información en internet cuando sea necesario:**

a) ¿Cuáles son las principales características del género teatral?
b) ¿Cómo se llama el momento de máxima expectación de una obra dramática?
c) ¿En qué se basa una obra dramática, en el diálogo o en la narración?
d) ¿Qué son las acotaciones teatrales?
e) ¿Qué complementa el diálogo de los personajes?
f) ¿Qué es un aparte? ¿Para qué se utilizan los apartes?
g) ¿En qué consiste el monólogo? ¿En qué ámbito se utiliza mucho el monólogo en la actualidad?

31 | Lee el siguiente fragmento y responde a las preguntas:

El viejo Isaías preside la mesa en que la familia está cenando. Antonia, su esposa, Juan, su hijo mayor; Luisa, la esposa de este, y Jandro, el hijo menor, terminan de cenar silenciosamente. Antonia, que es una mujer muy mayor, semiciega, se remueve con inquietud.

ANTONIA: *(Con voz débil y temblorosa.)* No creo que ya tarde mucho. Habrá tenido algo que hacer. Encuentro al muchacho preocupado desde hace algún tiempo. ¿Verdad, Isaías, que yo tengo razón?

ISAÍAS: ¿Por qué no ha venido a cenar a su hora? Eso es lo que quisiera saber.

ANTONIA: Habrá tenido…

ISAÍAS: Calla. Me repugna que todavía trates de disculparlo. Estamos aquí todos reunidos a la mesa. Es un desprecio que le hace a la familia. *(Luisa murmura algo inclinada sobre su plato.)* ¿Dices algo, Luisa?

LUISA: No… Es decir, pensaba que yo no me siento despreciada…

ISAÍAS: No eres precisamente tú, Luisa, la más indicada para decidir cuándo se nos desprecia o no. Y si lo que te molesta es mi modo de ser, podías haberte evitado el fastidio de sufrirme. Bastaba con que no hubieras entrado a formar parte de esta familia que, por lo visto, te desagrada tanto.

LUISA: Yo me casé con Juan, y no tengo más familia que Juan.

JUAN: *(En voz baja, nervioso.)* Cállate. Cállate ya.

ISAÍAS: Si Juan fuera un hombre, no hablarías como hablas, Luisa. Están insultando a tu padre, Juan. ¿No te das cuenta? Si tú no eres capaz de sujetarla, algún día tendré que hacerlo yo.

LUISA: ¿Qué quiere decir?

JUAN: *(La coge por un brazo; entre dientes.)* ¿Te vas a callar de una vez?

LUISA: *(Se suelta.)* Estate quieto. Me haces daño.

ISAÍAS: Déjala. Está endemoniada. ¿No la ves? Tiene cien gatos dentro del cuerpo. Es una pena que no tuvieras más ojo para elegir a tu mujer, Juan.

JUAN: *(Con poca voz.)* Padre.

ISAÍAS: ¿Qué quieres?

JUAN: *(Con voz humilde.)* No diga esas cosas de Luisa. Yo estoy contento de haberme casado con ella.

ISAÍAS: No me extraña *(con una cierta dulzura irónica)*. Tú eres un muchacho de muy poco talento, Juan. De pequeño llegaste a preocuparnos a tu madre y a mí. Eras como un animalillo torpe. No sabes la tristeza que nos dio tener un hijo así, ¿verdad, Antonia? Nos dio mucha tristeza.

JUAN: *(Ha bajado la cabeza.)* No debería contar esas cosas delante de todos, padre.

ALFONSO SASTRE, *La mordaza* (adaptación)

La mordaza presenta la historia de una familia dominada por un padre muy tiránico. En el desarrollo de la obra, los hijos consiguen que su padre, Isaías, acabe en prisión, librándose así de su opresión.

a) ¿En qué lugar se desarrolla la escena? ¿En qué momento del día?
b) ¿Qué personajes intervienen? ¿Qué relación tienen entre sí?
c) ¿Qué actitud tiene Isaías hacia sus hijos y hacia Luisa? ¿Y al revés?
d) ¿Qué tipo de conflicto presenta este texto?
e) ¿Qué características del drama reconoces en este fragmento?

Amplía conocimientos sobre literatura.

Conocer las redes sociales

¿QUÉ VAMOS A HACER?

En este proyecto, vais a investigar acerca de alguna red social de internet y vais a darla a conocer a vuestros compañeros mediante una presentación oral (podéis utilizar imágenes o material multimedia de apoyo) para hacer más atractiva vuestra exposición.

PARA EMPEZAR

En los últimos años, las redes sociales han adquirido gran importancia. Una red social es una estructura compuesta por un conjunto de individuos u organizaciones que están conectados por lazos de amistad, parentesco (los seguidores de un equipo de fútbol, las personas que comparten una misma afición...). Internet se ha convertido en un gran medio para consolidar estas redes, las cuales han adquirido gran importancia en la sociedad durante los últimos años.

¿CÓMO LO VAMOS A HACER?

- Dividid a la clase en diferentes grupos.
- Buscad información sobre distintas redes sociales y elegid una que interese a todos los miembros del grupo.
- Explicad claramente el objetivo que persigue la red social que hayáis elegido.
- Describid el *website* de la red social: qué secciones se distinguen, qué enlaces ofrece...
- Explicad cómo pueden adherirse las personas a esa red social, es decir, cómo se va estableciendo la red de contactos.
- Explicad los distintos modos en que las personas pueden interactuar en ella.
- Valorad si se logran o no los objetivos que la red se propone.
- Evaluad la utilidad de la red social estudiada.
- Proponed maneras a través de las cuales podría mejorarse tanto la funcionalidad como el diseño de esta red social.
- Realizad la presentación.

CONSEJOS ÚTILES

- Recordad que os podéis repartir las tareas entre los diferentes integrantes del grupo, pero las decisiones las debéis tomar entre todos.
- Elaborad un guion y después desarrollad cada uno de los apartados.
- Escoged imágenes que ejemplifiquen lo que vais a decir.
- La presentación puede mejorar mucho si la acompañáis de una música adecuada.

Internet

Desde el nacimiento de internet, han surgido dos posturas: unos dicen que internet aísla, lleva a la depresión, a toda clase de cosas horribles. Otros, por el contrario, dicen que internet es un mundo extraordinario, de libertad, de desarrollo, en el que todo el mundo se quiere, en el que todo el mundo está en comunidad. ¿Qué hay de verdad en esto?

Por distintos estudios que se han hecho y que se han aplicado en diferentes hogares en los que se utiliza internet de forma habitual, sabemos que con internet no cambia nada. Es decir, que la gente que se dedicaba a distintas actividades, lo sigue haciendo con internet: a los que les iba bien, les va mucho mejor, y a los que les iba mal, les va igual de mal; el que tenía amigos, los tiene también en internet y, quien no los tenía, tampoco los tiene con internet.

Internet es un instrumento que desarrolla pero no cambia los comportamientos. Esto no significa que internet no sea importante, quiere decir que no es internet lo que cambia el comportamiento, sino que es el comportamiento el que cambia internet.

Antes, las personas tenían normalmente, como término medio, no más de seis relaciones de amistad íntima fuera de la familia y, al mismo tiempo, cientos de relaciones de amistad débiles. Internet es apta para crear relaciones débiles, pero no es apta para crear relaciones íntimas. Sin embargo, es excelente para continuar y reforzar las relaciones de amistad íntimas. Por otra parte, hay personas con relaciones sociales débiles a los que internet les permite salir del aislamiento.

En general, se está tendiendo a disminuir el número de relaciones comunitarias tradicionales (en el barrio, en el trabajo...), puesto que la sociabilidad se está transformando mediante lo que se conoce como la privatización de la sociabilidad. Cada uno elige a las personas con las que quiere construir lazos de amistad (por ejemplo, unirnos a un club ciclista), independientemente de que esté cerca físicamente o no. Esta formación de redes personales es lo que internet permite desarrollar mucho más fuertemente.

Otra idea muy frecuente es que internet es un lugar donde la gente habla de cualquier tontería, se cuentan chismes... Esto es extremadamente minoritario, no mucha gente tiene tiempo de hacerlo. Es verdad que se dan casos de identidades falsas, que la gente se disfraza de cualquier cosa, que se cuentan lo que no son. Todo esto existe, pero se da sobre todo en los adolescentes. ¿Y qué hacen los adolescentes, en general? Inventarse identidades, pasarse ratos de cháchara sobre cualquier cosa, siempre que pueden, crear una contracultura propia. Y esto también lo hacen en internet.

Pero, si nos fijamos en el conjunto de la sociedad, aparte de los grupos de adolescentes, lo que se observa es que la gente usa internet para desarrollar tareas importantes: a través de internet se han desarrollado, entre otras cosas, organizaciones de apoyo entre las personas. Por ejemplo, el Seniornet en Estados Unidos es una de las redes más populares de información, de ayuda, de solidaridad.

MANUEL CASTELLS, *Internet y la sociedad red* (adaptación)

1 | Responde a las siguientes preguntas sobre el texto:

a) ¿Qué dos posturas sobre internet han surgido desde su nacimiento?
b) ¿Internet ofrece a las personas mayores facilidades para hacer amigos? Justifica tu respuesta.
c) ¿Qué dos tipos de lazos de amistad tienen las personas? ¿Cuántos lazos suelen tener de cada tipo?
d) ¿Cómo influye internet en estos lazos de amistad?
e) ¿De qué forma ayuda internet a las personas que poseen relaciones sociales débiles?
f) ¿Qué tipo de actividades hacen los adolescentes en internet? ¿Son distintas a las que hacen «fuera» de internet?
g) ¿Para qué usa internet la mayoría de la gente?
h) ¿Qué ejemplo de red social de apoyo a través de internet cita el texto?

2 | Explica cuál es la opinión general del autor del texto sobre internet. ¿Crees que lo considera algo bueno para nuestra sociedad o, por el contrario, algo perjudicial? Justifica tu respuesta.

3 | Indica los párrafos donde se discute si internet aísla o, por el contrario, ayuda a mejorar las relaciones personales.

4 | Di en qué párrafos se habla sobre si internet solo se usa para cuestiones superficiales o si también se utiliza para cuestiones importantes.

5 | Escribe un título adecuado para el conjunto del texto y otro para cada una de las partes en las que se divide el texto.

6 | Escribe una redacción de unas diez líneas en la que expliques tu opinión sobre internet: si crees que su uso es perjudicial o beneficioso, para qué lo utilizas tú y la gente de tu alrededor…

7 | Imagina que te despiertas una mañana y resulta que internet ya no existe y que nadie sabe lo que es ni ha oído hablar de ello:

a) ¿Cómo le contarías a la gente lo que era?
b) ¿Cómo cambiaría tu día a día si internet dejara de funcionar? ¿Y si no hubiera existido nunca?

UNIDAD 4

BAJO LA ARENA DE EGIPTO

Observa la fotografía y responde a las preguntas:

- ¿Qué te sugiere esta imagen?
- ¿En qué lugar del mundo situarías estos elementos?
- ¿Sabes qué son estos monumentos?
- ¿Qué conoces de la civilización que los construyó?

EN ESTA UNIDAD APRENDERÁS...

- Las características de las narraciones.
- Las formas de los determinantes y pronombres.
- La acentuación diacrítica.
- El uso del punto y coma.
- El uso de las palabras con sentido real y con sentido figurado.
- Las características de las narraciones literarias.
- Los géneros literarios narrativos.

Y SERÁS CAPAZ DE...

- Reflexionar sobre la narración y producir textos narrativos.
- Reflexionar sobre aspectos de los determinantes y pronombres usados a diario en el lenguaje.
- Acentuar y puntuar de forma correcta tus textos para expresarte con mayor corrección.
- Reconocer y aplicar el sentido literal y figurado de palabras y expresiones en la producción de textos.

EMPEZAMOS

Lee el texto siguiente y contesta a las preguntas:

Por diferentes razones, Egipto es un país que ha cautivado a sus visitantes desde la Antigüedad. Los impresionantes monumentos que han sobrevivido hasta nuestros días reflejan una cultura milenaria plagada de misterios sugerentes. Tal vez lo que más seduce a quienes se acercan a esta cultura es la especial relación que los antiguos egipcios mantenían con la muerte: los complejos ritos que posibilitaban el tránsito del alma del difunto al más allá.

Estas creencias de la cultura egipcia hicieron surgir algunos de los elementos que más han sorprendido a las culturas posteriores. Por una parte, las pirámides, esos prodigios arquitectónicos que pretendían ofrecer al difunto todo lo necesario para garantizar su pervivencia en el más allá y, por otra, las momias, que preservaban el cuerpo del difunto a lo largo de los siglos.

Pirámides y momias han despertado nuestra imaginación y nuestros miedos para dar pie a relatos plagados de fascinación y misterio.

1. ¿Qué elementos de la cultura egipcia reflejan que se trata de una cultura milenaria?
2. ¿Qué es lo que más llama la atención de esta cultura?
3. ¿Con qué finalidad se construían las pirámides?
4. ¿Para qué se momificaban los cuerpos de los difuntos?
5. Relaciona el vídeo que encontrarás en la web con el texto que acabas de leer.

Tutankamón

- ¿Sabes con qué medios contaban los egipcios para construir las pirámides?
- ¿Cómo se llevaba a cabo el proceso de momificación?
- ¿Conoces alguna película ambientada en el antiguo Egipto?

En 1922, un grupo de investigadores, bajo las órdenes del arqueólogo Howard Carter y financiados por lord Carnarvon, buscaba la tumba del faraón Tutankamón. Las pirámides y formas egipcias tenían entradas secretas y pasillos laberínticos para evitar que los ladrones saquearan las riquezas y tesoros con que los faraones solían ser enterrados.

El 26 de noviembre, la limpieza prosiguió durante todo el día. Un trabajo largo y fastidioso: en aquel túnel estrecho, oscuro e invadido por el polvo, la ronda de los cestos de mimbre era lenta.

Y para complicarlo todo, había que tener cuidado con los pequeños objetos encontrados entre los cascotes: cuando sacaban un pedazo de **alfarería** o de jarro, tenían que desenterrarlo delicadamente, numerarlo, describirlo en un registro mencionando el lugar de su descubrimiento y, luego, meterlo en una caja.

A media tarde, a diez metros de la primera puerta, apareció un **dintel** detrás de los cascotes, bajo el techo.

Una puerta o, más exactamente, su parte más alta, quedó despejada. Con lentitud, con una desesperante lentitud, se quitaron los cascotes que la cubrían, cesto a cesto. La parte visible de la puerta aumentó, primero el cuarto superior, luego la mitad superior, luego tres cuartas partes.

Al anochecer, estaba del todo despejada.

Howard Carter golpeó el revestimiento. En algunos lugares, sonaba a hueco.

El arqueólogo tomó una barra de hierro y, con las manos temblando de emoción, hizo saltar el yeso. Insertó la barra entre dos piedras, la golpeó con una maza, la hizo girar, volvió a golpear. La barra fue hundiéndose, centímetro a centímetro, luego entró de golpe: había atravesado la puerta y, al otro lado, solo había encontrado vacío.

El instante tan esperado y tan temido había llegado. Iban a saber.

Colocó la vela ante la abertura y miró hacia el otro lado de la puerta. Al principio, no vio nada: la llama parpadeaba, agitada por el aire cálido que escapaba de la cámara. Luego sus ojos se acostumbraron a la oscuridad y divisó unas formas extrañas.

¿Cuánto tiempo permaneció así, observando el interior de la tumba? ¿Un minuto, dos tal vez? Pero a sus compañeros les pareció una eternidad.

Sin poder aguantar ya más, lord Carnarvon acabó preguntando:

–¿Ve usted algo?

El arqueólogo permaneció silencioso primero, luego, con un nudo en la garganta y la voz temblorosa, solo pudo responder:

–¡Sí... maravillas!

Era una emoción increíble.

–¿Ve usted algo?

A la luz de su vela, Howard Carter veía muchas cosas, una multitud de objetos, conocidos unos y otros que nunca había visto, una profusión que, ni siquiera en sus más enloquecidos sueños, nunca hubiera imaginado.

–¡Sí... –respondió con voz temblorosa– maravillas! Despegó el ojo de la puerta, tomó la barra de hierro y ensanchó el agujero para que lord Carnarvon y él pudieran mirar al mismo tiempo.

Ambos hombres, cabeza contra cabeza, observaron largo rato el interior de la cámara.

PHILIPPE NESSMANN

Francia, 1967

- *Bajo la arena de Egipto. El misterio de Tutankamón.*
- *Todas las respuestas a las preguntas que nunca te has hecho.*
- *Más respuestas a las preguntas que nunca te has hecho.*

La estancia rectangular debía de tener tres metros y medio de profundidad por ocho de anchura. Al fondo, contra un muro blanco, tres grandes lechos dorados, alineados. Los **largueros** representaban animales fantásticos de cuerpo alargado y terrorífica cabeza: un hipopótamo, una vaca sagrada y un león.

Por encima y por debajo de los lechos, decenas de objetos apilados, sillas esculpidas, un magnífico trono reluciente de oro y plata, cofres incrustados con pasta de cristal, una copa de alabastro en forma de loto, extrañas cajas en forma de capullo, y más cofres aún...

Contra la pared de la derecha, dos impresionantes estatuas negras de madera, cara a cara, a dos metros una de otra. Representaban al rey de tamaño natural, armado con una maza y un largo bastón, y parecían montar guardia.

Los taparrabos, las coronas, las joyas y las armas estaban chapadas en oro.

En el suelo, cestos despanzurrados, fragmentos de alfarería, jarros, pedazos de tejidos... Los saqueadores habían hurgado, roto, hurtado, pero, sorprendidos sin duda por los guardianes, no habían podido llevarse gran cosa, estaba claro. Una suerte increíble.

Justo a la izquierda de la entrada, varios carros dorados y desmontados se apilaban en confuso montón, las ruedas por aquí, los ejes por allá. Y en medio de aquella maraña, una estatuilla del faraón miraba hacia la puerta de entrada...

PHILIPPE NESSMANN, *Bajo la arena de Egipto. El misterio de Tutankamón* (adaptación)

Howard Carter y la abertura del sarcógafo de Tutankamón.

alfarería Arte de fabricar vasijas de barro cocido.

dintel Parte superior de la puerta.

larguero Barrote de las camas.

Comprensión lectora

1 | Contesta a las siguientes preguntas sobre la lectura:

a) ¿Cuándo se desarrolla la acción de esta historia?
b) ¿Qué se acumula en el túnel de la pirámide?
c) ¿En qué consiste el trabajo?
d) ¿Dónde aparece el nuevo dintel?
e) ¿Cuándo consiguieron despejar finalmente la puerta del todo?
f) ¿Quién rompe el yeso de la puerta nueva? ¿Con qué consigue romperla?
g) ¿Con qué se ilumina para poder ver la nueva estancia?
h) ¿Quién está con Carter?
i) ¿Qué es lo que dice ver Howard?
j) ¿Qué ven al fondo de la estancia?
k) ¿Qué ven a la derecha?
l) ¿Qué encuentran de valor?
m) ¿Qué hay en el suelo?
n) ¿Qué ven a la izquierda?
ñ) ¿Qué elemento encuentran entre la maraña, el cual mira hacia la puerta de entrada?

Estructura

2 | Divide el texto en las tres partes que se indican a continuación. Escribe el número de las líneas que se corresponden con cada una de estas partes en las que se divide el texto:

Partes en las que se divide el texto	Líneas que comprende cada parte
Actividades que se realizan en la excavación durante el día.	Línea ____ a ____
Descubrimiento de la puerta, hasta que ven lo que hay en el interior de la cámara.	Línea ____ a ____
Descripción final de lo que hay en la cámara.	Línea ____ a ____

Léxico

3 | Escribe un sinónimo adecuado para cada una de las siguientes palabras del relato:

a) maravillas
b) alabastro
c) silencioso
d) multitud
e) lechos
f) hueco
g) oscuridad
h) objetos
i) montón
j) maraña

4 | Explica qué significan las siguientes expresiones extraídas del texto:

a) Invadido por el polvo.
b) Una desesperante lentitud.
c) Con un nudo en la garganta.
d) La llama parpadeaba.

Expresión escrita

5 | Escribe una historia siguiendo este plan narrativo:

Contexto	Eres un estudiante de Arqueología y en la universidad te ofrecen la oportunidad de acompañar a uno de tus profesores para llevar a cabo una investigación en el Valle de los Reyes, en Egipto.	
¿Qué debes explicar?	**Planteamiento**	• Los preparativos del viaje. • El medio de transporte que utilizáis: barco, avión…
	Nudo	• Los hechos que os suceden cuando llegáis al destino. Para darle algo de emoción, puedes imaginar que perdéis las maletas en el viaje, o que los guías os engañan y os llevan a otro lugar distinto… • Inicio de las excavaciones. • Hallazgo de una entrada secreta, a través de laberíntico túneles, a las pirámides. En este momento, decides tomar la iniciativa e inicias tu propia expedición.
	Desenlace	Final de la aventura en el Valle de los Reyes.

6 | El texto de la lectura describe los objetos que el grupo de investigadores, dirigidos por el arqueólogo Howard Carter, junto con la financiación de lord Carnarvon, van encontrando en su expedición arqueológica en Egipto.

Teniendo en cuenta estos objetos hallados, haz una descripción sobre cómo crees que podía ser la sociedad egipcia que vivió en la época de los faraones: si era una sociedad rica o pobre, si valoraba el arte o no, si era una sociedad culta o analfabeta...

EXPRESIÓN ORAL

Objetos antiguos

7 | En las excavaciones arqueológicas, se han desenterrado múltiples objetos de nuestros antepasados: vasijas, tesoros, sarcófagos, espadas, estatuas…

Piensa en un objeto que te gustaría encontrar en una excavación arqueológica y explica qué uso le darías en la actualidad.

Antes de iniciar tu exposición:

- Piensa qué tipo de objetos pueden hallarse en una excavación. Busca información en internet para ampliar tus conocimientos.
- Tiene que ser un objeto que pueda servirte en tu vida diaria. Aun así, puedes dar rienda suelta a tu imaginación y darle usos insólitos a los objetos. ¡Sé original!
- Organiza la explicación: primero, expón cómo es el objeto y, después, explica cuál su utilidad.

La narración (I)

8 | Lee el texto siguiente y responde a las preguntas:

A principios del año 1881, un americano rico, interesado por el arte, remontó las aguas del Nilo hasta Luxor, población situada frente a la antigua ciudad regia de Tebas. Pretendía comprar algunas antigüedades. Despreciaba el comercio oficial, y solamente se fiaba de su instinto, que le impulsaba a buscar por la noche, en las callejuelas oscuras, las trastiendas de los bazares y donde, finalmente, se puso en contacto con un egipcio de tez oscura que le ofreció algunos objetos aparentemente auténticos y de gran valor.

Una de las cosas que le ofreció el egipcio le emocionó un tanto y, sin tomar en consideración el principio de que se debe regatear siempre que se trate de orientales, adquirió un papiro; nunca hasta entonces había visto ninguno tan bien conservado y bello. Lo guardó en la maleta y, burlando la aduana y la inspección policíaca, marchó de Egipto precipitadamente. Llegado a Europa, apresuróse a hacer examinar el papiro por un experto, y entonces supo que, en efecto, había comprado un objeto de preciosa rareza.

C. W. CERAM, *Dioses, tumbas y sabios* (adaptación)

Papiro egipcio.

a) ¿En qué año se sitúa la acción del texto?

b) ¿De quién habla?

c) ¿Tiene nombre propio el personaje del que se habla?

d) ¿Qué buscaba? ¿Cómo pretendía obtenerlo?

e) ¿Dónde buscaba obras de arte?

f) ¿Quién le ofreció el papiro? ¿Qué aspecto tenía?

g) ¿Qué hizo una vez tuvo el papiro?

h) ¿Era falso el papiro? ¿Cómo lo sabe?

i) Lee la noticia que encontrarás en la web y escribe una historia que enlace el final del texto con el descubrimiento de los papiros más antiguos encontrados en Egipto.

El texto que acabas de leer es un texto narrativo, de modo que se caracteriza por:

- Contar unos **hechos**.
- Presentar unos **personajes**, que son los que protagonizan los hechos narrados.
- Presentar una **acción**, la cual domina la mayor parte del texto, aunque también es posible encontrar diálogos y descripciones.
- Situarse en un **lugar** concreto.
- Desarrollar una acción en un **momento determinado** y con una duración concreta (una mañana, un día, una semana…).

La narración se estructura en tres partes:

Planteamiento	Presenta la información básica que permite comprender de qué va a ir el texto.
Desarrollo	Es el núcleo central del texto, así como la parte más larga de este. Expone cómo se suceden los acontecimientos del relato.
Conclusión	Cierra y concluye la historia.

9 | Lee el siguiente texto y realiza las actividades que encontrarás a continuación:

El faraón Auletes murió el año 51 a. C., y dejó el trono de Egipto a su joven hijo Ptolomeo XII, que tenía solo diez años. Iba a gobernar junto a su hermana mayor (Cleopatra, que tenía diecisiete), aconsejados por su ambicioso tutor, que empezó a intrigar contra la joven.

En 48 a. C., Cleopatra reunió un ejército en Siria, y se preparó para volver y arreglar las cosas con Potino y su hermano. Ambos ejércitos, el suyo y el de su hermano, se enfrentaron en Pelusio, pero antes de que se iniciase realmente la batalla, ocurrió algo que iba a cambiarlo todo.

Roma estaba atravesando su propia guerra civil por aquel entonces. Pompeyo mantenía una lucha desesperada con otro general, Julio César. Los ejércitos de los dos romanos habían chocado ya en Grecia, y César había resultado vencedor. Pompeyo huyó y se refugió en Egipto.

Cuando Pompeyo puso el pie en la orilla (y mientras su esposa e hijo miraban desde el barco) fue muerto tranquilamente a puñaladas a manos de los hombres de Potino, que querían que pareciese que lo había organizado todo Cleopatra.

Como Pompeyo estaba muerto y no podía vengarse, César tendría que estar agradecido y ayudaría a Potino contra la amenaza del ejército de Cleopatra.

César, con un pequeño contingente de cuatro mil hombres, llegó a Alejandría algunos días más tarde, decidido a tomar prisionero a Pompeyo y retenerlo, para evitar que a su alrededor se formase un nuevo ejército.

Inmediatamente, Potino le llevó la cabeza de Pompeyo y le pidió ayuda contra Cleopatra.

Pero nadie contaba con Cleopatra. Tenía una ventaja de la que carecía Potino: era una mujer joven y fascinante. No sabemos cuán hermosa pudo haber sido, o si realmente lo fue o no. Sin embargo, poseía el don de atraer y atrapar a los hombres; era consciente de ello.

Por tanto, lo único que tenía que hacer Cleopatra era dejar atrás el ejército de su hermano y presentarse ante César. Tras lo cual estaba segura de que lograría hacerse con el control del asunto. Así, se hizo a la mar en Siria, desembarcó en Alejandría y desde allí envió (según la leyenda) una gran alfombra a César. Las fuerzas de Potino no vieron razón alguna para detener el envío, pues no sabían que envuelta en la alfombra estaba Cleopatra.

La estrategia de Cleopatra funcionó a la perfección. El sorprendido César quedó deslumbrado ante la joven que apareció al desenrollarse la alfombra. Ella lo convenció de la justicia de su causa y César ordenó que se volviese al acuerdo inicial: que Cleopatra y su joven hermano gobernasen juntos.

Isaac Asimov, *Historia de los egipcios* (adaptación)

Grabado de Cleopatra en el templo de Edfu.

a) ¿Qué personajes intervienen en el relato?
b) ¿Qué les sucede?
c) ¿Dónde se desarrolla la acción?
d) ¿En qué años transcurre?
e) Indica las partes en las que se divide el texto, es decir, señala el planteamiento, el desarrollo y la conclusión. Después, haz un pequeño resumen de cada apartado.

Escritura jeroglífica en el templo de Kom Ombo.

El narrador y el punto de vista

10 | Lee el texto siguiente, perteneciente a una carta en la que el famoso egiptólogo Jean-François Champollion le explica a su hermano cómo ha llegado a Nubia (sur de Egipto) y cómo lo han recibido a las puertas de un antiguo monumento funerario. A continuación, responde a las preguntas:

Aunque solo fuera por el gran templo de Abu Simbel, valdría la pena el viaje a Nubia: es una maravilla. El trabajo que costó esta excavación desafía la imaginación. A nuestra llegada la arena y los nubios habían bloqueado la entrada. Hicimos que la despejaran de manera que abrieran un pequeño hueco y tomamos entonces todas las precauciones que pudimos contra la arena que caía, que en Egipto, así como en Nubia, amenaza con sepultarlo todo. Yo iba casi completamente desnudo; solo llevaba mi camisa árabe y los calzones de algodón, y avancé reptando sobre el estómago hacia el pequeño umbral de una puerta, que, de haber estado despejada, habría medido por lo menos siete metros y medio de alto. Pensé que avanzaba hacia la boca de un horno y, deslizándome hacia el interior del templo, me encontré en una atmósfera a 52 ºC de temperatura... Tras pasarme dos horas y media admirándolo todo y haber visto todos los relieves, se impuso la necesidad de respirar un poco de aire puro y me fue necesario volver a la entrada del horno...

JEAN-FRANÇOIS CHAMPOLLION, *Carta a su hermano Jacques-Joseph Champollion*

a) ¿A dónde llega Champollion?
b) ¿Qué tapa la entrada del monumento funerario?
c) ¿Qué hacen para poder entrar?
d) ¿Cómo avanza el protagonista de la carta?
e) ¿Cómo entra en el templo?
f) ¿Qué temperatura hace en el interior del templo?
g) ¿Cuánto tiempo permanece dentro del monumento?
h) ¿Qué hace finalmente?
i) ¿Qué persona verbal es la que se utiliza en el texto? ¿Quién cuenta los hechos de la historia?

Este relato es un texto narrativo escrito en primera persona, es decir, es su autor, Champollion, quien explica sus propias experiencias, tal y como él las ha vivido.

A diferencia de los textos en tercera persona, en los relatos escritos en **primera persona**, el autor no solo explica los acontecimientos ocurridos, sino también cómo los ha visto y vivido, así como cuáles han sido sus sensaciones.

En el texto anterior, al autor y protagonista:

- Explica que avanza «hacia la boca de un horno», para referirse a la entrada del monumento.
- Se siente asfixiado en el interior del templo tras pasar dos horas observando su interior, y por eso explica que siente la necesidad de «respirar un poco de aire puro», así como que le fue necesario salir a la «entrada del horno».

Con todo ello, podemos concluir que se trata de una **narración subjetiva**.

11 | Lee el texto siguiente y responde a las preguntas:

Un sabio francés, Jean-François Champollion, contribuyó de manera decisiva al conocimiento de la historia descifrando personalmente gran número de inscripciones y proporcionando la clave de las equivalencias entre los signos ideográficos y los conceptos que representaban. Al final de su corta vida –nació en 1790 y murió en 1832–, dedicada al estudio, obligó a los historiadores a corregir muchos de los conceptos que sobre Egipto se tenían antes como verdaderos.

VICENTE GARCÍA PITARCH, «Champollion y la lectura de los jeroglíficos», *Historia Universal* (adaptación)

a) ¿De quién habla el texto?
b) ¿En qué años vivió?
c) ¿A qué obligaron a los historiadores los estudios de Champollion?
d) ¿La persona que escribe la historia es el mismo Champollion?
e) ¿En qué persona se utilizan los verbos?

El texto anterior está escrito en tercera persona. El autor relata los hechos vividos por otra persona, en este caso, el egiptólogo Champollion, sin profundizar en las emociones y sentimientos del personaje. Se trata, por tanto, de una **narración objetiva**.

Frente a los textos escritos en primera persona, los relatos escritos en **tercera persona** resultan más objetivos, ya que no suelen profundizar en las emociones de los personajes, sino en los hechos que se perciben desde fuera.

El tiempo en la narración

Ramsés II fue el más importante faraón del antiguo Egipto. Heredó el trono de su padre, Seti I, en el año 1301 a. C.
Al principio de su reinado trasladó la corte desde la ciudad de Tebas a la de Tanis, para defender mejor la frontera con Asia. **Durante** este tiempo, mantuvo campañas militares con los hititas. **Después**, en 1294 a. C., firmó la paz con los hititas.
Tras este período de guerras, se centró en su reino, al que llevó al esplendor y la prosperidad. Una de sus esposas fue la famosa Nefertiti.
Finalmente, vivió tanto tiempo –reinó durante 66 años–, que sobrevivió a muchos de sus hijos, pues murió casi centenario.

Estatua de Ramsés II en el templo de Karnak.

En los textos narrativos, el tiempo es un elemento básico; las referencias temporales marcan el orden de la narración y la hacen evolucionar. Estas referencias temporales pueden indicarse a través de:

- Las **alusiones cronológicas**, que sitúan el texto en el momento histórico. En el texto que has leído, estas alusiones son los años 1301 y 1294 a. C. y los 66 años de su reinado.
- Los **conectores** (*al principio*, *durante*, *después*, *tras*) van situando las diferentes acciones en el desarrollo general de la historia. Otros, en cambio, sirven para marcar la conclusión o desenlace de la acción (*finalmente*).

Amplía conocimientos sobre uso y comunicación.

Practica con los determinantes y los pronombres.

Los determinantes y los pronombres (I)

12 | Fíjate en las palabras destacadas del texto y realiza las actividades:

Los poderes del Nilo habían conseguido hacerme olvidar que **nuestro** viaje estaba provocado por **los** sucesos ocurridos a **cuarenta** momias en **los** solares lejanos de Tebas. Y cuando pensaba en ellas, en **su** recorrido por **una** noche que duró milenios, me sentía al borde de **un** abismo aterrador, que amenazaba con engullirme hasta **el** fondo de **un** espacio infinito donde se mezclaban **los** rostros apergaminados de **aquellos** difuntos y **las** visiones que habían acompañado **mi** infancia, en **las** plácidas campiñas de **mi** isla lejana.

TERENCI MOIX, *La herida de la esfinge* (adaptación)

a) Copia las palabras destacadas del texto. Después, fíjate en las palabras que las acompañan.
b) ¿A qué categoría gramatical pertenecen las palabras que acompañan a los términos destacados?
c) Escribe el género y el número de cada una de las palabras destacadas del texto y di si coinciden con el género y el número de los términos que los acompañan.

Los **determinantes** son una clase de palabras que acompañan a un sustantivo, al cual aportan información de género, número, cantidad, orden, pertenencia...

Los determinantes concuerdan con el sustantivo en género y número.

13 | Copia este texto en tu cuaderno, completa los espacios en blanco con uno de los siguientes determinantes y contesta a las preguntas:

tres - este - esa - sus - estas - los - la - algunos - todas

Cuando ______ expedicionarios llegaron al Valle de los Reyes, descubrieron la presencia de ______ tumbas que habían sido profanadas.

______ ______ tumbas se encontraban en ______ ladera oeste del valle y habían sido abiertas por ______ ladrones que tenían ______ casas no muy lejos de allí. ______ hecho desanimó a mucha gente que participaba en ______ campaña arqueológica.

a) ¿Qué posición ocupan los determinantes en relación con el sustantivo al que acompañan?
b) ¿Hay algún caso en el que a un mismo sustantivo lo acompañen dos determinantes? Si es así, di de qué caso se trata.

Generalmente, los determinantes van delante del nombre, aunque a veces también pueden ir detrás:

El libro **mío**. / **La** mujer **aquella**.

Asimismo, en algunos casos, el sustantivo puede ir acompañado por varios determinantes:

Los demás casos. / **Las otras cinco** semanas.

14 | **Lee este texto, fíjate en las palabras destacadas y responde a las preguntas:**

Se trataba de unos turistas muy especiales. Álvaro **los** conoció durante su estancia en El Cairo. Eran **cuarenta** y habían viajado a Egipto para contemplar el impresionante espectáculo de las pirámides. **Las** llevaban estudiando desde hacía muchos años; pero en especial, les atraía **una**: la Gran Pirámide de Keops, con todos sus secretos y simbología. A **mí**, **él** me los presentó un atardecer, en Guiza, y nunca olvidaré la impresión que me produjeron.

a) La forma de estas palabras destacadas, ¿coincide con algunas de las trabajadas en el texto de la actividad 12?

b) ¿Acompañan estas palabras a un sustantivo?

c) ¿A qué o a quién se refieren *los* («los conoció»), *las* («las llevaban estudiando»), *una* («les atraía una») y *él* («él me los presentó»)?

Los **pronombres** son una clase de palabras que sustituyen a un sustantivo o a un grupo de palabras que tienen como núcleo un sustantivo, es decir, a un sintagma nominal: ***Sara*** *llegó tarde. /* ***Ella*** *llegó tarde. Encontró* ***la funda del portátil*** *en el cajón. /* ***La*** *encontró en el cajón.*

15 | **Copia este texto en tu cuaderno, completa los espacios en blanco con uno de los pronombres siguientes y contesta a las preguntas que encontrarás a continuación:**

la - ella - todos - este - tres - algunos

La nave del faraón avanzaba lentamente por el centro del Nilo junto a otras ________. Los habitantes de las aldeas ________ contemplaban al pasar con una mezcla de temor y admiración: ________ incluso se arrodillaban a su paso y ________ guardaban un absoluto silencio, porque ________ se encontraba sentado majestuosamente en medio de ________.

a) ¿A qué sustantivo sustituye cada uno de los pronombres anteriores?

b) ¿Cuál de los pronombres no coincide en la forma con los determinantes del texto de la actividad 13?

16 | **Lee el texto siguiente y di si las palabras destacadas son determinantes o pronombres. A continuación, contesta a las preguntas:**

El arquitecto de **la** pirámide estaba orgulloso de **su** obra. **Él** había sido **el** responsable de la construcción de **dos** más pequeñas y **estas** habían sido alabadas por toda la corte. Pero no era lo mismo: **la** pirámide del faraón Keops superaba cualquier **otra** construcción anterior. **Algunos** nobles la consideraban impresionante; **otros** pensaban que ofendía a **los** dioses por su descomunal tamaño; pero **todos** se mostraban admirados ante **ella**.

a) ¿A qué nombre acompañan los determinantes en cada caso?

b) ¿A qué sustantivo sustituyen los pronombres en cada caso?

Como has podido observar, muchas de las **formas de los pronombres** coinciden con la de los determinantes o son muy parecidas. Por ello, estudiaremos al mismo tiempo ambas categorías gramaticales.

Los determinantes artículos

Los **artículos** acompañan a un sustantivo que es conocido por el emisor y por el receptor:

Nos veremos en **el** cine. / Compré esta camisa en **la** tienda.

En ambos casos, se supone que el receptor sabe de qué cine en concreto se habla y en qué tienda compró la camisa.

	Singular	Plural
Masculino	el	los
Femenino	la	las
Neutro	lo	

Cuando estos artículos se combinan con las preposiciones ***a*** y ***de***, se unen formando **contracciones** o **artículos contractos**:

a + el = **al**	de + el = **del**

El determinante *lo* se utiliza con adjetivos: *lo blanco*, *lo agradable*, *lo bueno*...

17 | Señala los artículos de las siguientes oraciones e indica el género y el número de cada uno de ellos:

a) Recuerdo la canción que bailamos juntos.
b) La vi en la exposición de pintura.
c) Tengo los paquetes en el coche.
d) Me sorprendió lo blanco de las casas.
e) Él no quiso ver el resultado de las pruebas.
f) Tengo dolor en la rodilla.
g) Ya han caído todas las hojas de los árboles del jardín.
h) Visitaremos el museo de ciencias de la ciudad, cuando vayamos de excursión.
i) Procuraré entregarte los encargos en cuanto los tenga listos.
j) El castillo del período medieval albergaba la corte del rey.

18 | Escribe en los espacios en blanco de las siguientes oraciones las contracciones adecuadas:

a) Esta noche iremos ____ restaurante a cenar.
b) Tiene una casa muy cerca ____ mar.
c) Se levantaron ____ amanecer para ir a pescar ____ río.
d) Llamaron ____ instalador ____ gas esa misma mañana.
e) Volvió ____ día siguiente.

Los pronombres personales

Los **pronombres personales** hacen referencia a alguna de las tres personas gramaticales: al hablante (1.ª persona), al oyente (2.ª persona), o a alguien o algo que no son ni el hablante ni el oyente (3.ª persona).

Los pronombres personales presentan variación de género y número:

	Singular	Plural
Primera persona	yo, me, mí, conmigo	nosotros, nosotras, nos
Segunda persona	tú, te, ti, contigo, usted	vosotros, vosotras, os, ustedes
Tercera persona	él, ella, ello, le, la, lo, se, sí, consigo	ellos, ellas, les, las, los, se, sí, consigo

19 | **Di si las palabras destacadas del texto siguiente son determinantes artículos o pronombres personales. A continuación, realiza las actividades que encontrarás a continuación:**

A **mí** nunca **me** explicaron cómo se descubrió **la** tumba de Tutankamón, pero **la** verdad es que siempre había tenido un gran interés por esta historia. De hecho, había un libro en **la** biblioteca de nuestra casa que **la** contaba. Mi padre vendió **el** libro al dueño de una importante empresa editorial, pero **nosotros** nunca nos olvidamos del valor que tenía. **La** aventura que voy a contar trata de cómo **lo** pudimos recuperar de nuevo.

a) Di a qué sustantivos acompañan los determinantes del texto y cópialos en tu cuaderno.
b) Copia en tu cuaderno todas las contracciones que aparecen en el texto.
c) ¿A qué sustantivos sustituyen los pronombres del texto?

20 | **Sustituye los sintagmas subrayados de las siguientes oraciones por los pronombres personales correspondientes. Ten en cuenta que, en ocasiones, deberás poner el pronombre antes del verbo. Por ejemplo: Encontré tu sombrero > Lo encontré.**

a) El sobrino de Marta se compró un apartamento en Salou.
b) ¿Has visto esta película?
c) El regalo es para Carmen y para mí.
d) Enviaron una postal a Ramón y a su hermano.
e) Ayer me compré unas gafas de sol.
f) El sobre lo entregó a Luis.
g) Irán de vacaciones con Rosa y José.
h) Redactó la noticia en cinco minutos.
i) Trajo unas ensaimadas de Mallorca.

21 | **Indica la persona gramatical y el número de los pronombres personales subrayados de las siguientes oraciones:**

a) Vinieron conmigo a visitar a mi prima.
b) Construyó una maqueta para ti.
c) ¿Sabe usted qué hora es?
d) Ya me contó todo lo ocurrido.
e) Ellas llegarán más tarde que vosotros.
f) Las llaves las dejé sobre la mesa.
g) ¿Quieres que vaya contigo al médico?
h) Lleva consigo una maleta muy grande.
i) A él le traerán la compra a casa.
j) Les dije que me avisaran cuando llegaran.

Amplía conocimientos sobre el estudio de la lengua.

La acentuación diacrítica

!

La **tilde diacrítica** no sigue ninguna de las normas de acentuación explicadas en las unidades anteriores.

22 | Observa las palabras subrayadas de las siguientes oraciones y contesta a las preguntas:

- Él está acabando de leer el artículo que escribiste.
- Acabo de tomarme el té y te acompaño a casa.
- El CD se lo di a Carmen, pero no sé si aún lo tiene.
- A mí y a mi amigo nos dejaron entrar en la cabina del piloto.

a) ¿Qué diferencia observas entre las palabras subrayadas de cada una de las oraciones?

b) ¿Por qué crees que unas llevan tilde y otras no?

La **tilde diacrítica** se emplea para distinguir palabras que tienen la misma forma, pero cuyo significado es distinto (*té* / *te*) o pertenecen a categorías gramaticales diferentes (*él* / *el*).

La acentuación de las palabras monosílabas

Como regla general, las palabras monosílabas no llevan tilde: *fui*, *guion*, *son*, *vio*, *es*… Sin embargo, algunas de estas palabras sí se acentúan gráficamente, para distinguirlas de otras que se escriben igual.

	Con tilde	Sin tilde	Ejemplo
dé / de	Cuando es una forma del verbo ***dar***.	Cuando es una **preposición**.	*¿Quieres que te **dé** la entrada?* *Salió **de** casa.*
él / el	Cuando es un **pronombre personal**.	Cuando es un **determinante artículo**.	***Él** es muy simpático.* *Me dio **el** teléfono.*
más / mas	Cuando es un **adverbio de cantidad**.	Cuando es una **conjunción adversativa**.	*María es **más** alta.* *Quería ir, **mas** no pude.*
mí / mi	Cuando es un **pronombre personal**.	Cuando es un **determinante posesivo** o un **nombre** (nota musical).	*Esto es para **mí**.* ***Mi** coche es blanco.* *Esta nota es un **mi**.*
sé / se	Cuando es una forma del verbo ***saber*** o ***ser***.	Cuando es un **pronombre personal**.	*Ya me **sé** la lección.* ***Sé** tú mismo.* ***Se** lo dio a Carlos.*
sí / si	Cuando es un **adverbio** o un **pronombre personal**.	Cuando es una **conjunción condicional** o un **nombre** (nota musical).	***Sí**, te ayudaré.* *Hablaba para **sí** mismo.* *Sal **si** puedes.* *Vamos a trabajar la nota **si**.*
té / te	Cuando es un **sustantivo**.	Cuando es un **pronombre personal**.	*¿Quieres un **té**?* ***Te** lo repetiré otra vez.*
tú / tu	Cuando es un **pronombre personal**.	Cuando es un **determinante posesivo**.	*¿**Tú** lo has visto?* *Sandra es **tu** amiga.*

23 | **Copia en tu cuaderno las siguientes oraciones y pon la tilde en las palabras monosílabas cuando sea necesario:**

a) Quiere que le de mi juego, mas el no me quiere dejar el suyo a mi.
b) Había mas gente en este concierto que en el otro.
c) Solo piensa en si mismo y tu no le importas nada.
d) Ya se que no se puede ir mas rápido por esta carretera.
e) ¿Puedes decirle que le de la dirección de Paula?

24 | **Escribe una oración con cada una de las siguientes parejas de palabras:**

a) dé / de
b) sé / se
c) él / el
d) sí / si
e) más / mas
f) té / te
g) mí / mi
h) tú / tu

Signos de puntuación

El punto y coma

El **punto y coma** indica una pausa más corta que el punto, pero más larga que la coma. Por ello, en ocasiones, es posible sustituirlo por el punto o por la coma.

El punto y coma es obligatorio en los siguientes casos:

- Para separar los elementos de una enumeración, cuando en esta ya se utilizan las comas: «La cocina, muy estrecha, necesita una reforma urgente; las habitaciones, sobre todo las pequeñas, tienen la instalación eléctrica estropeada».
- Antes de la conjunción *pero* y los enlaces *no obstante*, *sin embargo*, *es decir*, *en cambio*…, cuando ya se ha utilizado antes la coma y la oración es larga: «Rosa, que había trabajado mucho, sacó una buena nota en el examen; sin embargo, Luis suspendió».

25 | **Escribe coma o punto y coma en cada uno de los espacios en blanco de las siguientes oraciones:**

a) Ya sé que Marta ____ la hermana de Luis ____ estuvo el año pasado en Berlín ____ sin embargo ____ no me dijo dónde iba este año.
b) La fiesta de su aniversario ____ que se hizo en casa de sus padres ____ fue todo un éxito ____ es decir ____ todos se lo pasaron muy bien.
c) El abrigo ____ un poco grande para él ____ era negro ____ el jersey de lana ____ gris ____ la camisa ____ prestada por su vecino____ de seda blanca y los pantalones ____ de un granate bastante oscuro.

Dictado

Cuando la construcción de la pirámide estaba casi terminada, los arquitectos y principales responsables de su construcción se reunieron con el representante del faraón:
–El faraón me ha encargado a mí la responsabilidad de conocer el avance de las obras. Ya sé que mi tarea es complicada, porque todos queréis que os dé más tiempo del pactado; mas esto es algo imposible: si se retrasa el plazo, los sacerdotes dicen que una maldición caerá sobre todos nosotros. Sí, así es.

¡Fíjate!
mí / mi
sé / se
dé / de
más / mas
sí / si

Amplía conocimientos sobre ortografía.

El sentido real y el sentido figurado

26 | Lee el texto siguiente y contesta a las preguntas que encontrarás a continuación:

Los expedicionarios, siguiendo la ruta trazada en el mapa, llegaron por fin al **pie** de la montaña. Después de buscar un buen rato por los alrededores, descubrieron la **boca** de la cueva que debía llevarlos a su destino. Al entrar, se **sumergieron** en la oscuridad del túnel por un camino que penetraba en las **entrañas** de la tierra. Tras varias horas, tuvieron que detenerse porque unas rocas les cerraban el paso. Los dos hombres que iban en **cabeza** empezaron a quitarlas, mientras que los demás les **echaron una mano** hasta que consiguieron despejar el camino. Cuando salieron al exterior, pudieron contemplar un valle y divisar las **crestas** de las altas montañas.

a) ¿Qué significa la expresión «echar una mano», destacada en el texto?

b) ¿Cuál es el significado más usual de las palabras *pie*, *boca*, *sumergieron*, *entrañas*, *cabeza* y *crestas*, destacadas en el texto? Si es necesario, consulta el diccionario.

c) ¿Qué significado tienen en el texto las palabras *pie*, *boca*, *sumergieron*, *entrañas*, *cabeza* y *crestas*?

d) Explica la diferencia que hay entre el significado habitual de estas palabras y el que adquieren en el texto.

El **sentido literal** de una palabra es su significado original, exacto y habitual. Por ejemplo, el sentido literal de la palabra *boca* es el de «abertura anterior del tubo digestivo de los animales, situada en la cabeza, que sirve de entrada a la cavidad bucal» (*DRAE*).

El **sentido figurado** de una palabra es aquel significado distinto del original que adquiere en una oración o en un contexto determinado. Por ejemplo, el sentido figurado de *boca*, en «boca de la cueva», es *entrada*.

27 | Di si las palabras subrayadas de las siguientes oraciones se utilizan con un sentido literal o figurado:

a) Este pan ya está duro.

b) El protagonista de la película hace de hombre duro.

c) El calor ha deshecho el hielo.

d) Cuando se lo dije, se quedó deshecho.

e) Le comenté el problema a María y se puso echa una fiera.

f) La fiera rugió amenazante.

g) Este paquete es muy pesado.

h) Tu hermano es muy pesado.

28 | Explica el significado que tienen las palabras del ejercicio anterior que se usan con un sentido figurado.

29 | Escribe dos oraciones con cada una de las siguientes palabras. En una de ellas, debes utilizarla con su sentido literal y en la otra, con sentido figurado: gallina, fuente, pirata, toro, cara, morirse.

Amplía conocimientos sobre léxico.

La narración

30 | Lee el texto siguiente y responde a las preguntas que encontrarás a continuación:

Los textos narrativos.

Hace miles de años, Osiris reinaba como un monarca respetado y querido sobre Egipto. Sin embargo, su malvado hermano Set, envidioso de su éxito, urdió una emboscada con la pretensión de acabar con la vida de Osiris. Para ello, organizó una fiesta. Al final del banquete se regalaría un hermoso sarcófago de oro a aquel de los invitados que mejor cupiera en su interior. Después de pasar multitud de invitados, llegó el turno de Osiris, quien tras introducirse en el sarcófago y comprobar que estaba hecho a su medida, fue apresado en su interior por Set y sus compinches.

Una vez hecho prisionero, Osiris fue arrojado al Nilo, cuyas aguas le arrastraron hasta la ciudad de Biblos. Enterada de lo sucedido, su esposa Isis marchó hasta allí para recuperar su cuerpo. Una vez conseguido, regresó junto a los restos de su marido a la región del Delta, al norte de Egipto. Los dioses Thot, con cabeza de ibis y protector de las letras, y Anubis, con cabeza de chacal y dios de los muertos, se encargaron de hacer la primera momificación de Osiris, para conservar su cuerpo.

En un momento de distracción de la diosa Isis, Set encontró a Osiris y lo descuartizó en catorce pedazos y los lanzó en lugares diferentes. Ayudada por su poderosa magia, Isis consiguió recuperar todas las partes de su esposo. Tras unirlas y hacerlas revivir con su magia, transformada en un pájaro, Isis se posó sobre el cuerpo de su marido y quedó embarazada.

Poco después nació el retoño de la pareja, el dios con cabeza de halcón, Horus. Él sería el encargado de vengar la afrenta cometida contra su padre venciendo en una batalla mortal a su tío Set.

NACHO ARES, *El valle de las momias de oro* (adaptación)

Pintura de Osiris en el museo del Louvre.

a) ¿Este texto es una narración? Justifica tu respuesta.
b) ¿En qué lugar y en qué época transcurren estos hechos?
c) ¿Qué personajes intervienen?
d) ¿Qué punto de vista emplea el narrador, la primera o la tercera persona?
e) ¿Los hechos relatados son reales o imaginarios? Justifica tu respuesta.

Este texto presenta las características propias de una narración, es decir, explica unos **acontecimientos** protagonizados por unos **personajes**, en un **tiempo** y un **lugar** determinados. Además, los hechos son explicados por un **narrador**. Asimismo, posee otras características específicas de las narraciones literarias:

- Tanto los hechos como los personajes que protagonizan los acontecimientos son **ficticios**.
- Aparecen dos tipos de personajes: personajes **principales** (que tienen un papel destacado en los hechos) y los personajes **secundarios** (que influyen en lo que le sucede a los personajes principales).

Se pueden distinguir varios tipos de personajes:

Protagonista	Es el personaje central del relato.
Antagonista	Es el personaje que se opone al protagonista.
Ayudantes	Son los personajes que colaboran con el protagonista.

31 | Relee el texto de la actividad 30 y contesta a las preguntas:

a) ¿Quién es el protagonista de la narración? ¿Y el antagonista?

c) ¿Tiene algún ayudante el protagonista? Si es así, di quién es.

d) ¿Hay personajes secundarios en la narración? Si es así, ¿quiénes son estos?

El punto de vista en las narraciones literarias

32 | Lee el texto siguiente y responde a las preguntas:

Me meto en el coche para ir a pasar el fin de semana en casa de unos amigos un poco pesados y en cuanto lo pongo en marcha me atenaza la sensación de haberme olvidado de algo. Me lo repite un sexto sentido: «Te has olvidado de algo, te has olvidado». Arranco a pesar de todo y conduzco despacio en la espesa marea de coches de los viernes por la tarde. «¿El gas?», me pregunto. Sí, estoy seguro de haberlo cerrado. ¿El agua? Sí, el agua también. ¿La luz? «¡La luz!», digo, llevándome la mano a la frente como todo el mundo haría en un caso así. Enfilo la primera bocacalle y regreso por una de las llamadas vías rápidas. Por supuesto, tardo lo mismo que si hubiera cogido una vía lenta. Llego finalmente y, falsa alarma, nada más abrir la puerta compruebo que la luz está cerrada. O sea que mi sexto sentido me había engañado. O sea que no me había olvidado nada.

Un poco decepcionado vuelvo al coche y al tráfico: dentro de un par de horas estaré en casa de esos amigos tan pesados. Una vaga ansiedad me atenaza, y deduzco que mi sexto sentido no está dispuesto a darme tregua: «Te has olvidado de algo». Yo agito la mano por delante de mi cara. Lo hago para sacudirme de encima esa inquietud pero cualquiera diría que se me ha metido una mosca en el coche. El gas, el agua, la luz, no hay ropa tendida, ningún asunto inaplazable. Sí, para mañana espero una llamada importante, pero para eso está el contestador.

He conseguido salir ya de la ciudad y el tráfico es ahora más fluido. Me acomodo en mi asiento y enciendo la radio. Mientras canturreo pienso en mi señora de la limpieza que siempre que barre desenchufa el contestador. «¡El contestador!», grito, angustiado. ¿Pero cómo van a dejarme ningún mensaje si la luz está desconectada?

Nuevamente de vuelta a casa. Busco un cambio de sentido y al cabo de media hora estoy otra vez subiendo las escaleras. Abro la puerta, doy la luz, me asomo al cuarto de estar para que la bombillita roja del contestador me confirme que sí, que ahora todo está bien. Luego me dispongo a salir pero, antes de hacerlo, me detengo a pensar en los amigos que me están esperando: son buena gente pero pesadísimos, ese fin de semana podía ser una auténtica tortura. Descuelgo el teléfono y les llamo. Les digo que tengo muy mala memoria y que me había olvidado de cierto asunto urgente, que intentaré visitarles el viernes siguiente. Luego me pongo las zapatillas y me consuelo pensando que no todo lo que he dicho es mentira: lo de la mala memoria es cierto. Pongo un disco y me tumbo en el sofá. Un minuto después, vuelvo a llevarme la mano a la frente. Mi sexto sentido no dice ni mu pero yo estoy seguro de haberme dejado encendida la radio del coche. Bueno, mientras mi sexto sentido no se ponga impertinente yo no me muevo de aquí. Ya buscaré el lunes a alguien que me ayude a recargar la batería.

IGNACIO MARTÍNEZ DE PISÓN, *El tesoro de los hermanos Bravo* (adaptación)

a) Resume brevemente el contenido de cada párrafo del texto.
b) Piensa y escribe un título general para el texto, así como otro para cada uno de los párrafos del texto.
c) ¿Este texto puede considerarse una narración literaria? Justifica tu respuesta.
d) ¿En qué época y en qué lugar se sitúa el texto? ¿Cómo lo has deducido?
e) ¿Quién es el protagonista?
f) ¿Quién o qué hace la función de antagonista? Elige una de las siguientes opciones y justifica tu respuesta:
   - Los amigos a los que va a visitar.
   - La asistenta.
   - La mala memoria del protagonista.
g) ¿En qué punto de vista está escrito el texto? ¿En qué se diferencia del utilizado en el texto de la actividad 30?
h) ¿Crees que los hechos narrados le han sucedido realmente al autor del relato?

En las narraciones literarias, se ha de diferenciar entre la figura del narrador y la figura del autor.

El **autor** es la persona que ha escrito el texto y el **narrador**, la persona imaginaria que explica los hechos.

- En las narraciones en **primera persona**, un personaje ficticio relata los hechos en los que ha participado: «Me meto en el coche para ir a pasar el fin de semana en casa de unos amigos un poco pesados y en cuanto lo pongo en marcha me atenaza la sensación de haberme olvidado de algo».
- En las narraciones en **tercera persona**, una voz ficticia nos explica los hechos que han protagonizado otros personajes. «Hace miles de años, Osiris reinaba como un monarca respetado y querido sobre Egipto. Sin embargo, su malvado hermano Set, envidioso de su éxito, urdió una emboscada con la pretensión de acabar con la vida de Osiris».

  En este caso, podemos encontrar:
  – Un **narrador observador**, que se limita a narrar lo que ve.
  – Un **narrador omnisciente**, que sabe lo que piensan y sienten los personajes que intervienen en el relato, lo que les pasó hace tiempo y lo que sucederá después.

Los géneros literarios narrativos

Hay muchos tipos de narraciones literarias, aunque hay que destacar especialmente las siguientes:

- **Narraciones tradicionales**: son narraciones de autor anónimo, que se trasmiten oralmente como los mitos, las leyendas, los cuentos populares, los cantares de gesta...
- **Narraciones cultas**; están escritas por un autor conocido y se transmiten de forma escrita, como por ejemplo, el cuento literario o la novela.

33 | **Lee estos fragmentos de narraciones y responde a las preguntas, justificando tus respuestas:**

a) ¿Qué texto presenta un punto de vista en el que se utiliza la primera persona?

b) ¿Qué texto presenta un punto de vista en el que se utiliza la tercera persona, con un narrador omnisciente?

c) ¿Qué texto presenta un punto de vista en el que se utiliza la tercera persona, con un narrador observador?

d) Di si estos textos son narraciones tradicionales o narraciones cultas.

1

El coche accedió a una amplia explanada por medio de la cual corría un riachuelo cristalino. Entre las hayas, en torno al arroyo, picoteaban unas gallinas rojas y, del otro lado, se alzaba una casa con emparrado sobre la puerta. Una voz levemente empañada, comedidamente cordial, les alcanzó desde el otro lado del riachuelo:

–Buenas…

Los tres se sobresaltaron. Un hombre viejo, corpulento, con una negra boina encasquetada en la cabeza, les miraba taimadamente, desde la puerta.

Miguel Delibes, *El disputado voto del señor Cayo*

2

Volví a entrar en la cabina, llamé a información, pedí el número de la RENFE, llamé a la RENFE cuarenta veces y de puro milagro conseguí que me atendieran. El último tren para la Pobla de l'Escorpí salía dentro de veinte minutos de la Estación de Cercanías. Paré un taxi y prometí al taxista una buena propina si llegábamos a la estación con tiempo para tomar el tren. Hicimos la mitad del trayecto por las aceras, pero llegamos frente a la estación cuando faltaban solo dos minutos para la hora de salida.

Eduardo Mendoza, *El misterio de la cripta embrujada*

3

Por motivos de salud, lleva más de dos años acostándose temprano. Y, como él mismo dice, si alguna vez rompe ese horario y acude a alguna cena, todo se complica mucho. Por todo eso, a las diez de la noche, habiéndose comido un escuálido sándwich, sus amigos le dejan en la puerta del Morgans Hotel. Se va a descansar sin haber visto Dublín. No pasa nada, pero cree que podría haberla ya visto, que sus amigos habrían podido tener el detalle de entrar en la ciudad en algún momento. Pero en fin, esperará a mañana. Ellos sí verán Dublín esta noche.

Enrique Vila-Matas, *Dublinesca*

Amplía conocimientos sobre literatura.

Una ruta turística por Egipto

¿QUÉ VAMOS A HACER?

En este proyecto vais a diseñar, en grupos de tres o cuatro alumnos, un folleto turístico en el que se promocione un viaje de una semana por Egipto. En él deberéis indicar qué se visitará cada día (ciudad, monumento, museo, templo...) y tendréis que explicar brevemente lo más importante de esa visita. El folleto debe ocupar un folio por delante y por detrás, y para su elaboración, podéis usar un procesador de textos, en el que deberéis combinar el texto con material gráfico.

PARA EMPEZAR

Vais a convertiros en agentes de viaje por un día. Para ejercer bien el trabajo de agentes, debéis tener en cuenta que es primordial ofrecer a los turistas información detallada sobre el viaje que contratan para que puedan saber qué ruta van a seguir y qué visitas van a hacer, así como en qué hoteles van a alojarse.

¿CÓMO LO VAMOS A HACER?

- Buscad información, tanto en internet, como en libros o en agencias de viaje, sobre qué es lo más importante y cuáles son las visitas imprescindibles que se han de hacer en un viaje a Egipto.
- El itinerario se iniciará en El Cairo y vosotros deberéis continuar la ruta por otras ciudades de Egipto que creáis que son atractivas por algún motivo en concreto.
- Programad lo que se hará cada día de la semana, procurando distribuir las actividades entre la mañana, la tarde y la noche. Incluid actividades de ocio, como paseos en camello, cenas en lugares exóticos, cruceros o viajes por el Nilo, mercados donde comprar productos típicos o tradicionales... Y no olvidéis indicar las horas de tiempo libre de las que podrán disponer los turistas.
- Dibujad un mapa en el que marquéis la ruta que se va a realizar, así como las ciudades donde se van a alojar los turistas.
- Incluid fotografías, que den color y hagan atractivo el folleto, de algunos de los lugares que habéis programado visitar.

CONSEJOS ÚTILES

- La información de cada lugar que se visitará no debe ser muy larga. Destacad solo lo más atractivo.
- Repartid el trabajo entre los miembros del grupo (búsqueda de información, elaboración de itinerarios, realización del folleto...), pero no olvidéis que las decisiones tenéis que consensuarlas y tomarlas entre todos.
- Para hacer más manejable el folleto, lo podéis diseñar en forma de díptico o de tríptico.

Museo egipcio de Barcelona

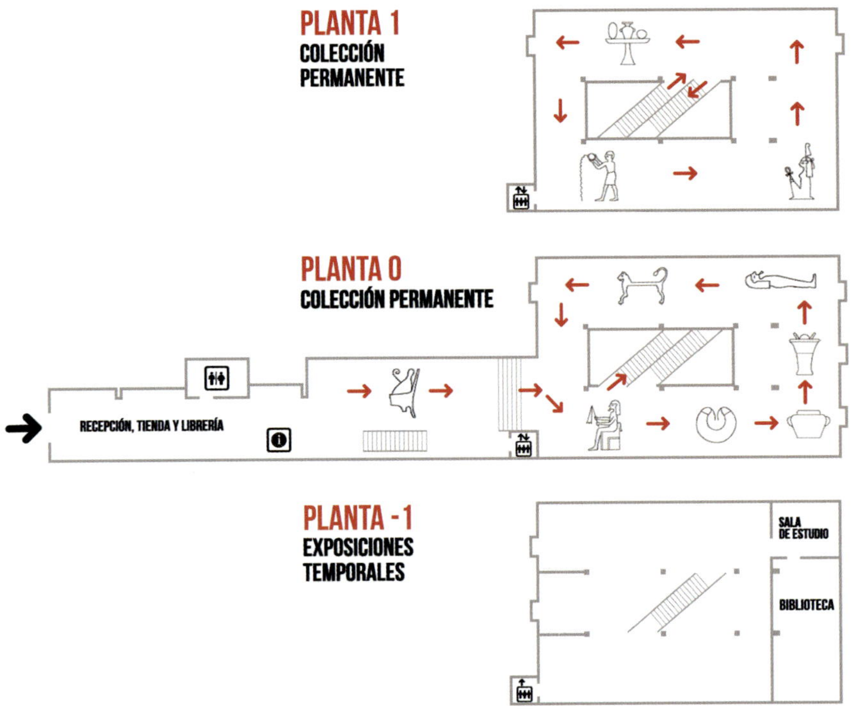

MUSEU EGIPCI DE BARCELONA
FUNDACIÓ ARQUEOLÒGICA CLOS

HORARIOS APERTURA MUSEO:

Lunes a sábado de 10 h a 20 h.
Domingo de 10 h a 14 h.
Cerrado de 14 h a 16 h del 8 de enero al 21 de junio y del 12 de septiembre al 30 de noviembre (excepto Semana Santa y festivos).
Cerrado los días: 1 y 6 de enero, 25 y 26 de diciembre.

FUNDACIÓN ARQUEOLÓGICA CLOS
MUSEU EGIPCI DE BARCELONA

Valencia, 284. E-08007 Barcelona
Tel. (34) 93 488 01 88 · Fax (34) 93 487 80 60
www.museuegipci.com

VISITAS COMENTADAS GRATUITAS:

Sábados a las 11 h (catalán) y 17 h (castellano), incluidas en el precio de la entrada.

Visitas para grupos con reserva previa en visites@museuegipci.com.

Precios
Entrada general: 11 €
Entrada reducida: 8 €
Estudiantes, parados, familias numerosas y monoparentales, Carnet Joven, carnet docente, mayores de 65 años y niños de entre 5 y 15 años.

Se exigirá documentación que lo demuestre.

Precios especiales para grupos y visitas guiadas: pregunten en nuestras oficinas o en visites@museuegipci.com.

Leyenda del plano:

	El faraón		Los dioses
	Cargos y personajes		La joyería
	La cerámica		La cosmética
	La momificación		El contenido de las tumbas: las dependencias funerarias
	El contenido de las tumbas: la capilla de culto		El culto en los templos

1 | **¿De qué distintas maneras podemos ponernos en contacto con el museo egipcio? Elige las opciones correctas:**

a) Fax
b) Correo electrónico
c) Videoconferencia
d) Teléfono
e) Emisora de radio
f) Página web
g) Carta convencional
h) Blog

2 | **Si quisiéramos enviar una carta por correo ordinario al museo egipcio, ¿qué deberíamos escribir en el sobre?**

3 | **¿Qué institución gestiona el museo egipcio?**

4 | **¿En qué circunstancias se puede conseguir un precio reducido de las entradas?**

5 | **¿Qué ha de hacer una persona mayor de 65 años para conseguir una entrada de 8 €, es decir, de precio reducido? ¿Y un estudiante?**

6 | **¿A qué horas se puede hacer una visita guiada al museo?**

7 | **Explica qué recorrido hay que hacer para:**

a) Ir desde la entrada hasta la biblioteca.
b) Ir desde la sala de exposiciones temporales hasta la salida.
c) Ir desde la sección dedicada al faraón hasta la sección dedicada a los dioses.
d) Ir desde la sección dedicada a las dependencias funerarias hasta la sección dedicada a la capilla del culto.

UNIDAD 5

CABALLEROS MEDIEVALES

Observa la fotografía y responde a las preguntas:

- ¿Qué ilustra esta fotografía?
- ¿En qué época la situarías?
- ¿Podrías explicar algunas de las características de esa época?
- ¿Has leído algún libro o has visto alguna película ambientada en esa época? Si es así, ¿cómo se titula?

EN ESTA UNIDAD APRENDERÁS...

- Las características lingüísticas de las narraciones.
- Las clases de determinantes y los pronombres.
- La distinción de determinantes y pronombres.
- La acentuación diacrítica de los interrogativos y exclamativos.
- El uso de *por qué*, *porque* y *porqué*.
- El empleo de los dos puntos.
- Las diferencias entre denotación y connotación.
- Las características del mito, del cuento tradicional y de los cantares de gesta.

Y SERÁS CAPAZ DE...

- Identificar los diferentes tipos de narraciones y sus características para disfrutar de la lectura.
- Reflexionar sobre aspectos de los determinantes y pronombres usados a diario en el lenguaje.
- Acentuar las palabras que no siguen la norma.
- Utilizar de forma adecuada los dos puntos en tus textos.
- Reconocer y aplicar el sentido denotativo y connotativo de las palabras en la producción de textos.

EMPEZAMOS

Lee el texto siguiente y contesta a las preguntas:

La Edad Media comprende un período de tiempo de casi unos mil años. Durante esa época, Europa se vio envuelta en continuas guerras entre reyes y señores feudales, razón por la cual los castillos tuvieron una gran importancia y se convirtieron en el centro de la vida medieval. En él vivían los nobles y caballeros y, a su alrededor, se encontraban las viviendas de la gente del pueblo, es decir, de los súbditos que pagaban un tributo para poder cultivar las tierras.

Asimismo, la religión también tuvo un papel destacado en el período medieval: los monasterios se convirtieron en lugares de oración y de cultura, donde se guardaban y copiaban los libros. Por otra parte, las supersticiones invadían la vida medieval, de modo que la creencia en las brujas, en las apariciones del diablo, en la lucha contra los denominados «infieles» fueron ideas propias de los hombres de esa época.

Por todo ello, este período generó una gran cantidad de obras en las que los caballeros, las guerras y los castillos, junto con la religión y la magia son sus protagonistas principales.

1. ¿Quién vivía en los castillos durante la época medieval?
2. ¿Qué papel jugaron los monasterios en la Edad Media?
3. ¿Quiénes son los protagonistas principales de las obras medievales?
4. Relaciona el vídeo que encontrarás en la web con el texto que acabas de leer.

Un duelo singular

- ¿Has oído hablar alguna vez de los caballeros andantes?
- ¿Sabes lo que era un duelo singular?
- ¿Conoces las normas por las que se regía el duelo singular?

En el siglo XV, dos caballeros andantes catalanes se retaron en un duelo singular. No había enemistad entre ellos: solo ganas de superarse, como en los encuentros deportivos actuales. El problema era que Alfonso V el Magnánimo, rey de Aragón, había prohibido estos duelos.

El duelo entre el joven Francí Desvalls y Joan Boixadors se desarrolló del siguiente modo:

El 30 de noviembre de 1428, día de san Andrés, Francí Desvalls envió a Joan de Boixadors una carta de desafío de batalla, firmada en Barcelona. En ella, siguiendo la costumbre caballeresca de combatir y deseando ejercitar el uso de las armas, lo desafía a una batalla, y se ofrece a encontrar un lugar seguro y un juez competente imparcial dentro de los cuatro meses siguientes.

Al día siguiente, el primero de diciembre, Joan de Boixadors responde desde Barcelona con una carta que llevó a Desvalls el correo Gabriel Puig. Acepta el requerimiento, escoge rápidamente las armas, elige que el combate sea a pie, para que se acabe antes, y cede a su adversario el derecho de buscar plaza y juez, aunque en realidad era algo que le tocaba a él por ser el desafiado.

Al día siguiente, el 2 de diciembre, Francí Desvalls envía su segunda carta a Joan Boixadors, en la que le pide que le detalle más el armamento, tanto ofensivo como defensivo que deberán usar, y le anuncia que no le volverá a escribir hasta que, una vez haya encontrado el lugar, le amenace: «¡Veniu, cavaller, veniu a la batalla!».

El 3 de diciembre, o el 4, Joan de Boixadors, desde Barcelona, responde a Desvalls que cada uno lleve las armas defensivas que le parezcan, y que las **ofensivas** sean lanza, hacha, espadas y dagas, a su voluntad, porque él escogerá las que él haya elegido, y acaba dándole prisas para que pronto lleguen a los hechos y no tengan que ensuciar más papel.

Francí Desvalls cumplió su palabra, y así el 17 de febrero de 1429 envió a Joan de Boixadors una carta firmada en el reino de Portugal en la cual le comunicaba que había aceptado ser juez de la batalla el conde don Pedro Meneses, gobernador de Ceuta, quien había fijado la jornada el próximo día de san Juan (24 de junio), en la ciudad de Ceuta y en la plaza de delante del castillo.

MARTÍN DE RIQUER MORERA

Barcelona, 1914 - Barcelona, 2013

- *Historia de la literatura catalana.*
- *Historia de la literatura universal.*
- *Caballeros andantes españoles.*
- *Los trovadores.*
- *Tirant lo Blanch, novela de historia y de ficción.*

El 13 de marzo Joan de Boixadors, desde Barcelona, escribe al conde don Pedro acusándole recibo de su **carta citatoria**, que había llegado a su poder dos días antes. Le agradece que haya aceptado ser juez de la batalla y asegura que, salvo impedimento, estará en Ceuta el 24 de junio dispuesto a luchar con Francí Desvalls.

Y fue así que **mosén** Francí llegó primero que el otro a Ceuta; y su adversario, aunque fue detenido por el rey de Aragón (que había prohibido todo tipo de duelos entre caballeros), consiguió escaparse y llegar en una **galera** a la ciudad de Ceuta; y dio la casualidad de que el otro llegaba a aquella misma hora en un **bergantín**, porque había ido a ver el **castillo de Metene** y otras cosas por distracción.

Enseguida el conde les honró mucho y primero los hospedó y les pidió, como caballeros y como hermanos, que dejasen estar aquel desafío, y esto por dos veces, aunque finalmente llegaron a tenerlo.

Los dos caballeros, puestos en la plaza, se arremetieron el uno al otro, y el conde los mandó separar, a pesar de que ambos se quejaban mucho. Pero finalmente los hizo amigos, y los hizo comer en una misma mesa, les halagó y estuvo muy atento, y los envió a su tierra muy satisfechos.

De todo ello el rey de Aragón estuvo muy contento, y se lo agradeció mucho al conde, e incluso todos los buenos del reino recibieron gran placer por aquel hecho, porque aquellos nobles, además de estar muy bien emparentados eran tenidos por buenos.

Don Pedro Meneses, muy aficionado a fomentar duelos caballerescos en su corte de Ceuta, supo complacer muy hábilmente a Alfonso el Magnánimo y cumplir lo que había prometido a Desvalls y a Boixadors, quienes, a pesar de la prohibición real, hicieron cuanto pudieron para dar fin a la batalla, que acabó pacíficamente.

Es de suponer que Francí Desvalls, al desafiar a Joan de Boixadors, no lo hizo movido por ninguna mala voluntad ni para vengar ningún agravio, pues era frecuente que los caballeros jóvenes y que todavía no se habían dado a conocer retaran a otros famosos y experimentados a fin de alcanzar prestigio. Ello nos permite deducir que Joan de Boixadors, señor de Savallá, era en 1428 un caballero famoso.

MARTÍN DE RIQUER, *Caballeros andantes españoles* (adaptación)

Los caballeros en la Edad Media.

ofensiva Ataque, agresión.

carta citatoria Carta en la que se cita a alguien para que comparezca en algún lugar.

mosén Señor.

galera Nave.

bergantín Barco de dos mástiles.

castillo de Metene Famoso castillo que había en el sur de la Península.

Comprensión lectora

1 | Contesta a las siguientes preguntas sobre el relato:

a) ¿Cuándo envió Francí Desvalls su carta a Joan de Boixadors?
b) ¿En qué ciudad la escribió? ¿Qué le decía en ella?
c) ¿Cuándo le responde Boixadors? ¿Cómo decide que será el combate?
d) ¿Quién lleva la carta?
e) ¿Qué armas utilizan finalmente?
f) ¿Quién accede a ser el juez de la batalla? ¿Dónde se llevará a cabo?
g) ¿Cuál de los dos caballeros llega primero al lugar del duelo?
h) ¿Cómo acaba el duelo?
i) ¿Por qué quedó satisfecho del desenlace el rey de Aragón?
j) ¿Cuál de los dos caballeros era el más joven y cuál el más famoso?

Estructura

2 | Realiza las siguientes actividades sobre cada una de las partes de la lectura:

Planteamiento

Indica las líneas en las que se presentan los hechos ocurridos, es decir, el desafío que Francí Desvalls envía a Joan de Boixadors.

Desarrollo

a) Primera parte del desarrollo. Indica qué pasos siguieron los dos caballeros para decidir la forma en la que se llevaría a cabo el duelo.
b) Segunda parte del desarrollo. Explica cómo se desarrolló el duelo y cómo acabó este.

Desenlace

a) Explica cuál fue la reacción del rey de Aragón.
b) Explica cuál fue la actitud de Pedro Meneses.
c) Explica qué se deduce del duelo entre los dos caballeros.

Léxico

3 | Relaciona cada palabra de la lectura con el sinónimo correspondiente:

carta	manchar
adversario	embestir
detallar	misiva
ensuciar	especificar
impedimento	contrincante
plaza	obstáculo
arremeter	complacido
satisfecho	promover
fomentar	explanada

Expresión escrita

4 | Inventa y escribe una historia a partir del plan narrativo que se propone a continuación:

- Eres un joven investigador que está trabajando en una máquina del tiempo que te traslada a la Edad Media.
- Apareces en medio de un castillo medieval, que está siendo sitiado por sus enemigos.
- Tú sabes cómo acabará la historia, pues has leído lo ocurrido en los libros de tu época: aunque ahora parece que se va a perder la batalla, pronto llegarán los caballeros aliados del señor del castillo, que, junto a sus hombres, romperán las filas de los enemigos y estos huirán, ya que se verán en inferioridad de condiciones.
- Tu misión es conseguir que los habitantes del castillo no se rindan ante los enemigos. Para ello, te haces amigo de uno de los habitantes...

5 | Conviértete ahora en uno de los protagonistas secundarios del duelo, concretamente en el juez de la batalla, don Pedro Meneses, y reescribe la historia desde su punto de vista.

Debes empezar a relatar la historia desde el momento en que aceptas ser el juez de la batalla y la tienes que concluir explicando cómo termina esta.

Para ello, ten en cuenta que debes adoptar el léxico y estilo propios de la época, de la misma forma que ha hecho el autor de la lectura para relatar los hechos ocurridos en este duelo singular.

EXPRESIÓN ORAL

La armadura de un caballero

6 | Observa las siguientes imágenes:

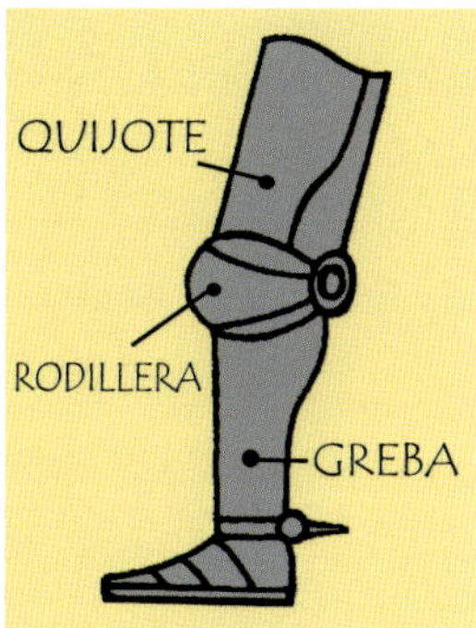

Describe ante tus compañeros cómo era la armadura de un caballero medieval, así como la de su caballo. Para llevar a cabo tu exposición, debes seguir un orden en la descripción: empieza explicando las partes más importantes de las que se compone cada elemento, el material con el que está fabricado, para qué sirve cada una de estas piezas... Puedes basarte en las imágenes propuestas o puedes buscar otras que ayuden a complementar tu exposición.

La exposición se puede hacer de forma individual o por parejas.

La narración (II)

7 | Lee el texto siguiente y responde a las preguntas:

Estatua ecuestre del Cid Campeador.

Rodrigo Díaz, llamado el Cid, nació en Vivar, provincia de Burgos, alrededor del año 1043. Inició su vida de caballero hacia finales del reinado de Fernando I. Tras la muerte del rey en 1065, Rodrigo alcanzó un puesto destacado al servicio del rey Sancho de Castilla. Cuando en el asedio de Zamora (1072) su rey murió asesinado, Rodrigo intentó vengarlo, y se entrevistó con el monarca Alfonso VI. Pero Rodrigo era demasiado poderoso para que el nuevo rey lo considerara un enemigo.

Alfonso VI optó por la reconciliación y dispuso el matrimonio de Rodrigo con Jimena, noble leonesa, en 1074. La tensión entre el rey y Rodrigo continuó, y este fue desterrado en diversas ocasiones entre el año 1081 y 1089. El Cid estuvo al servicio del rey moro de Zaragoza y finalmente conquistó y gobernó la ciudad de Valencia. Murió en dicha ciudad en 1099, y fue enterrado en San Pedro de Cardeña (en Burgos).

Alan D. Deyermond, «La Edad Media», *Historia de la literatura española* (adaptación)

a) ¿De quién habla este texto?
b) ¿Crees que este personaje era un caballero? ¿Por qué?
c) ¿En qué diferentes lugares vivió?
d) ¿Por qué fue desterrado?
e) ¿Quién era Jimena?
f) ¿Qué tiempo verbal predomina en este texto, el presente o el pasado?
g) Relaciona el contenido de este vídeo que encontrarás en la web con el texto y di si emplean el mismo tiempo verbal para relatar la historia.

Las narraciones explican sucesos que ya han ocurrido, de modo que lo habitual es que utilicen los verbos en pasado. En estos casos, lo más frecuente es que el verbo esté en **pretérito perfecto simple** (*nació*, *alcanzó*, *intentó*), o en **pretérito imperfecto** (*cantaba*, *sonreía*...), como en el texto siguiente.

8 | Lee el texto siguiente y responde a las preguntas:

Yo pasaba mis días soñando despierto en las aulas de aquel inmenso castillo, esperando el milagro que se producía todos los días a las cinco y veinte de la tarde. A esa hora mágica, el sol vestía de oro líquido los altos ventanales. Sonaba el timbre que anunciaba el fin de las clases y los internos gozábamos de casi tres horas libres antes de la cena en el gran comedor.

Aquel era mi momento favorito. Burlando el control de portería, partía a explorar la ciudad. En aquellos largos paseos experimentaba una sensación de libertad sobrecogedora. Mi imaginación volaba por encima de los edificios y se elevaba al cielo. A menudo, mi ruta me llevaba por lo que entonces se llamaba el desierto de Sarriá, que no era más que un amago de bosque perdido en tierra de nadie. La mayoría de las antiguas mansiones señoriales que en su día habían poblado el norte del Paseo de la Bonanova se mantenía todavía en pie, aunque solo fuese en ruinas. Muros cubiertos de hiedra vedaban el paso a jardines salvajes en los que se alzaban monumentales residencias.

Carlos Ruiz Zafón, *Marina* (adaptación)

a) ¿El narrador de este texto es también el protagonista? ¿Es una narración objetiva o subjetiva?
b) ¿Dónde estudia el protagonista del relato?
c) ¿Qué hace en sus horas libres? ¿A dónde va?
d) ¿Te parece que el texto explica una acción que ha sucedido una sola vez, o bien son acciones habituales en la vida del protagonista?
e) Copia en tu cuaderno las formas del pretérito imperfecto que encuentres en el texto.

Las narraciones que utilizan verbos en **pretérito imperfecto** cuentan hechos pasados que se producen de forma habitual. Las narraciones que utilizan verbos en **pretérito perfecto simple** relatan hechos que se han producido una sola vez.

9 | **Lee las siguientes oraciones y di en qué tiempo están los verbos y si se trata de acciones que se han producido una sola vez u ocurren habitualmente:**

a) Cuando era pequeño, iba todos los veranos a un pueblo en la costa.
b) Ayer me desperté tarde y no pude ducharme.
c) La profesora explicó la lección de forma muy amena.
d) El profesor hablaba siempre en voz muy baja y resultaba bastante difícil entenderlo.
e) El ordenador de mi hermana se colgó y no pudimos grabar el trabajo.
f) A mi prima no le gustaba el ordenador y escribía siempre los ejercicios en la libreta.
g) Mi madre leyó la novela que le pasé.
h) Mi vecina leía cada mañana una novela distinta.

En ocasiones, las narraciones también pueden escribirse en **presente**, como en el siguiente texto.

10 | **Lee atentamente este relato y responde a las preguntas:**

A la mañana siguiente, Pablo se despierta sobresaltado, después de una noche de insomnio, con la impresión de haberse quedado dormido en el último momento. Pero no, no es una impresión, es la realidad: se ha quedado dormido, y como no se dé prisa perderá el tren de la mañana. Así que salta de la cama con cuidado, intentando no pisar la cabeza del perro que duerme a sus pies.

Pablo se pone los pantalones y los zapatos a toda prisa, coge una bolsa en la que mete las cuatro cosas que necesita y sale corriendo de la casa, con tanto atolondramiento que al final le pisa la cola a Kropotkin y el perro se pone a aullar como un histérico.

Pablo Martín Sánchez, *El anarquista que se llamaba como yo* (adaptación)

a) ¿Quién es el protagonista de este fragmento? ¿Es una narración objetiva o subjetiva?
b) Enumera las principales acciones que realiza el protagonista.
c) ¿Quién es Kropotkin?
d) Copia en tu cuaderno las formas verbales del texto que estén en presente.

Algunas narraciones, aunque expliquen hechos pasados, utilizan los verbos en presente para hacerlos más próximos al lector, ya que así parece que los acontecimientos estén sucediendo a medida que avanza la historia. En este caso, diremos que el texto está escrito en **presente histórico**.

11 | Di si los siguientes fragmentos están escritos en presente o en pasado. En el caso de que estén escritos en pasado, señala también si hacen referencia a acciones habituales o bien a acciones que sucedieron una sola vez:

1. Carlos está cansado, acaba de cenar y se va a la cama. Al cabo de cinco minutos, ya duerme.

2. Rocío entrenaba cada día en la piscina. Nadaba 1000 metros de espalda, 2000 de braza y 1500 de crol. Los miércoles iba a la sala de musculación, donde hacía pesas, corría en la cinta y remaba en otra máquina. Cuando terminaba, quedaba con sus compañeros y juntos tomaban un desayuno energético.

3. Luis salió del trabajo y fue a buscar a sus hijos al colegio. Merendaron rápido y luego llevó a Quique a violín, a Marta a pintura y después se fue con Marcos, el pequeño, a la ludoteca.

4. Ayer fuimos al campo de excursión. Seguimos una ruta en bicicleta que nos llevó por todo el valle y después subimos por un puerto de montaña. Paramos a comer algo y luego nos dirigimos hacia la carretera principal, que nos condujo directos hacia casa.

5. El alumno lee el texto, subraya los verbos y los copia en su libreta. Luego, los clasifica según estén en presente o en pasado, como le dice el profesor.

6. A mi abuela le gustaba leer el periódico cada día mientras desayunaba en el bar de la esquina; después, se iba al gimnasio y por la tarde iba a aprender a navegar por internet en el hogar del jubilado. Luego pasaba por mi casa y nos leía un cuento. A mi hermana y a mí nos encantaba.

7. Los gemelos, que iban siempre juntos a clase, se aprovechaban de su parecido físico y bromeaban siempre con la profesora de Matemáticas, a quien le costaba sobremanera poder distinguirlos. Se hacían pasar uno por otro y la confundían continuamente.

12 | Completa los espacios en blanco del texto siguiente con los conectores correspondientes:

mientras - cuando - finalmente - primero - luego - después

___ empezó a llover, todos los asistentes al mercadillo corrieron a refugiarse en los portales. ___ estuvo cayendo el chaparrón, nadie volvió a acercarse a los vendedores, que se protegían como podían de la lluvia. ___ abrieron los paraguas. Pero, ___, al ver que se mojaban igual debido al fuerte viento, se cubrieron con chubasqueros. ___ taparon con plásticos sus puestos, para evitar que se mojara su mercancía. ___, cuando ya lo tenían todo cubierto, dejó de llover.

13 | Ordena las siguientes oraciones y construye un texto narrativo coherente y con sentido:

Cuando llegamos a una bifurcación, giramos por el camino de la izquierda.	
Nos encontramos en mi casa a primera hora de la mañana.	
Vamos a salir de excursión. Carlos lleva un GPS, que nos irá mostrando la ruta.	
Al cabo de un rato, llegamos a nuestro destino: los lagos, donde desayunamos.	
Cada uno lleva su bicicleta y está preparado para pedalear un buen rato.	
Finalmente, regresamos a casa antes de comer, cansados y sedientos.	
Después de comer algo, revisamos las bicicletas por si ha habido algún desperfecto (sobre todo las cadenas y los cambios de las marchas), y volvemos a casa.	

14 | Escribe una narración en la que expliques tus recuerdos del verano. Utiliza principalmente los verbos en pretérito imperfecto y sigue el esquema siguiente:

- ¿En qué lugar has pasado la mayor parte de tus vacaciones?
- ¿Cómo llegaste a tu lugar de vacaciones?
- ¿Con quién has compartido tu tiempo en verano?
- ¿Qué actividades hacías durante la mañana? Y por la tarde, ¿ibas a la playa o a la piscina?
- ¿Hiciste algunas excursiones?
- ¿Conociste a nuevos amigos? Si es así, ¿cómo se llamaban y qué hacías con ellos?

Amplía conocimientos sobre uso y comunicación.

Los determinantes y los pronombres (II)

Los pronombres.

15 | Lee el texto siguiente, fíjate en las palabras destacadas y contesta a las preguntas:

Los dos caballeros se acercaron acompañados de **sus** respectivos escuderos:

–**Mi** fuerza y astucia, unidas a esa habilidad **vuestra** para manejar la espada, nos permitirían enfrentarnos a cualquiera –afirmó el duque Alejandro–. **Nuestra** unión nos haría invencibles.

–Sí, quizás sea cierto –respondió el Caballero Negro–, pero yo he jurado defender a **mi** señor. Así que es mejor que cada uno siga **su** camino.

a) ¿A qué palabra acompañan los términos destacados?
b) ¿Son determinantes? Justifica tu respuesta.
c) ¿Qué información aportan las palabras destacadas?

Los determinantes posesivos

Los **determinantes posesivos** acompañan al nombre e indican posesión o pertenencia. También señalan la persona gramatical (1.ª, 2.ª o 3.ª), así como si se refieren a un solo poseedor o a varios poseedores: ***Mi*** *fuerza esa. / Esa habilidad* ***vuestra***.

		Singular		Plural	
	Persona	Masculino	Femenino	Masculino	Femenino
Un solo poseedor	1.ª	mi, mío	mi, mía	mis, míos	mis, mías
	2.ª	tu, tuyo	tu, tuya	tus, tuyos	tus, tuyas
	3.ª	su, suyo	su, suya	sus, suyos	sus, suyas
Varios poseedores	1.ª	nuestro	nuestra	nuestros	nuestras
	2.ª	vuestro	vuestra	vuestros	vuestras
	3.ª	su, suyo	su, suya	sus, suyos	sus, suyas

16 | Señala los determinantes posesivos de las siguientes oraciones y clasifícalos según se refieran a uno o a varios poseedores:

a) Ayer vi a esa amiga tuya.
b) Dame tu libreta y su libro.
c) Esta es la oportunidad para que reconozcan nuestro mérito.
d) Le envié sus cajas.
e) Ese hijo tuyo es muy despistado.

17 | Escribe la persona, el género y el número de los determinantes de la actividad anterior.

18 | Indica si alguno de los determinantes de la actividad 16 va después del nombre al que acompañan.

Los **determinantes posesivos** pueden ir delante o detrás del nombre al que acompañan. Cuando van detrás del nombre, el sustantivo irá precedido por otro determinante: ***Tu*** *amiga. /* ***Esa*** *amiga* ***tuya***.

Los pronombres posesivos

Los **pronombres posesivos** tienen las mismas características que los determinantes posesivos, pero, en este caso, no acompañan a ningún sustantivo, sino que lo sustituyen. Tampoco coincide en todas las formas con los determinantes.

		Singular		Plural	
	Persona	Masculino	Femenino	Masculino	Femenino
Un solo poseedor	1.ª	mío	mía	míos	mías
	2.ª	tuyo	tuya	tuyos	tuyas
	3.ª	suyo	suya	suyos	suyas
Varios poseedores	1.ª	nuestro	nuestra	nuestros	nuestras
	2.ª	vuestro	vuestra	vuestros	vuestras
	3.ª	suyo	suya	suyos	suyas

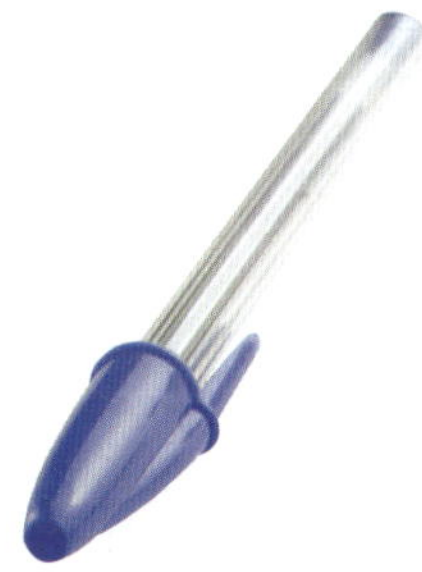

19 | Di si los posesivos subrayados de las siguientes oraciones son determinantes o pronombres:

a) Nuestro libro está en el comedor y el vuestro en la habitación.
b) Perdí ese bolígrafo tuyo y también el suyo.
c) Estos juegos de ordenador son míos; los vuestros están allí.
d) Tu abrigo es rojo y el suyo gris.
e) Nuestro coche y el vuestro tienen más de diez años.
f) Explícame cuál es vuestro plan y nosotros os diremos el nuestro.
g) Acudió a nuestra casa porque estaba cerca de la suya.

Los pronombres posesivos se utilizan cuando antes ha aparecido el sustantivo al que se refieren:

Tu casa y la (casa) mía están muy cerca.
Det N — Pr

Los determinantes y pronombres demostrativos

20 | Fíjate en las palabras subrayadas de las siguientes oraciones y responde a las preguntas:

- Aquella camisa me gusta más que esta.
- Este trabajo y ese son los mejores de todos.
- Esa mesa es más grande que esta.

a) ¿Cuáles de estas palabras son determinantes? ¿A qué nombre acompañan estos determinantes?
b) ¿Cuáles de estas palabras son pronombres? ¿A qué nombre se refieren o sustituyen?
c) ¿Cuál de estas palabras indica que el sustantivo está más cerca del emisor?
d) ¿Cuál de estas palabras indica que el sustantivo se encuentra más lejos del emisor?

Los **demostrativos** señalan la distancia que mantiene algo o alguien con respecto al hablante o al oyente.

Demostrativos	Distancia que indican
este, esta, estos, estas, esto	Señalan algo o a alguien cercano a quien habla.
ese, esa, esos, esas, eso	Señalan algo o a alguien cercano a quien escucha.
aquel, aquella, aquellos, aquellas, aquello	Señalan algo o a alguien que está lejos de quien habla y de quien escucha.

21 | Indica cuáles de los demostrativos subrayados de las siguientes oraciones son determinantes y cuáles son pronombres:

a) Me gusta más <u>este</u> color que <u>aquel</u>.
b) <u>Aquella</u> carpeta es la mía y <u>esa</u> es la tuya.
c) <u>Ese</u> restaurante cercano a tu casa es mejor que <u>aquel</u> que está al lado del trabajo de Rosa.
d) <u>Aquellos</u> zapatos son más bonitos que <u>estos</u>.

Los determinantes y pronombres numerales

22 | Fíjate en las palabras subrayadas de las siguientes oraciones y contesta a las preguntas:

- Solo hay <u>dos</u> tenistas capaces de ganar por <u>segunda</u> vez este trofeo.
- Me dio la <u>cuarta</u> parte del premio.
- Me quedé leyendo el acto <u>tercero</u> de la obra de teatro.
- Teníamos <u>cuatro</u> euros: yo me quedé <u>tres</u> y tú <u>uno</u>.
- En esa carrera, participaron <u>cien</u> atletas y mi hermano quedó <u>primero</u>.
- Me tocó <u>doble</u> ración de helado.

a) ¿Cuáles de estas palabras son determinantes? ¿A qué nombre acompañan?
b) ¿Cuáles de estas palabras son pronombres? ¿A qué nombre sustituyen?
c) ¿Qué tienen en común estas palabras?

Los **numerales** indican una cantidad precisa, un orden, una proporción... Los numerales se dividen en numerales cardinales y numerales ordinales.

Los numerales **cardinales** indican una cantidad exacta: ***un*** *libro*, ***dos*** *libros*, ***tres*** *libros*... Se escriben:

Número	¿Cómo se escriben?
Del 1 al 30	En una sola palabra: *ocho, dieciséis, veinticuatro*.
Del 31 al 99	Se separan las decenas de las unidades: *treinta y cuatro, cincuenta y tres*... Aunque también se aceptan las formas *treintaicuatro, cincuentaitrés*...
Del 100 al 999	Se separan las decenas, centenas y unidades: *ciento treinta y cuatro, ochocientos sesenta y dos*...
Los millares	Todos los elementos se escriben separados: *doscientos cinco mil cuatrocientos cinco* (205.405).

Los numerales **ordinales** indican una posición en una serie ordenada, en relación con los números naturales: *primero*, *segundo*, *tercero*, *cuarto*... Se escriben:

Número	¿Cómo se escriben?
Del 1.º al 20.º	En una sola palabra: *primero, tercero, duodécimo*...
Del 21.º en adelante	Lo más habitual es separar las centenas, decenas y unidades: *vigésimo segundo, trigésimo primero*...

Los determinantes y pronombres indefinidos

Los **indefinidos** expresan una cantidad imprecisa del sustantivo al que acompañan (en el caso de que sean determinantes) o al que se refieren y sustituyen (en el caso de los pronombres): *No había **mucha** gente* (Det indef). / *De estos cromos, coge **algunos*** (Pr indef).

Los principales determinantes y pronombres indefinidos son:

Singular		Plural	
Masculino	**Femenino**	**Masculino**	**Femenino**
un	una	unos	unas
algún	alguna	algunos	algunas
todo	toda	todos	todas
otro	otra	otros	otras
mucho	mucha	muchos	muchas
ningún (ninguno)	ninguna	ningunos	ningunas
poco	poca	pocos	pocas
bastante		bastantes	
		varios	varias

23 | Clasifica los indefinidos subrayados de las siguientes oraciones según sean determinantes o pronombres:

a) El otro día vinieron unas amigas y entre todas acabamos el trabajo.
b) Guardé bastante ropa y la llevé toda a casa de unos primos de Ana.
c) Si tienes muchos folios, déjame algunos.

Los determinantes y pronombres interrogativos y exclamativos

Los **determinantes** y **pronombres interrogativos** y **exclamativos** introducen una pregunta o una exclamación.

24 | Copia en tu cuaderno los interrogativos y exclamativos de las siguientes oraciones y di si son determinantes o pronombres:

a) ¿Qué te apetece comer hoy?
b) ¡Cuánto polvo hay en estas estanterías!
c) ¡Quién lo hubiera dicho!
d) ¿Qué libreta es la tuya?

! Las formas de los determinantes son: *qué, cuánto, cuánta, cuántos, cuántas*. Y las de los pronombres son: *qué, cuánto, cuánta, cuántos, cuántas quién, quiénes, cuál, cuáles*.

Amplía conocimientos sobre el estudio de la lengua.

La acentuación de interrogativos y exclamativos

25 | Fíjate en las palabras subrayadas de las siguientes oraciones y contesta a las preguntas:

- ¿Cuándo llegarás? / Llegaré cuando pueda.
- ¡Qué casa tan grande! / Tienen una casa que es muy grande.
- ¿Dónde estás? / Estoy donde te dije.
- ¡Cómo saltan esos delfines! / Saltan como delfines.

a) ¿Cómo se pronuncian estas palabras subrayadas?
b) ¿Cuáles tienen una entonación interrogativa o exclamativa?
c) ¿Por qué crees que unas llevan tilde y otras no?

Las palabras **interrogativas y exclamativas** introducen una pregunta o una exclamación. Todas ellas llevan tilde diacrítica.

	Con tilde	Sin tilde
cómo / como	*¿**Cómo** te encuentras?*	*Acábalo **como** puedas.* *Estos días no **como** mucho.*
cuál, -es / cual, -es	*¿**Cuál** es tu piso?* *¿**Cuáles** son?*	*Sí, es aquel del **cual** hablamos.* *Estos son los cuadros de los **cuales** te hablé.*
cuánto, -a, -os, -as / cuanto, -a, -os, -as	*¿**Cuánto** vale?* *¡**Cuánta** gente!*	*En **cuanto** me den el sobre, volveremos a casa.* *Dame **cuantas** manzanas tengas.*
dónde / donde	*¿**Dónde** está tu libreta?*	*Aquí es **donde** sucedieron los hechos.*
qué / que	*¡**Qué** suerte has tenido!*	*Prefiero **que** me lo cuentes.*
quién, -es / quien, -es	*¡**Quién** lo hubiera dicho!* *¿**Quiénes** son?*	*Díselo a **quien** te ha atendido.* *Ellos son **quienes** vinieron.*

26 | Copia en tu cuaderno las siguientes oraciones y acentúa las palabras subrayadas cuando sea necesario:

a) ¿Y tú quien eres?
b) ¿Como se llama tu amiga?
c) Pregúntaselo a quien quieras.
d) Me gustaría que vinieras conmigo.
e) ¡Que mala suerte has tenido!
f) ¡Cuantos regalos te han hecho!
g) Se lo dije tal y como me lo habían contado.
h) Fue en aquella casa donde ocurrieron los hechos.
i) ¿Cuales son los lugares que has visitado?

27 | Explica la diferencia de significado entre estas oraciones interrogativas y exclamativas:

a) ¿Cuánto te ha costado? / ¡Cuánto te ha costado!
b) ¿Qué ropa llevas? / ¡Qué ropa llevas!
c) ¿Cómo actuaste en la obra? / ¡Cómo actuaste en la obra!
d) ¿Cuánto te debe? / ¡Cuánto te debe!

La acentuación de *por qué*, *porque* y *porqué*

28 | Lee el siguiente diálogo y responde a las preguntas:

–¿Por qué no has venido esta mañana a hacer el trabajo?
–Lo siento, no he venido porque... no he podido.
–Pero no me has explicado el porqué.
–Bueno, porque me he olvidado.

a) ¿En qué dos casos se acentúa *porque*, ya sea junto o separado? ¿Sabrías explicar por qué se acentúa en cada uno de estos casos?

b) ¿En qué dos oraciones no se acentúa *porque*? ¿Qué función tiene en estas oraciones?

Observa la siguiente tabla sobre los usos de *por qué*, *porque* y *porqué*:

Por qué	Se utiliza para introducir oraciones interrogativas.	*¿Por qué no has venido?*
Porque	Expresa una causa.	*Porque me he olvidado.*
Porqué	Es un sustantivo y va precedido de un determinante.	*No me has explicado el porqué.*

29 | Completa los espacios en blanco de las siguientes oraciones con la forma *por qué*, *porque* o *porqué*, según convenga:

a) Dime el ________ de tu comportamiento.

b) Salí temprano ________ me apetecía pasear.

c) ¿________ no vamos al cine esta tarde?

Signos de puntuación

Los signos de interrogación y exclamación

Los **signos de interrogación** y **exclamación** son dobles, porque se utilizan para indicar el principio de una entonación determinada (¿¡) y su final (?!).

- Los **signos de interrogación** se usan para introducir preguntas: «¿Dónde vas?»; «Si llegas temprano, ¿me llamarás?».
- Los **signos de exclamación** expresan admiración, sorpresa, alegría, dolor…: «¡Qué suerte!».
- A veces se construyen oraciones que combinan una entonación interrogativa y exclamativa. En estos casos, podemos abrir la oración con un signo de exclamación y cerrarlo con uno de interrogación, o viceversa: «¡Cómo que no quieres hacer los deberes?»; «¿Que has roto el jarrón!».

Detrás de los signos de interrogación y exclamación nunca va un punto, porque el signo que ponemos al final (?, !) ya lo lleva. En cambio, sí podemos poner una coma, un punto y coma o dos puntos: «Y al final, ¿sabes?, no le pasó nada».

Dictado

Cuando apresaron al caballero, le quitaron sus armas y lo llevaron al castillo para ser interrogado. ¿Quién era? ¿Por qué estaba haciendo preguntas a la gente? ¿Cómo había llegado a la isla? ¿Cuándo? ¿Qué quería? ¿Dónde se alojaba? ¿A quién servía? Todas estas preguntas intrigaban al señor del castillo, porque tenía noticias de que querían atacarlo.

¡Fíjate!

¿Qui**é**n? / Qui**e**n
¿Por qu**é**? / Porqu**e**
¿C**ó**mo? / C**o**mo
¿Cu**á**ndo? / Cu**a**ndo
¿Qu**é**? / Qu**e**
¿D**ó**nde? / D**o**nde
¿A qui**é**n? / A qui**e**n

Amplía conocimientos sobre ortografía.

La denotación y la connotación

30 | **Fíjate en cada una de las siguientes parejas de sintagmas y contesta a las preguntas:**

- Noches de verano. / Noches de invierno.
- Lunes por la mañana. / Domingo por la mañana.
- Mes de agosto. / Mes de septiembre.

a) ¿Qué varía en cada una de las parejas de sintagmas?

b) ¿Qué diferencia hay entre: *verano* / *invierno*, *lunes* / *domingo*, *agosto* / *septiembre*?

c) De cada una de las anteriores parejas de sintagmas, ¿cuál te trasmite mejores sensaciones? ¿Por qué?

d) ¿Qué te sugiere cada una de ellas?

Todas las palabras tienen un **significado objetivo**: el *verano* y el *invierno* son estaciones, los *lunes* y los *domingos* son días de la semana, y *agosto* y *septiembre* son meses del año. Sin embargo, cada una de estas palabras nos sugiere unas **emociones** distintas que no tienen nada que ver con su significado objetivo; así pues, «los lunes por la mañana» no nos transmite las mismas emociones que «los domingos por la mañana».

El **significado denotativo** de una palabra es el significado objetivo de esta. El **significado connotativo** de una palabra alude a las diferentes emociones y sentimientos que nos produce esa palabra en cada uno de nosotros.

31 | **Lee los siguientes textos y contesta a las preguntas:**

1. La Navidad es una de las fiestas más importantes de la religión cristiana. Se celebra el 25 de diciembre para conmemorar el nacimiento de Jesucristo.

2. La Navidad es siempre triste. Me acuerdo de las personas que están lejos y esto me provoca una sensación de añoranza. Los regalos, las celebraciones... no hacen más que aumentar mi tristeza.

3. La Navidad es el día que espero con mayor entusiasmo. Para mí, la palabra «Navidad» quiere decir familia, hermanos que regresan, comidas, fiestas, regalos...

a) ¿En cuáles de estos textos la palabra *Navidad* tiene un significado denotativo? ¿Y connotativo?

b) ¿En qué texto la palabra *Navidad* tiene connotaciones positivas? Justifica tu respuesta.

c) ¿En qué texto la palabra *Navidad* tiene connotaciones negativas? Justifica tu respuesta.

32 | **Escribe un texto en el que expliques qué sentimientos producen en ti las siguientes palabras: Navidad, instituto, azul, novela.**

Amplía conocimientos sobre léxico.

Las narraciones orales

33 | Lee el texto siguiente y contesta a las preguntas que encontrarás a continuación:

El mito de Prometeo.

El mito

En tiempos remotos, los dioses modelaron a las especies mortales en las entrañas de la tierra, mezclando tierra y fuego con otras materias. Cuando se disponían a sacarlas a la luz, mandaron a dos hermanos titanes, Prometeo y Epimeteo, que distribuyesen convenientemente entre las nuevas especies las distintas facultades y habilidades.

Epimeteo pidió a su hermano que le permitiese a él hacer la distribución: proporcionaba a unos fuerza, pero no rapidez, y en cambio daba rapidez a otros más débiles. Dotaba de armas a unas especies y de un medio para su salvación a otras. De este modo equitativo iba distribuyendo las habilidades. Y siempre procuraba que ninguna especie quedase sin algún tipo de protección.

Epimeteo gastó, sin darse cuenta, todas las habilidades en los animales. Pero quedaba aún sin equipar la especie humana y no sabía qué hacer. Hallándose en ese trance, llegó Prometeo para supervisar la distribución. Vio a todos los animales armoniosamente equipados y al hombre, en cambio, desnudo, sin calzado, sin abrigo y débil. Y ya era inminente el día en que el hombre debía salir de la tierra a la luz.

Ante la imposibilidad de encontrar un medio de salvación para el hombre, Prometeo entró furtivamente en el taller de los dioses y robó el arte del fuego y la sabiduría para dárselos a los hombres. Debido a esto, el hombre adquiere los recursos necesarios para imponerse a los otros animales; pero sobre Prometeo recayó luego, según se cuenta, el castigo por el robo.

«Platón: mito de Prometeo» (adaptación)

San Cossiers, *Prometeo trayendo el fuego*

a) ¿Crees que este texto es una narración? Justifica tu respuesta.

b) ¿En qué época suceden los hechos narrados en este relato? ¿Dónde se desarrollan estos hechos?

c) ¿Quiénes son los dos protagonistas?

d) ¿Qué otros personajes aparecen en el relato?

e) ¿Hay algún personaje secundario? Si es así, cítalos.

f) ¿Crees que estos hechos sucedieron realmente o son ficticios? Justifica tu repuesta.

g) Resume el contenido de la narración y divídelo en planteamiento, nudo y desenlace.

La narración anterior nos explica cómo los seres humanos llegaron a tener unas capacidades distintas a las del resto de los animales, las cuales les permitieron imponerse a ellos, pese a ser más débiles que estos; estas destrezas que adquirieron los humanos fueron la capacidad de pensar, de elaborar herramientas y de hacer fuego.

Las narraciones que explican algunos de los grandes misterios que rodean a la vida del hombre se denominan **mitos**. Estas historias están muy relacionadas con las creencias religiosas.

Los mitos surgen entre las sociedades primitivas y poseen las siguientes características:

- Se transmiten **oralmente**.
- Son obra de un autor **anónimo**.
- Nos han llegado **diferentes versiones** de un mismo mito.
- Se sitúan en una **época remota**.
- Sus protagonistas son **dioses** y **héroes**.
- Intervienen **elementos mágicos** o **sobrenaturales**.

Muchas culturas han recurrido a los mitos para explicar los fenómenos que no podían entender, como por ejemplo, la creación del universo o del ser humano, la muerte, las causas de los desastres de la humanidad... Entre las civilizaciones que han creado muchos de los mitos destacan el antiguo Egipto, la antigua Grecia, las civilizaciones precolombinas de América...

34 | Escribe una narración que posea las características de un mito y que sirva para explicar alguno de los siguientes fenómenos: la formación de un volcán, el envejecimiento de las personas, el surgimiento de una isla, o las distintas fases de la luna.

El cuento popular

35 | Lee el texto siguiente y responde a las preguntas:

¿Érase una vez un caballero que andaba en busca de aventuras. Un día se encontró con un león, un galgo, un águila y una hormiga, que se disputaban una fiera muerta. Como no se ponían de acuerdo, pidieron al caballero que repartiese la fiera entre ellos. El caballero aceptó y repartió el animal entre los cuatro y a todos les pareció bien. Y le dijo el león:

–Aquí te doy un pelo de mi cabeza. Llévalo siempre contigo y, cuando lo necesites, podrás convertirte en león.

–Toma esta pluma y llévala siempre contigo y, cuando lo necesites, podrás convertirte en águila –le dijo el águila.

–Toma esta antena –le dijo la hormiga– y, cuando lo necesites, podrás volverte hormiga.

El galgo también se arrancó un pelo y le dijo, como los demás, que cuando necesitara ser galgo, podría serlo. Después de recibir todos estos regalos, el caballero se puso en camino muy contento. Y pensando en estas cosas, llegó a un palacio donde se decía que vivía un gigante que guardaba a una princesa a la que había secuestrado. Pero el caballero se acercó y vio a la princesa asomada al único balcón del palacio y resolvió hablar con ella:

–Aléjese usted, porque si el gigante lo ve, se lo comerá.

El caballero insistió ansioso una y otra vez y, al ver cuánta era su disposición, la princesa le dijo:

–Mira, yo sé que el gigante morirá solamente cuando se rompa un huevo que tiene muy bien guardado dentro del palacio. Y cuando él muera, yo seré libre.

En esto, se oyeron chirriar las puertas del palacio sobre sus goznes y vieron que el gigante salía y se dirigía hacia ellos. Y el caballero se convirtió en hormiga y trepó por la torre, se metió en el cuarto de la princesa y esperó a que todos se acostasen en el palacio. Y cuando sucedió esto, se volvió hombre y despertó a la princesa, que se quedó muy admirada de verlo en su habitación. Y así estuvieron el caballero y la princesa pensando, durante tres días con sus noches, en la manera de encontrar el huevo. Y a los tres días, volvió el gigante, que había ido a atender unos asuntos, con un puercoespín en cuyo interior había guardado el huevo. Y el gigante dijo:

–Huelo a carne humana –por el caballero; y echó al puercoespín a que lo buscara. Y el caballero, cuando vio venir al puercoespín, se convirtió en león y peleó con el puercoespín, que estaba lleno de temibles púas, pero, cuando el león ya le iba venciendo, el puercoespín se convirtió en liebre y escapó a todo correr. Entonces el caballero se volvió galgo y corrió tras la liebre; después de una agotadora carrera, la liebre, viendo que el galgo estaba a punto de alcanzarla, se volvió paloma y salió volando. El caballero, que la vio echar a volar, se volvió águila tras la paloma y salió tras la paloma, la atrapó al vuelo; y volvió a tierra, se convirtió otra vez en hombre, abrió la paloma con su cuchillo y allí encontró el huevo que buscaba.

El gigante, que como era brujo sentía la suerte del puercoespín en su propia entraña, empezó a desfallecer y se dirigió a buscar a la princesa para hacerle un mal de encantamiento, pero entonces llegó el caballero con el huevo que contenía la vida del gigante en su mano diestra y acercándose valientemente a él lo estrelló en su cabeza y el huevo se rompió y el gigante murió.

Entonces el caballero tomó a la princesa en sus brazos y la sacó del palacio como le había prometido y ella cumplió también su promesa y se casó con él. Y colorín colorado, este cuento se ha acabado.

Cuentos populares españoles (adaptación)

a) ¿Crees que este texto es una narración? Justifica tu respuesta.
b) ¿Qué punto de vista utiliza?
c) ¿Dónde se sitúa la acción del relato?
d) ¿Quién es el protagonista? ¿Y el antagonista?
e) ¿Qué objetivo ha de conseguir el protagonista?
f) ¿Quién ayuda al protagonista a conseguir su objetivo? ¿Por qué crees que recibe esa ayuda?
g) Haz un resumen del texto en el que especifiques: el planteamiento, el nudo (divídelo en dos partes) y el desenlace.

El texto anterior es un **cuento popular**, es decir, un relato de autor anónimo y de transmisión oral que surge en muchas culturas. Muchos cuentos populares han perdurado hasta nuestros días gracias a la versión escrita que fijó un autor conocido.

Todos los cuentos presentan unas características similares:

- Están narrados en **tercera persona**, por un narrador **omnisciente**.
- Suelen usar **fórmulas preestablecidas** para iniciar y finalizar el relato, como por ejemplo, «Érase una vez», «Colorín colorado, este cuento se ha acabado»...
- Es frecuente la aparición de **personajes fantásticos** que poseen poderes mágicos.
- Aparecen **dos tipos de protagonistas**: personajes humildes o cotidianos (una mujer pobre, un leñador, un campesino...), junto con personajes nobles (reyes, príncipes, princesas...).

- Tienen una **estructura sencilla**, en la cual se diferencian las siguientes partes:

Planteamiento	La historia se sitúa en un tiempo y un lugar indefinidos. Los personajes se describen a través de un solo rasgo. Con frecuencia, no se dice cuál es su nombre (por ejemplo, un caballero en busca de aventuras).
Nudo	Los personajes se enfrentan a un conflicto muy elemental (por ejemplo, rescatar a una princesa). Normalmente, superan ese problema gracias a su ingenio, a su bondad, a la ayuda de poderes mágicos...
Desenlace	Al final de la narración, el personaje bondadoso recibe un premio, mientras que el malvado es castigado. Normalmente, se puede extraer un consejo sobre cómo debemos comportarnos.

Los cantares de gesta y los romances

El juglar era un personaje que, durante la Edad Media, recorría pueblos y castillos ofreciendo un espectáculo, en el que recitaba extensos poemas que narraban las aventuras de grandes guerreros. Estos poemas, de autor anónimo, eran conocidos como **cantares de gesta**.

Con el tiempo, algunos pasajes de los cantares de gesta evolucionaron hasta convertirse en poemas más breves que narraban un solo episodio de los originales cantares. Estos fragmentos son los **romances**.

Características de los romances
Estaban compuestos en verso.
Se transmitían oralmente.
Explicaban hazañas de grandes caballeros.
Defendían los valores de la época: la valentía, la fidelidad, el cristianismo...

! Este romance explica cómo el rey Sancho II de Castilla fue asesinado por un traidor cuando sitiaba la ciudad de Zamora, en la que reinaba su hermana doña Urraca.

36 | Lee el siguiente romance y contesta a las preguntas:

Sobre el muro de Zamora
vi un caballero erguido;
al **real** de los castellanos
decía con grande grito:
–¡Rey don Sancho, rey don Sancho!,
no digas que no te aviso,
que de dentro de Zamora
un traidor ha salido;
se llama Vellido Dolfos,
hijo de Dolfos Vellido,
cuatro traiciones ha hecho,
y con esta serán cinco.
Si gran traidor fue el padre,
mayor traidor es el hijo.
Gritos dan en el real:
–¡A don Sancho han mal herido!
Lo ha muerto Vellido Dolfos,
¡gran traición ha cometido!
Desde que le tuviera muerto,
se metió por un **postigo**,
por las calle de Zamora
va dando voces y gritos:
–Tiempo era, doña Urraca,
de cumplir lo prometido.

ANÓNIMO (adaptación)

real Campamento militar.
postigo Puerta pequeña.

a) ¿A quién le habla el caballero zamorano?
b) ¿De qué le avisa?
c) ¿Cómo ha escapado Vellido Dolfos?
d) ¿Cómo interpretas los dos últimos versos? ¿Qué crees que le ha prometido a doña Urraca?

Amplía conocimientos sobre literatura.

Un blog 'artúrico'

¿QUÉ VAMOS A HACER?

En este proyecto, vais a crear un blog sobre los principales personajes de las leyendas artúricas, así como sobre la caballería y los caballeros andantes medievales.

PARA EMPEZAR

El personaje del rey Arturo ha sido objeto de inspiración tanto de grandes novelas como de películas de todas las épocas, ya que, en determinadas literaturas, se ha establecido como el monarca ideal, tanto en los períodos de guerra como en los de paz.

¿CÓMO LO VAMOS A HACER?

- Buscad información en internet sobre las plataformas que permiten crear gratuitamente un blog.
- Cuando hayáis escogido una, tendréis que ponerle un título al blog relacionado con esta temática.
- Ahora toca recabar información sobre los siguientes puntos, para publicarla en el blog:
  - ¿Quién fue el rey Arturo? Busca datos relevantes sobre su biografía: quién fue su padre, cómo llegó a ser rey, cómo desarrolló su reinado…
  - ¿Quiénes eran los caballeros de la mesa redonda? ¿Qué suponía formar parte de este colectivo? ¿Quiénes podían formar parte de él? ¿Cuál era su finalidad?
  - ¿Quién era la reina Ginebra?
  - ¿Cuál es la historia de Lanzarote del Lago, uno de los más valerosos y fieles caballeros?
  - ¿Qué castillo dio cobijo a la corte del rey Arturo?
  - ¿Qué es el Santo Grial? ¿Qué importancia tuvo tanto en la leyenda del rey Arturo como en la historia medieval?
- Redactad la información que consideréis más interesante para vuestro blog y publicadla.
- Buscad imágenes, enlaces a películas y novelas que hayan tratado este tema, e incorporadlo también en vuestro blog, ya que ayudará a completar la parte escrita.

CONSEJOS ÚTILES

- Leed blogs que traten sobre el tema de la actividad, ya que os proporcionarán información interesante; además, podréis ver cómo organizan y estructuran los datos.
- Podéis repartiros la búsqueda de información entre los miembros del grupo. Cuando la hayáis reunido toda, ponedla en común y decidid, entre todos, qué elementos incluís en el blog y qué información descartáis.
- Revisad los textos antes de publicarlos, sobre todo para que no contenga faltas de ortografía y la redacción sea clara.

Una visita al castillo del señor feudal

aspillera Abertura en el muro para disparar.

voladizo Parte saliente de una construcción.

La muralla o recinto amurallado era lo bastante gruesa como para permitir el paso de un camino de ronda protegido por un murete en el cual se abrían **aspilleras**. De cuando en cuando estaba flanqueado por torres redondas o rectangulares. La puerta estaba protegida por dos torres, una a cada lado, y sobre la misma se levantaba un **voladizo**, llamado barbacana. Se llegaba a la puerta por medio de un puente levadizo que franqueaba un ancho foso lleno de agua. Como quiera que todo esto no bastaba, además de la puerta se instalaba un rastrillo o reja que caía frente al asaltante resbalando por dos ranuras y que en tiempo normal permanecía alzada dentro de la sala del rastrillo, situada inmediatamente encima de la puerta.

El portero nos abre. Penetramos en el gran patio exterior o patio de armas. Alrededor de la capilla se ha ido formando una verdadera aldea, con sus herreros, labradores, carpinteros, todos los cuales trabajan para el castillo. Encontramos también el horno comunal, al cual van los campesinos para cocer su pan. Vemos también un pozo y un lavadero.

Más adelante encontramos una segunda muralla y una segunda puerta. Penetramos ahora en el patio interior, donde se levanta la torre del homenaje. Es el reducto secreto con todas las instalaciones necesarias: almacenes, bodegas, las jaulas donde se guardan las aves utilizadas en la caza de cetrería, y, a veces, una inmensa cocina, que para mayor comodidad está casi siempre instalada en los sótanos.

Castillo de Villena.

La formidable torre es el último reducto militar. Es también la morada del señor y sus familiares, a menos que este sea lo bastante rico como para costearse una mansión más confortable en la explanada exterior. Durante mucho tiempo, la torre del homenaje fue cuadrada, pero a finales del siglo XII, se le fueron dando todas las formas imaginables: en trébol de cuatro hojas, octogonal, poligonal o redonda. En el siglo XIII, la torre formaba ya parte de grandiosos y artísticos castillos.

El interior está distribuido en varias plantas de techos abovedados a las cuales se llega por escaleras practicadas en el interior de los muros y cuyos peldaños de piedra son frecuentemente remplazados por otros móviles, de madera, que pueden ser bajados en caso de irrupción del enemigo, que caía así por el hueco. En el primer piso hay una sola estancia, la sala grande, con algunas ventanas practicadas en el muro, que solía tener dos metros y medio o tres de grosor. Frecuentemente, para poder llegar a las ventanas había que subir varios escalones. En el segundo y tercer piso, una o dos habitaciones grandes en cada piso, provistas de enormes chimeneas y algunas estancias menores en las cuales trabajaban los servidores y guardias del castillo, o donde se guardaban las armaduras, las ropas, las especias…

La planta baja es más bien una especie de salón destinado a los actos públicos, en el cual se administra la justicia, prestan juramento los vasallos o donde son ordenados los caballeros. En los sótanos están ubicadas las cocinas y la enfermería. En la segunda planta de los sótanos se hallan los almacenes y depósitos, iluminados únicamente por medio de algún agujero practicado en la bóveda. Algunas veces hay un subterráneo que va a salir al campo.

MICHEL MASSIAN, *La caballería* (adaptación)

1 | **Contesta a las siguientes preguntas sobre el texto:**

a) ¿Qué elementos completaban la muralla de un castillo?
b) ¿Qué se puede encontrar alrededor de la capilla del patio de armas?
c) ¿Cómo era la torre del homenaje hasta el siglo XII? ¿Qué formas adoptó a partir de ese siglo?
d) ¿Qué tienen de especial las ventanas de la primera planta de la torre del homenaje?
e) ¿Qué ceremonias se celebraban en la planta baja de la torre del homenaje?
f) ¿Cómo se iluminaban los sótanos?
g) ¿Por qué crees que en las habitaciones grandes hay chimeneas?
h) ¿A quién se destinaban las estancias más pequeñas?

2 | **Lee detenidamente esta lista de elementos que forman parte de un castillo. Después, ordénalos empezando por los que están más al exterior y acabando por los que se encuentran más al interior:**

a) Patio de armas.
b) Muralla con camino de ronda.
c) Torre del homenaje.
d) Foso.
e) Patio interior.
f) Aldea.
g) Segunda muralla.

3 | **Di en qué planta de la torre del homenaje se encuentran las siguientes estancias:**

a) Almacén de armaduras y ropa.
b) Cocinas.
c) Sala grande.
d) Pequeñas estancias para trabajar.
e) Depósitos.
f) Habitaciones grandes.
g) Salón para actos públicos.
h) Enfermería.

4 | **Haz una lista con aquellos detalles de la forma y de la estructura de los castillos que nos hagan pensar que era frecuente que estos sufrieran ataques.**

5 | **¿Qué personas vivían en un castillo?**

6 | **A partir de la información del texto, dibuja un plano de un típico castillo medieval.**

UNIDAD 6

UN MUNDO NUEVO

Observa la fotografía y responde a las preguntas:

- ¿Qué tipo de monumento ves en la imagen? ¿Qué forma tiene? ¿Para qué crees que servía?
- ¿Te recuerda a algún otro tipo de monumento que conozcas? Si es así, ¿qué diferencias percibes entre ellos?
- ¿En qué época situarías esta construcción arquitectónica?
- ¿A qué cultura crees que pertenece?

EN ESTA UNIDAD APRENDERÁS...

- Las características de la noticia.
- Las partes de la noticia.
- La definición de adjetivo y sus clases.
- La ortografía de la *b* y la *v*.
- El empleo de los dos puntos.
- El uso de palabras sinónimas.
- Las características del cuento y de la novela modernos.

Y SERÁS CAPAZ DE...

- Identificar los elementos formales de la noticia y profundizar en la comprensión de los elementos que la integran.
- Situar los adjetivos en la posición correspondiente según lo que se quiera expresar.
- Aplicar correctamente las reglas de *b* y *v*.
- Utilizar de forma adecuada los signos de los dos puntos en tus textos.
- Evitar repetir palabras en la producción de textos utilizando sinónimos.
- Leer de manera autónoma novelas y cuentos después de reflexionar sobre ellos.

EMPEZAMOS

Lee el texto siguiente y contesta a las preguntas:

A lo largo de la historia, los hombres siempre han tenido la necesidad de viajar, de conocer lugares lejanos, ya sea con el fin de comerciar o por motivos económicos. A finales de la Edad Media, los nuevos avances tecnológicos permitieron que se llegara más lejos que nunca; se pudo atravesar el mar y alcanzar lo que creían que eran las Indias. Sin embargo, un continente se interpuso en el camino: América. Este descubrimiento cambió el conocimiento que se tenía hasta entonces del mundo, no solo por tratarse de una tierra sin explorar, sino porque mostró un clima, una naturaleza, una cultura, una forma de vida y unas lenguas hasta entonces desconocidos. Europa, y el mundo en general, no volvieron a ser los mismos desde aquel momento.

1. ¿Qué permitieron los nuevos avances tecnológicos?
2. ¿Cuál es el objetivo que se pretendía alcanzar a finales de la Edad Media?
3. ¿Qué aportó el Nuevo Mundo a Europa, que hizo que esta no volviera a ser la misma?
4. Relaciona el vídeo que encontrarás en la web con el texto que acabas de leer.

La conquista de México

- ¿Sabes quiénes descubrieron las tierras de América y cómo lo hicieron?
- ¿Cómo imaginas que se entendían los primeros exploradores españoles con los indígenas de América?
- ¿Crees que fue un descubrimiento pacífico o que, por el contrario, hubo episodios violentos?

En el siguiente fragmento, Bernal Díaz del Castillo, un soldado español que participó de forma muy activa en el descubrimiento y la conquista de México bajo las órdenes de Hernán Cortés, explica cómo se produjo el primer contacto con los pobladores de este territorio. Lo que parecía una relación amistosa acabó cambiando radicalmente después.

El 8 de febrero del año de 1517 salimos de La Habana. Puestos en alta mar, navegamos a nuestra ventura hacia donde se pone el sol, sin **conocer bajos** ni corrientes ni qué vientos suelen señorear en aquella altura, con gran riesgo de nuestras personas, porque en aquella ocasión nos vino una tormenta que duró dos días con sus noches, y fue tal que estuvimos a punto de perdernos.

Y desde que mejoró el tiempo, siguiendo nuestra navegación, pasados veintiún días que habíamos salido del puerto, vimos tierra, de que nos alegramos y dimos muchas gracias a Dios por ello; la cual tierra jamás se había descubierto, ni se había tenido noticia de ella hasta entonces, y desde los navíos vimos un gran pueblo que, al parecer, estaría a dos leguas de la costa, y viendo que no habíamos visto en la isla de Cuba ni en **la Española** pueblo tan grande, le pusimos por nombre el Gran Cairo.

Acordamos que con los dos navíos de menos **porte** se acercasen lo más que pudiesen a la costa, para ver si habría fondo para que pudiésemos anclar junto a tierra. Y la mañana del cuatro de marzo vimos venir diez canoas muy grandes, que se dicen piraguas, llenas de indios naturales de aquel pueblo, y venían a remo y vela. Son canoas hechas a manera de **artesas**, y son grandes y de maderos gruesos y cavados de manera que están huecos; y todas son de un madero, y hay muchas de ellas en que caben cuarenta indios.

Llegados los indios con las diez canoas cerca de nuestros navíos, con señas de paz que les hicimos, y llamándoles con las manos para que nos viniesen a hablar, porque entonces no teníamos intérpretes que entendiesen el idioma del Yucatán y mexicano, sin temor ninguno vinieron, y entraron en la nao capitana sobre treinta de ellos, y les dimos a cada uno un collar de cuentas verdes, y estuvieron mirando por un buen rato los navíos. Y el más principal de ellos, que era cacique, dijo por señas, con muy alegre cara y muestras de paz, que fuésemos a su pueblo y que nos darían comida y lo que hubiésemos menester, y que

BERNAL DÍAZ DEL CASTILLO

Valladolid, 1495 - Guatemala, 1584

- *Historia verdadera de la conquista de la Nueva España.*

en aquellas sus canoas podíamos saltar en tierra. Él decía en su lengua: «Conescotoche, conescotoche», que quiere decir: «Venid acá, a mis casas». Por ello pusimos por nombre a aquella tierra Punta de Cotoche, y así está en los mapas.

Viendo nuestro capitán y todos los demás soldados los muchos halagos que nos hacía aquel cacique, fuimos a tierra, todos de una vez porque vimos la costa toda llena de indios que se habían juntado de aquella población. Y cuando el cacique nos vio en tierra nos dijo otra vez por señas que fuésemos con él a sus casas, y tantas muestras de paz hacía que, tomando el capitán consejo para ello, acordamos que iríamos con mucha precaución y armados. Llevábamos quince ballestas y diez escopetas, y comenzamos a caminar por donde el **cacique** iba con otros muchos indios que le acompañaban. Y yendo de esta manera, cerca de unos montes abruptos y llenos de maleza, comenzó a dar voces el cacique para que saliesen a nosotros unos escuadrones de indios de guerra que tenían **en celada** para matarnos; y a las voces que dio, los escuadrones vinieron con gran furia y presteza y nos comenzaron a **flechar**, de manera que de la primera **rociada** de flechas nos hirieron quince soldados. Traían lanzas y escudos, y arcos y flechas, y hondas y mucha piedra. Luego, después de disparar las flechas, se vinieron a juntar con nosotros pie con pie, y con las lanzas nos hacían mucho mal. Mas quiso Dios que luego les hicimos huir, cuando conocieron el buen cortar de nuestras espadas y de las ballestas y escopetas, pues quedaron muertos quince de ellos.

Y un poco más adelante había una placeta y tres casas de **cal y canto**; y dentro tenían unas platitos de medio oro y cobre, y unas joyas y tres diademas y otras piecezuelas de pescadillos y ánades de la tierra; y todo de oro bajo. Y nos pusimos muy contentos porque habíamos descubierto tal tierra; porque en aquel tiempo no era descubierto el Perú ni aun se descubrió de ahí a veinte años. Y cuando estábamos batallando con los indios, el clérigo González, que iba con nosotros, cargó las arquillas e ídolos y oro, y lo llevó al navío. Y en aquellas escaramuzas prendimos dos indios, que después que se bautizaron se llamó el uno Julián y el otro Melchor. Y acabando aquel encuentro, nos volvimos a los navíos y seguimos la costa adelante descubriendo hacia donde se pone el sol, y después de curados los heridos **dimos velas**. Y lo que más pasó, adelante lo diré.

Bernal Díaz del Castillo, *Historia verdadera de la conquista de la Nueva España* (adaptación)

La conquista de América.

conocer bajos Se refiere a las profundidades del mar.

la Española Nombre de la isla dividida en las actuales República Dominicana y Haití.

porte Tamaño.

artesa Cajón alargado.

cacique Jefe.

en celada Preparado para una emboscada.

flechar Disparar flechas.

rociada Conjunto de cosas que se esparcen al arrojarlas, como las flechas.

cal y canto Fuerte y macizo.

dar velas Salir del puerto.

Comprensión lectora

1 | Contesta a las siguientes preguntas sobre el relato:

a) ¿Cuándo inició su viaje el autor del texto?
b) ¿De dónde salió?
c) ¿Cuántos días estuvieron navegando antes de ver tierra?
d) ¿A qué le pusieron el nombre del Gran Cairo?
e) ¿Qué día tuvieron el primer contacto con los indígenas?
f) ¿Cómo llegaron hasta ellos los indígenas?
g) ¿Cómo se entendían los españoles y los habitantes de la zona?
h) ¿Qué significa «conescotoche»? ¿Para qué usaron este nombre los españoles?
i) ¿Por qué los indígenas invitan a los españoles a su pueblo?
j) ¿Se fían los españoles de los indígenas?
k) ¿Qué tipo de armas llevan los nativos?
l) ¿Dónde se produce la emboscada?
m) ¿Qué descubren dentro de las casas de cal y canto?
n) ¿Quién se lleva los tesoros?
ñ) ¿Quiénes son Julián y Melchor?
o) ¿Hacia dónde se dirigen finalmente los conquistadores, después de este encuentro?

Estructura

2 | Realiza las siguientes actividades sobre las partes en las que se divide el texto de la lectura:

a) ¿Dónde se ubica el planteamiento del texto, en el primer párrafo o bien en el primero y en el segundo? Justifica tu respuesta.
b) Di si el desarrollo del texto va del tercer al penúltimo párrafo o bien desde el segundo párrafo hasta el penúltimo. Justifica tu respuesta.
c) El desarrollo puede dividirse en dos partes. Indica los párrafos que pertenecen a cada una de ellas y justifica tu respuesta.
d) Di cuál de las dos afirmaciones siguientes sobre el desenlace del texto es cierta. Justifica tu respuesta.
   - El desenlace se produce en el párrafo final.
   - No hay desenlace.

Léxico

3 | Escribe un sinónimo para cada uno de los verbos subrayados de las siguientes oraciones extraídas del texto:

a) El 8 de febrero del año de 1517 salimos de La Habana.
b) Desde los navíos vimos un gran pueblo.
c) Acordamos que con los dos navíos de menos porte se acercasen lo más que pudiesen a la costa.
d) Les dimos a cada uno un collar de cuentas verdes.
e) Dijo que fuésemos a su pueblo y que nos darían comida.
f) Comenzó a dar voces el cacique.
g) Dentro tenían unos platitos de medio oro y cobre.

Expresión escrita

4 | **Escribe una historia ficticia en primera persona, a partir del siguiente plan narrativo:**

Imagina que una máquina del tiempo te traslada a principios del siglo XVI. En esa época, eres un joven con un futuro incierto.

Tras unos años de ausencia, regresa a la ciudad un vecino que se había marchado a la conquista de las Indias. Este hombre da muestras evidentes de haberse enriquecido en el viaje y te explica historias muy interesantes sobre las aventuras que ha vivido en las tierras lejanas del Caribe o de México, donde ha conocido a tribus guerreras y civilizaciones desconocidas, ha comerciado con productos exóticos y oro…

Así que, como no tienes mucho que perder, decides arriesgarte y abandonarlo todo (padres, hermanos, amigos…) y dirigirte hacia Sevilla, con la intención de subirte al primer barco que puedas y lanzarte al descubrimiento de nuevas tierras.

Una vez en el barco…

5 | **Ponte en el lugar del cacique de la lectura que, en un principio, acoge de forma hospitalaria a los españoles, pero luego cambia su postura y manda a los indios que los ataquen.**

Relata la historia desde su punto de vista, en primera persona, y explica qué le lleva a cambiar su actitud frente a los conquistadores.

Para que tu relato sea más auténtico, puedes inventarte palabras que podrían formar parte del léxico de los indígenas; en este caso, no olvides explicar qué quieren decir esas palabras en castellano.

EXPRESIÓN ORAL

Objetos insólitos

6 | Piensa por un momento que eres un indígena mexicano, que no conoce ni ha visto jamás un caballo, un arma de fuego, una coraza ni una armadura… y tampoco sabe lo que es una rueda ni una carabela.

Casualmente, presencias el desembarco de un grupo de conquistadores españoles en las playas cercanas a tu aldea, y te diriges raudo hacia tu pueblo a explicar a tus vecinos lo que has visto y a advertirlos de su presencia.

Describe ante tus compañeros y de forma detallada cada uno de los siguientes elementos, teniendo en cuenta que ni tú ni ellos habéis visto antes algo semejante.

La narración (III)

La noticia

7 | Lee el texto siguiente y responde a las preguntas:

> **LA FERIA DEL DESCUBRIMIENTO**
>
> NATALIA CANO | **Cádiz**
>
> La villa onubense de Palos de la Frontera celebra la XIII Feria Medieval del Descubrimiento, donde participa la mayoría de los vecinos en un intento de revivir el ambiente que el puerto protagonizó en la gesta colombina. La gran fiesta que conmemora el pueblo de Palos se vivió el 15 de marzo de 1493, el día en que recibieron a sus marineros tras el descubrimiento del Nuevo Mundo. La feria tendrá lugar los días 15, 16 y 17 de marzo.
>
> Se trata de una de las fiestas más curiosas e interesantes de toda la provincia de Huelva, sobre todo al situarse en el marco histórico de esta ciudad, cuna del Descubrimiento de América. Lo más interesante es que todo el pueblo se lanza a la calle para recrear el momento de la llegada de las tres carabelas de Colón.
>
> *El Mundo*, 14 de marzo de 2013 (adaptación)

a) ¿De qué habla el texto?
b) ¿Dónde se desarrolla el acontecimiento del que habla el texto?
d) ¿Cuándo se festeja?
e) ¿Por qué se celebra?
f) ¿Sabes qué tipo de texto es?
g) Lee el texto del enlace que encontrarás en la web y di si posee las mismas características, en cuanto a estilo, que el texto anterior. Justifica tu respuesta aportando ejemplos de los dos escritos.

El texto anterior es una **noticia**, es decir, una narración con unas características propias.

Características de la noticia
Se publica normalmente en periódicos, ya sean en papel o digitales, es decir, que se pueden consultar a través de internet.
Puede difundirse a través de otros medios de comunicación, como la radio o la televisión.
Explican un hecho reciente de interés general.

8 | Toma como ejemplo el estilo y estructura de la noticia de la actividad 7 y redacta una inspirada en uno de los siguientes sucesos:

a) Encuentran tres esculturas valoradas en más de 35.000 € en el almacén de un chatarrero.
b) Un yate de lujo rompe el cable de fibra óptica que une las comunicaciones entre Ibiza y Formentera.
c) Google lanza un plan para conectar zonas aislada mediante globos aéreos equipados con emisores de señales wifi.
d) Un suceso que haya ocurrido recientemente en tu barrio o escuela.

Estructura de la noticia

La noticia presenta varias partes diferenciadas:

- **Titular:** es una frase breve que concentra la información esencial. Suele escribirse con una letra más grande. En ocasiones, la noticia posee un **subtítulo**; es decir, un título con letra más pequeña que aporta información complementaria.
- **Nombre del periodista** que ha redactado la noticia y el **lugar** donde recoge la información. Para un periodista, es importante escribir desde un lugar cercano a donde se ha producido el hecho objeto de la noticia, ya que así puede tener información de primera mano. En ocasiones, la noticia no la firma nadie en concreto; en estos casos, se indica que está escrita en **Redacción**. Asimismo, también puede haberla redactado una agencia de noticias; en este caso, llevará la firma de la agencia en cuestión.
- **Entrada:** se encuentra en el primer párrafo y concentra la información más importante, aquello que el periodista considera esencial.
- **Cuerpo de la noticia:** lo forma el resto de la noticia y puede ser más o menos extenso, según la importancia que tenga el hecho del que se informa. Desarrolla la información que introduce la entrada.
- A menudo la noticia va acompañada de **información gráfica**: fotografías, dibujos, diagramas o vídeos, si se difunde a través de internet. Debajo de la imagen se incluye un pie de foto o una explicación de lo que muestra.

CIENTÍFICOS SUECOS DESCUBREN NUEVAS VÍAS PARA LA CURACIÓN DEL PÁRKINSON ← TITULAR

Las células madre podrán utilizarse para recuperar los daños que produce la enfermedad en el cerebro ← SUBTÍTULO

Científicos suecos han constatado que las células madre se pueden utilizar para curar los daños que produce la enfermedad en el cerebro. Esta vía de desarrollo de las investigaciones abre el camino al desarrollo de futuros tratamientos eficaces. ← ENTRADA

Es un paso más en la buena dirección. Pero sigue sin haber cura para la enfermedad. Los medicamentos y la estimulación cerebral pueden aliviar los síntomas, causados por la pérdida acelerada de células nerviosas.

La experimentación avanzada con roedores ha constatado que la inyección de células madre en el cerebro de los animales, previamente tratados hasta alcanzar un nivel de dopamina casi nulo, puede revertir los daños causados previamente.

Avance

Malin Parmar, profesor asociado de neurobiología del desarrollo y regeneración, dijo: «Es un gran avance en el campo [y] un peldaño en el camino hacia los ensayos clínicos». El uso de células madre embrionarias es preferible a cualquier otro tratamiento, ya que es más fácil hacerse con el gran número de células necesarias para el trasplante tras su cultivo en el laboratorio. El director de investigación y desarrollo, Arthur Roach, dijo: «Esta importante investigación es un paso clave en el camino para ayudar a entender cómo las células madre podrían dar forma a futuros tratamientos del párkinson».

← CUERPO DE LA NOTICIA

El Periódico, 7 de noviembre de 2014 (adaptación)

9 | Lee esta noticia y señala las siguientes partes:

- Titular.
- Subtítulo.
- Lugar desde el que se escribe.
- Periodista o agencia que escribe la noticia.
- Entrada.
- Cuerpo de la noticia.
- Material gráfico.
- Pie de foto.

DISNEY ANUNCIA 'TOY STORY 4' PARA 2017

Woody, Buzz Lightyear y compañía regresarán en junio de 2017 a la gran pantalla

Woody y Buzz Lightyear vuelven a la gran pantalla (*Toy Story 3*, 2010).

Los Ángeles (EE. UU.) EFE. El estudio Disney anunció en un comunicado que la cuarta parte de la célebre saga de animación Toy Story llegará a los cines en junio de 2017.

John Lasseter, director de la primera parte, volverá a ejercer esa función en esta nueva entrega que abrirá un nuevo capítulo en las vidas de personajes como Woody y Buzz Lightyear. La historia para esta nueva entrega ha sido concebida por Lasseter, Andrew Stanton, Pete Docter y Lee Unkrich.

«Amamos a estos personajes. Son como familia para nosotros. No queremos hacer nada con ellos a no ser que sea tan bueno o mejor que las películas anteriores», dijo Lasseter.

Según explicó el director, «*Toy Story 3* terminó la historia de Woody y Buzz con Andy –el niño con el que juegan– de forma tan perfecta», que durante mucho tiempo ni siquiera se plantearon la posibilidad de hacer otra película.

«Pero cuando a Andrew, Pete, Lee y a mí se nos ocurrió esta idea, no podía dejar de pensar en ella. Es tan excitante que sabía que debíamos hacerlo y que yo mismo quería dirigirla», manifestó. Los guionistas Rashida Jones y Will McCormack se sumaron también al proyecto, que cuenta con la producción de Galyn Susman.

Las tres películas de la franquicia recaudaron cerca de 2.000 millones de dólares en la taquilla de todo el mundo.

Tom Hanks y Tim Allen pusieron sus voces en la versión original a Woody y Buzz Lightyear. La cinta llegará a los cines el 16 de junio de 2017.

La Vanguardia, 7 de noviembre de 2014

Estilo de la noticia

La noticia debe exponer la información de forma objetiva. Para ello, suele seguir unas normas generales de estilo:

- Se debe redactar en **tercera persona**. El periodista nunca puede utilizar la primera persona en su escrito.
- Se utiliza el **presente** (*sucede*, *pasa*...), para dar mayor inmediatez a los hechos, o el **pretérito perfecto compuesto** (*ha sucedido*, *ha pasado*...).
- Debe dar respuesta a las siguientes preguntas: **qué**, **quién**, **cuándo**, **dónde**, **por qué** y **cómo** ha sucedido.
- Expone siempre hechos **concretos** y **precisos**, así como fechas y datos específicos.

10 | Lee el artículo siguiente y responde a las preguntas:

LA JAURÍA SALVAJE DE LLEIDA BURLA A LOS AGENTES Y ATACA OTRA GRANJA

Los rurales no logran dar con el sitio donde se ocultan los canes asilvestrados

EVA VISA / **Seròs.** La jauría de perros asilvestrados que mató a unas 200 ovejas la semana pasada en una granja de Seròs (Segrià) sigue en paradero desconocido tras volver a atacar en la madrugada de ayer a animales del mismo ganadero. En esta ocasión, Ramon Agustí, el propietario, fue el ángel de la guarda de las ovejas, ya que desde el primer ataque duerme en el cercano recinto al que trasladó el ganado. Tras escuchar ruidos extraños, el pastor salió descalzo hacia el corral y pudo ahuyentar a los perros efectuando un disparó al aire con la escopeta. Sin embargo, dos ovejas murieron en el ataque. Los canes, que hasta ahora han logrado burlar a los agentes rurales, siguen campando a sus anchas por el Baix Segrià. Ir en grupo les hace más fuertes y peligrosos.

Un dispositivo especial de agentes rurales y mossos busca a la jauría desde el pasado miércoles. Los agentes han empezado la vigilancia por el entorno del corral donde tuvo lugar el primer ataque. Lo hacen de día y también de noche, con la ayuda de focos de gran potencia. Las pistas, por el momento, son pocas. El comportamiento del grupo canino es imprevisible.

El Periódico, 11 de noviembre de 2014

a) ¿Cuál es el titular de la noticia?
b) ¿Tiene subtítulo? Si es así, di cuál es.
c) ¿Quién ha escrito la noticia?
d) ¿Dónde se ha redactado?
e) ¿Con qué imagen acompañarías el texto? Escribe un pie de foto adecuado.
f) ¿Qué tiempo verbal predomina en el texto?
g) ¿Qué persona verbal predomina en la noticia?
h) ¿La noticia da respuesta a las preguntas: qué, quién, cuándo, dónde, por qué y cómo?
i) ¿Expone hechos y datos concretos y precisos?

Amplía conocimientos sobre uso y comunicación.

El adjetivo

Practica con el adjetivo.

PAUL GAUGUIN, *Mata Mua (Érase una vez...)*

11 | Lee el texto siguiente y contesta a las preguntas:

Tahití, que acababa de aparecer ante la vista de Colón, es una isla muy **extensa** y **fértil** del Nuevo Mundo, y solo el aspecto de aquella **hermosa** comarca fue bastante para que sus compañeros olvidasen las fatigas y aburrimientos de tan **largo** viaje. Pero lo que más despertó su admiración fue ver una multitud de **pequeñas** canoas formadas de un **sencillo** tronco de árbol **ahuecado**, que millares de indios hacían deslizar por el mar con **increíble** velocidad.

Al mismo tiempo la playa estaba **llena** de hombres, mujeres y niños que daban **fuertes** gritos de sorpresa al contemplar el aspecto de las dos naves **europeas**. Pero apenas se acercaron a la orilla los **pequeños** botes que Colón había enviado a tierra, toda esa **gran** multitud huyó a los **espesos** bosques, y los marinos españoles no pudieron alcanzar más que a una mujer **joven** que condujeron a la presencia de Colón.

M. LAMÉ FLEURY, *Historia del descubrimiento de la América* (adaptación)

a) ¿De qué isla habla el texto?
b) ¿Quién la está contemplando?
c) ¿Cómo reaccionan sus habitantes cuando se acercan los españoles?
d) ¿A qué sustantivo se refieren cada una de las palabras destacadas?
e) ¿Qué información nos dan sobre las palabras a las cuales hacen referencia?

El texto anterior explica cómo es la isla de Tahití, qué llamó más la atención de Colón y de sus compañeros de viaje, y cómo reaccionaron los habitantes de la isla cuando vieron llegar a los conquistadores. Las palabras resaltadas del texto tienen como función destacar alguna característica del sustantivo al que acompañan.

Los **adjetivos** son palabras que indican una cualidad o una característica del sustantivo al que se refieren. Además, concuerdan con este sustantivo en género y número.

Una escalera	ancha		Un hombre	honrado
N	Adj		N	Adj

12 | Lee el texto siguiente y realiza las actividades:

Desde la cima de la alta montaña se podía ver todo el valle: los huertos cultivados en los que destacaba el color amarillo del trigo, las zonas rocosas de la falda de los montes, el riachuelo estrecho y largo que atravesaba el valle de una punta a otra y los tres pequeños pueblos que destacaban como manchas blancas rodeadas de un paisaje verde.

a) Señala todos los adjetivos del texto.
b) Indica a qué sustantivo se refiere cada uno de ellos.
c) Escribe el género y el número de los adjetivos, así como de los sustantivos a los cuales acompañan.

Las clases de adjetivos

13 | Fíjate en los adjetivos destacados del texto siguiente y contesta a las preguntas:

Estaba sirviendo la sopa cuando cuatro **jóvenes** caballeros entraron en el comedor. Uno de ellos era **fuerte** y **robusto**, aunque su rostro, **cuadrado** y de ojos **pequeños**, mostraba cierta expresión **estúpida**. Lo acompañaba un chico más **ligero** y **esbelto**, de cabello **negro** que le caía sobre los hombros, **delicadas** facciones y ojos **brillantes**, indudablemente **guapo**.

LAURA GALLEGO, *Mandrágora* (adaptación)

a) ¿A qué sustantivo califica cada uno de los adjetivos destacados?
b) ¿Qué adjetivos aparecen antes y cuáles después del nombre al que acompañan?
c) ¿Cuáles de estos adjetivos tienen una forma para el femenino y cuáles no la tienen?

Los adjetivos se pueden clasificar atendiendo a su **posición** y a su **forma**.

Según la posición de los adjetivos

Según la posición que ocupan en relación con el nombre al que se refieren, los adjetivos se clasifican en:

- **Epítetos o explicativos:** van delante del sustantivo e indican una cualidad de este que ya se supone que posee. Por ejemplo: «La **fría** nieve»; en este caso, el adjetivo *fría* destaca una característica que es propia de la nieve.
- **Especificativos:** van después del sustantivo y expresan una cualidad del sustantivo que lo diferencia de otros de su grupo. Por ejemplo: «Cabello **negro**»; en este caso, se diferencia el cabello *negro* de otros tipos de cabello, como rubio, pelirrojo...

En ocasiones, la posición del adjetivo supone un cambio en el significado de la oración. Por ejemplo:

Es un **viejo amigo**. → Se trata de un amigo que lo es desde hace mucho tiempo.
Es un **amigo viejo**. → Se trata de un amigo que es anciano.

14 | Señala los adjetivos de estas oraciones y clasifícalos según sean explicativos o especificativos:

a) Escogeré la mesa rústica para la estancia amplia.
b) El caluroso día de verano nos hizo bañarnos en las cálidas aguas del Mediterráneo.
c) La humeante chimenea indica que ha llegado el invierno.

15 | Explica la diferencia de significado que hay entre los siguientes pares de oraciones:

a) Es una mujer pobre. / Es una pobre mujer.
b) Es un directivo alto. / Es un alto directivo.
c) Es un empleado simple. / Es un simple empleado.
d) Es una profesora grande. / Es una gran profesora.

Según la forma de los adjetivos

Según los morfemas de género y número que acepten, los adjetivos se pueden clasificar en:

- **Adjetivos de una terminación:** poseen el morfema de número, pero no el de género, de manera que presentan la misma forma para el masculino que para el femenino:

Un **hombre feliz**.	Una **mujer feliz**.
Unos **hombres felices**.	Unas **mujeres felices**.

- **Adjetivos de dos terminaciones:** presentan variaciones de género y de número:

Un **hombre cansado**.	Una **mujer cansada**.
Unos **hombres cansados**.	Unas **mujeres cansadas**.

16 | Señala los adjetivos del texto siguiente y di si son de una o de dos terminaciones:

Bosquecillos de arbustos bajos, de color rojo con largas hojas puntiagudas, se diseminaban por la colina, que terminaba en un grueso peñasco de lava. De las ranuras de las rocas emergían unas grandes hojas rojas. Aunque ese muro natural que cerraba la vista y servía de horizonte caía a corta distancia, Kemlo tenía la impresión de que esa distancia era inmensa.

E. C. Eliot, *El planeta tonto*

17 | Escribe las variaciones que presenten los siguientes adjetivos, es decir, la flexión de número, o de género y de número:

a) verde
b) ágil
c) hambriento
d) vegetal
e) anímico
f) claro
g) maligno
h) ambiental

18 | Sustituye cada uno de los sintagmas subrayados de las siguientes oraciones por un adjetivo que tenga el mismo significado. Fíjate en el ejemplo:

Es un hombre **de poca estatura**.	Es un hombre **bajo**.

a) Es una mujer de gran fuerza.
b) Esta pintura es de la Edad Media.
c) Se trata de una historia de hace muchos años.
d) El cuadro era de un precio muy alto.
e) Nos pusieron un problema que no costaba mucho de resolver.
f) Este lago es de una gran profundidad.
g) Mi abuela nos contó una historia que era de verdad.
h) Subimos a una montaña de gran altura.
i) Este animal es un animal que come carne.
j) Es una persona que pesa muy poco.

Los grados del adjetivo

Los adjetivos se refieren a cualidades que pueden expresarse con mayor o menor intensidad. Por ejemplo, un coche puede ser **caro**, **más caro que** otro, **tan caro como** otro, o **muy caro (carísimo)**.

El **grado** es una característica propia de los adjetivos, que permite expresar una cualidad del sustantivo al que se refieren en mayor o menor medida. Los grados del adjetivo son tres: **positivo**, **comparativo** y **superlativo**.

Grados del adjetivo		
Grado positivo	Expresa una cualidad del nombre sin especificar ninguna intensidad: *simpática, bueno, alto, breve, amarillo.*	
Grado comparativo	La cualidad de un sustantivo aparece comparada. Esta comparación puede ser de tres tipos:	**De inferioridad:** *María es **menos** simpática **que** Alberto.*
		De igualdad: *María es **tan** simpática **como** Alberto.*
		De superioridad: *María es **más** simpática **que** Alberto.*
Grado superlativo	Expresa una cualidad en su grado máximo. Puede construirse de dos formas distintas: • Añadiendo el sufijo *-ísimo, -a, -os, -as*: *María es simpatiqu**ísima**.* • Anteponiendo al adjetivo el adverbio *muy*: *María es **muy simpática**.*	

19 | Señala los adjetivos de las siguientes oraciones y di en qué grado se encuentran:

a) Esta cena ha resultado baratísima.
b) Tu exposición fue más larga que la mía.
c) El coche que me compré es muy potente.
d) Subieron a una montaña tan alta como la que subimos nosotros.
e) Esta calle es superancha.
f) Hoy hace un calor inaguantable.
g) Explicó un cuento breve.
h) Tengo las amígdalas muy inflamadas.
i) Tenía el pelo más largo que el mío.
j) Compré la mesa verde para el jardín.
k) ¡Me pone supernerviosa tenerlo que esperar!

20 | Escribe una oración con cada uno de los siguientes adjetivos, donde aparezcan en grado comparativo:

a) sencillo
b) correcta
c) tranquilo
d) ridículos
e) amplio
f) fuerte

21 | Escribe dos oraciones con cada uno de los siguientes adjetivos, donde aparezcan, en primer lugar, en grado superlativo con el adverbio *muy* y, en segundo lugar, con el sufijo *-ísimo*:

a) ágil
b) luminoso
c) oscuro
d) suave
e) frágil
f) antiguo

Amplía conocimientos sobre el estudio de la lengua.

! Para formar el superlativo, también pueden utilizarse los prefijos *hiper-* o *super-*, entre otros: *hipersimpática, supersimpática.*

La *b* y la *v* (I)

22 | Lee el texto siguiente y realiza las actividades:

Siguieron la costa los navíos españoles hasta llegar al paraje donde desemboca en el mar el río Tabasco, en el golfo de México. Descubrieron por aquella parte grandes bosques y poblaciones dispersas en las dos riberas. Resolvió Juan de Grijalva entrar por el río para reconocer estas nuevas tierras, y viendo que solo podía utilizar para ello los dos navíos pequeños, embarcó en ellos a la gente guerrera y dejó los dos otros barcos en la estrecha entrada del río.

Antonio Solís, *Historia de la conquista de México* (adaptación)

a) Haz una lista con las palabras del texto que se escriben con *b* y otra con las que se escriben con *v*.

b) Di si estas dos letras se pronuncian de forma distinta.

c) ¿Por qué crees que este sonido se representa con letras diferentes?

d) Di qué regla ortográfica conoces sobre el uso de la *b* o de la *v* que se pueda aplicar a alguna de las palabras del texto.

Como has podido comprobar, aunque la *b* y la *v* son letras distintas, se pronuncian de la misma manera, y este es el motivo por el que, en ocasiones, se cometen faltas de ortografía en relación con estas letras. Por ello, para saber cuándo se escribe *b* o *v*, necesitamos conocer las principales reglas ortográficas.

La ortografía de la *b*

Se escriben con *b*		
Normas	**Ejemplos**	**Excepciones**
Todas las formas de los verbos terminados en *-bir*, *-buir*, *-aber*, *-eber*.	*haber, había; prohibir, prohibió; contribuir, contribuimos; beber, bebemos*	hervir, servir, vivir
Las terminaciones del pretérito imperfecto de indicativo de los verbos de la 1.ª conjugación, es decir, los terminados en *-ar*: *-aba, -abas, -aba, -ábamos, -abais, -aban*. También las formas del pretérito imperfecto de indicativo del verbo *ir*.	*saltaba, explicaba, borraba, iba, íbamos*	
Después de *m* y antes de *r* y *l*.	*cambio, abrir, sable*	
Las palabras que empiezan por *al-* y *ar-*.	*albornoz, alba, arbusto, árbitro*	Álvaro, alvéolo, altivo, altavoz
Las palabras que empiezan por los prefijos *biblio-*, *ben-* y *bene-* (cuando posee el significado de «bueno») y *bi-* o *bis-* (cuando quiere decir «dos»).	*bibliotecaria, beneplácito, bisílaba, bisabuelo*	
Las palabras terminadas en *-bilidad*, *-bundo* y *-bunda*.	*posibilidad, amabilidad, vagabundo*	movilidad, civilidad
Las palabras que empiezan por las sílabas *bu-*, *bur-*, *bus-*.	*burgués, buscar, burro*	

23 | **Escribe *b* o *v* en los espacios en blanco de las siguientes palabras. Después, escribe una oración con cada una de ellas:**

a) be_íamos
b) cam_io
c) vi_irán
d) alta_oz
e) _isabuela
f) _imotor
g) mó_il
h) de_emos
i) cantá_amos
j) medita_undo
k) proba_ilidad
l) contri_uyeron
m) bi_lioteca
n) escri_ir
ñ) ca_er

24 | **Completa los espacios en blanco de estas oraciones con *b* o *v*:**

a) Í_amos a su casa cuando encontramos a Ál_aro.
b) Sir_ieron el caldo hir_iendo.
c) El al_añil rompió el mue_le cuando esta_a terminando las o_ras.
d) Su_ieron a la cum_re de la montaña para _er el paisaje.
e) El vaga_undo tenía un pro_lema de mo_ilidad.
f) Este ál_um que está so_re la cama de tu alco_a no sir_e.

Signos de puntuación

Los dos puntos

Los **dos puntos** se utilizan para marcar una pausa en el discurso.

Los dos puntos se emplean:

- Para introducir una **enumeración**: «La casa tiene dos graves problemas: es muy vieja y está en mal estado».
- Después del **saludo inicial** de una carta, de una postal o de un correo electrónico. Después de los dos puntos, se hará un punto y aparte y se empezará con mayúscula: «Querido Alberto:».
- Para introducir una **cita textual**. En estos casos, la siguiente palabra se escribe con mayúscula y se entrecomilla la cita. «Ana dijo: "No vendré"».

25 | **Escribe en tu cuaderno las siguientes oraciones y pon los dos puntos cuando sea necesario en el lugar correcto. Escribe también mayúsculas y comillas, en el caso de que sea preciso:**

a) Al verla, se acercó a mí y me susurró tengo que contarte un secreto.
b) Querida Marta te escribo desde París. Recuerdos a toda la familia.
c) Compré lo que me pediste jamón, mantequilla, tomates y sal.

Dictado

Estuvimos buscando un alojamiento durante toda la tarde, pero nos comentaron que no había ninguna posibilidad de encontrar algo digno, a no ser que fuera en un pequeño hostal un poco alejado de la población, en la subida que iba al castillo. Cuando llegamos allí, un hombre algo mayor nos recibió y nos dio la bienvenida. Dijo que tenía una habitación y preguntó si queríamos algo para beber o, como parecíamos hambrientos, si deseábamos que nos sirviesen algo para cenar.

¡Fíjate!

estu**v**imos
buscando
ha**b**ía
posi**b**ilidad
po**b**lación
reci**b**ió
bien**v**enida
be**b**er
ham**b**rientos
deseá**b**amos
sir**v**iesen

Amplía conocimientos sobre ortografía.

La sinonimia

26 | Lee el texto siguiente y realiza las actividades que encontrarás a continuación:

Retrato de Hernán Cortés.

Cuando Hernán Cortés **inició** su avance por tierras mexicanas, tuvo problemas de **diversa** índole. Los indios que **habitaban** las aldeas por las que iba pasando se mostraban, al principio, **sumisos** y hospitalarios, pero en el fondo **nunca** aceptaron la autoridad de los españoles y siguieron **fieles** a Montezuma, máxima autoridad entre los mexicas. Por ello, se producían revueltas **inesperadas** en **lugares** que se consideraban seguros. Hernán Cortés decidió entonces **establecer** un sistema de gobierno en cada poblado, para que siempre hubiera alguien de su confianza al mando que pudiera **alertarlo** en caso de **surgir** algún **conflicto**.

a) Copia el texto anterior en tu cuaderno y sustituye cada una de las palabras destacadas por alguna de la siguiente lista: imprevistas, avisarlo, diferente, jamás, instituir, comenzó, leales, problema, dóciles, sitios, poblaban, aparecer.

b) Con esta sustitución, ¿se ha modificado la información del texto?

c) Explica por qué hemos podido cambiar unas palabras por otras.

Las palabras **sinónimas** son aquellas palabras que, a pesar de ser distintas, poseen un significado igual o muy parecido, como por ejemplo, *nunca* y *jamás*. A esta relación de significado se la denomina **sinonimia**.

27 | Sustituye cada una de las palabras subrayadas de las siguientes oraciones por el sinónimo más adecuado de esta lista: cambiado, agotado, nervioso, preparada, millonaria, buena, harto, inteligente.

a) Esta comida está muy rica.

b) Su hermana es rica: tiene mucho dinero.

c) Después de la carrera, llegó a su casa cansado.

d) ¡Ya estoy cansado de tus excusas!

e) Lo vi el otro día y estaba muy alterado.

f) Este dato ha alterado las conclusiones finales.

g) Ya me dirás cuándo estarás lista.

h) Es una alumna extraordinariamente lista.

En muchos casos, debemos fijarnos en el contexto en el que aparece una palabra para poder encontrar el sinónimo más adecuado. Así, como habrás podido observar, no podemos utilizar el mismo sinónimo para la palabra *rica* en estas dos oraciones: «Esta comida está muy *rica*» y «Su hermana es *rica*».

28 | Sustituye las palabras destacadas de este texto por el sinónimo más adecuado:

El camino les **condujo** hasta la parte de atrás de una **antigua** Villa, **enorme** y silenciosa, y tuvieron que desviarse hacia la izquierda. **Derribaron** con las motos la valla que rodeaba el pinar y **escogieron** un **sitio** sombreado a **poca** distancia de la arena.

JUAN MARSÉ, *Últimas tardes con Teresa*

Amplía conocimientos sobre léxico.

Las narraciones escritas

29 | Lee el texto siguiente y contesta a las preguntas:

La noche triste.

Los dos jinetes llegaron entre una nube de polvo, alborotando a las pavas y a las gallinas. La cotorra graznó y aleteó con susto. Uno de ellos era mi padrino, que tras desmontar, me alargó las riendas.

–¿Vas de pesca? –me preguntó.

A pesar de su amabilidad, me pareció más serio que de costumbre.

–Cuando sea más tarde –repuse.

–Llévatelo a la sombra –dijo, refiriéndose al caballo–. No lo abreves aún.

El otro jinete era el padre Bavón, un compañero de mi padrino en las guerras del otro lado de la mar y en la conquista de la Nueva España, que al correr de los años se había hecho fraile.

Me acerqué a él y le besé la correa. Me dio un suave cachete.

–¿Cómo van los estudios? ¿Consigue desasnarte ese santo varón de fray Bernardino? ¿Te aplicas? ¿O se te escapa el alma al cielo cada poco?

Yo entonces no sabía si la seriedad con que me hablaba el padre Bavón era real o si ocultaba una chanza. Siempre que me encontraba, me hacía parecidas consideraciones, recriminándome esos embelesos míos que tanto suelen desconcertar y hasta enfadar a mis superiores y maestros.

–Estoy aprendiendo mucho –balbucí.

Antes de seguir a mi padrino, me alargó las riendas de su caballería.

Mi padre había sido compañero de ambos. Al parecer, los tres fueron muy amigos. Mi padre y mi padrino, desde la niñez, pues provenían del mismo pueblo y, cuando fueron mozos, como ninguno de ellos era primogénito de su casa, decidieron recorrer el mundo y se habían alistado como soldados. En sus correrías, que mi padrino contaba unas veces y otras evocaba con vagas referencias, entre suspiros y gestos de risueña picardía, habían conocido a Bavón, todavía soldado. Los tres llegaron juntos a la isla de Cuba, donde se establecieron, y habían participado en varias expediciones y descubrimientos, antes de seguir a Hernando Cortés.

De mi padre hacían grandes y largas alabanzas. Ponderaban su intrepidez, que nunca oscurecía su prudencia. Pero, sobre todo, le recordaban como un hombre de corazón leal. Narraban –y yo no me cansaba de oírlo– cómo había desaparecido, precisamente en un trance de generoso sacrificio, durante una exploración que había concluido de modo desastroso.

Fue unos años después de lo de México, cuando los tres se habían instalado ya en el poblado. Noticias de una ciudad riquísima, perdida entre la vegetación pero muy cercana a las tierras recientemente conquistadas, les animaron a su descubrimiento. Nunca encontraron la ciudad, y la hostilidad del terreno y de los indios de aquella tierra hicieron muy duras las jornadas.

Mi padre desapareció en una de las escaramuzas, una tarde de aguacero, mientras protegía con disparos de su ballesta la retirada de los compañeros, asediados por las flechas y las lanzas enemigas.

José María Merino, *El oro de los sueños*

!

Narración y *relato* son expresiones sinónimas.

a) ¿Este texto es una narración? Justifica tu respuesta.
b) ¿Crees que lo que se narra en este texto sucede en la actualidad o bien en una época pasada? ¿Cómo lo has deducido?
c) ¿Desde qué punto de vista se narra la historia?
d) ¿Quién es su protagonista? ¿Qué información tenemos de él?
e) Aparte del protagonista, ¿aparecen otros personajes? Si es así, ¿quiénes son estos? ¿Qué sabemos de ellos?
f) Haz un resumen del relato.

El texto anterior es una narración muy distinta de las de la tradición oral, estudiadas en la unidad anterior:

Características de la narración escrita

- Es una obra de **autor conocido**, que la ha escrito con su propio estilo, y no con el de la tradición oral anónima.
- Es una obra que se ha pensado para ser **leída**, y no para ser explicada oralmente.
- En las narraciones de tradición escrita, se pueden dar variaciones en el **punto de vista**. Si en las narraciones orales lo más frecuente es encontrar un narrador omnisciente, en las narraciones escritas también se utiliza la primera persona y se emplea un narrador observador que solo sabe lo que ve «desde fuera de los personajes».
- En las narraciones escritas, habitualmente encontramos **personajes más complejos** que en las orales. Y no solo son más complejos, sino que además evolucionan a lo largo de la historia, ya que lo que les sucede hace que cambie su personalidad. Además, no siempre se presenta directamente al personaje, sino que, a veces, se han de deducir sus características personales a partir de lo que se nos dice. Estos personajes suelen ser **personajes redondos**, lo que quiere decir que evolucionan a lo largo de la historia, en contraposición a los **personajes planos**, los cuales son personajes simples, definidos a partir de unas pocas características y que no evolucionan a lo largo de la historia contada en el relato.
- Este tipo de narraciones también presentan la estructura típica de **planteamiento**, **nudo** y **desenlace**. Sin embargo, en muchos casos no se informa dónde se inicia la historia, ni en qué lugar se desarrolla, de modo que será el lector quien deba deducirlo a partir de lo que se vaya explicando a lo largo del texto.

30 | **Copia esta tabla en tu cuaderno y clasifica estas características según correspondan a las narraciones orales o a las escritas:**

- Son obras pensadas para ser leídas.
- Son obras de autor anónimo.
- Casi siempre utilizan un punto de vista omnisciente.
- El punto de vista puede variar.
- Aparecen tanto personajes planos como redondos.
- Son obras pensadas para ser escuchadas.
- Son obras de autor conocido.
- Parte de la información ha de deducirla el lector.
- Sus personajes son siempre planos.
- Presentan tres partes diferenciadas: planteamiento, nudo y desenlace.
- A veces hay que deducir algunas de las características de los personajes.

Narración oral	Narración escrita

El cuento y la novela

Aunque se escriben relatos de extensión muy variada, lo más habitual es encontrar dos tipos de narraciones:

Cuentos o relatos breves	• Explican una historia en pocas páginas. • Acostumbran a narrar una anécdota que se explica de forma escueta y de la que se transmite la información más básica. • La caracterización de los personajes y de los lugares en que sucede la acción es breve. • Es frecuente que la historia dé un giro sorprendente al final.
Novelas	• Son relatos más extensos que acostumbran a tener más de cien páginas. • Suelen dividirse en capítulos. • Desarrollan historias complejas. Los hechos narrados pueden tratar varios conflictos y desarrollarse a lo largo de varios años; algunas narran toda la vida de un personaje. • Proporcionan información muy detallada: descripciones de los personajes, de los lugares en los que se sitúa la historia...

31 | Lee el texto siguiente y contesta a las preguntas:

Imagínese usted un pueblo muy pequeño donde hay una señora vieja que tiene dos hijos, uno de 17 y una hija de 14. Está sirviéndoles el desayuno y tiene una expresión de preocupación. Los hijos le preguntan qué le pasa y ella les responde:

–No sé, pero he amanecido con el presentimiento de que algo muy grave va a sucederle a este pueblo.

Ellos se ríen de la madre. Dicen que esos son presentimientos de vieja, cosas que pasan. El hijo se va a jugar al billar, y en el momento en que va a tirar una carambola sencillísima, el otro jugador le dice:

–Te apuesto un peso a que no la haces.

Todos se ríen. Él se ríe. Tira la carambola y no la hace. Paga su peso y todos le preguntan qué pasó, si era una carambola sencilla. Contesta:

–Es cierto, pero me ha quedado la preocupación de una cosa que me dijo mi madre esta mañana sobre algo grave que va a suceder a este pueblo.

Todos se ríen de él, y el que se ha ganado su peso regresa a su casa, donde está con su mamá o una nieta o en fin, cualquier pariente. Feliz con su peso, dice:

–Le gané este peso a Dámaso en la forma más sencilla porque es un tonto.

–¿Y por qué es un tonto?

–Hombre, porque no pudo hacer una carambola sencillísima estorbado con la idea de que su mamá amaneció hoy con la idea de que algo muy grave va a suceder en este pueblo. [...]

–No te burles de los presentimientos de los viejos porque a veces salen.

La pariente lo oye y va a comprar carne. Ella le dice al carnicero:

–Véndame una libra de carne. [...] Mejor véndame dos, porque andan diciendo que algo grave va a pasar y lo mejor es estar preparado.

El carnicero despacha su carne y cuando llega otra señora a comprar una libra de carne, le dice:

–Lleve dos porque hasta aquí llega la gente diciendo que algo muy grave va a pasar, y se están preparando y comprando cosas.

Entonces la vieja responde:

–Tengo varios hijos, mire, mejor deme cuatro libras.

[...] El carnicero en media hora agota la carne, mata otra vaca, se vende toda y se va esparciendo el rumor.

Llega el momento en que todo el mundo, en el pueblo, está esperando que pase algo. Se paralizan las actividades y de pronto, a las dos de la tarde, hace calor como siempre. Alguien dice:

–¿Se ha dado cuenta del calor que está haciendo?

–¡Pero si en este pueblo siempre ha hecho calor! [...]

–Sin embargo –dice uno–, a esta hora nunca ha hecho tanto calor.

–Pero a las dos de la tarde es cuando hay más calor.

–Sí, pero no tanto calor como ahora.

Al pueblo desierto, a la plaza desierta, baja de pronto y se corre la voz:

–Hay un pajarito en la plaza.

Y viene todo el mundo, espantado, a ver el pajarito.

–Pero señores, siempre ha habido pajaritos que bajan.

–Sí, pero nunca a esta hora.

Llega un momento de tal tensión para los habitantes del pueblo, que todos están desesperados por irse y no tienen el valor de hacerlo.

–Yo sí soy muy macho –grita uno–. Yo me voy.

Agarra sus muebles, sus hijos, sus animales, los mete en una carreta y atraviesa la calle central donde está el pobre pueblo viéndolo. Hasta el momento en que dicen:

–Si este se atreve, pues nosotros también nos vamos.

Y empiezan a desmantelar literalmente el pueblo. Se llevan las cosas, los animales, todo. Y uno de los últimos que abandona el pueblo, dice:

–Que no venga la desgracia a caer sobre lo que queda de nuestra casa –y entonces la incendia y otros incendian también sus casas.

Huyen en un tremendo y verdadero pánico, como en un éxodo de guerra, y en medio de ellos va la señora que tuvo el presagio, clamando:

–Yo dije que algo muy grave iba a pasar, y me dijeron que estaba loca.

Gabriel García Márquez, «Algo muy grave va a suceder en este pueblo»

a) ¿En qué punto de vista está escrito el texto? ¿Crees que es un narrador protagonista, omnisciente u observador? Justifica tu respuesta.

b) ¿Se dice en algún momento cuándo sucede la acción? ¿Podemos deducir en qué época pasa? Justifica tu respuesta.

c) ¿Crees que el protagonista es un personaje en concreto, o todo el pueblo hace de protagonista?

d) ¿Crees que se trata de personajes redondos o de personajes planos? Justifica tu respuesta.

e) ¿Hay que deducir algunos datos o se expone toda la información?

Amplía conocimientos sobre literatura.

Exposición virtual sobre el pueblo azteca

¿QUÉ VAMOS A HACER?

En este proyecto, vais a preparar una exposición virtual sobre el pueblo azteca. Para ello, debéis seleccionar una serie de imágenes (mapas, gráficos, fotografías…) que ejemplifiquen los aspectos más importantes de esta civilización.

PARA EMPEZAR

El pueblo azteca es el más conocido de los que poblaban el territorio de la América central cuando llegaron los conquistadores españoles. Su imperio era muy amplio (se extendía por la zona del actual México) y de ellos sabemos, por ejemplo, que habían alcanzado un importante desarrollo en matemáticas, en astronomía y en el calendario. Gracias a sus observaciones, los aztecas agruparon las estrellas en constelaciones, conocieron la existencia de los cometas, la frecuencia de los eclipses de sol y de luna y con todo ello pudieron crear un complejo calendario.

¿CÓMO LO VAMOS A HACER?

- Organizaos en grupos de tres o cuatro alumnos.
- Cada grupo debe buscar los siguientes elementos gráficos para poder ir diseñando y organizando la información que vais a incluir en vuestra exposición:
  - Mapa del territorio que se encuentra bajo dominio azteca.
  - Esquema de la organización política y social azteca.
  - Imágenes que ilustren las actividades económicas de esta cultura (agricultura, artesanía…).
  - Imágenes sobre sus creencias y rituales religiosos.
  - Imágenes que reflejen el desarrollo científico y cultural de esta civilización (el calendario, la astronomía…).
  - Imágenes que ejemplifiquen las manifestaciones artísticas propias de los aztecas (pirámides, esculturas…).
- Diseñad una presentación atractiva con todos los elementos que hayáis recabado.
- Acompañad cada uno de los elementos gráficos con una breve descripción escrita.

CONSEJOS ÚTILES

- Elaborad un guion con todos los elementos que vais a incluir en la presentación y, después, desarrollad cada uno de los apartados.
- Es muy importante que la exposición siga un orden lógico: territorio, situación político-social, actividades económicas, religión, desarrollo científico y arte.
- Podéis acompañar la presentación con una música adecuada.

La conquista de América

amerindio Se dice de los indios americanos.

segundón En las familias aristocráticas, el hijo mayor heredaba el título y las tierras. Los otros hijos eran conocidos como «segundones».

zambo Hijo de mujer negra e indio o de india y de hombre negro.

Las grandes conquistas españolas en América se realizaron en la primera mitad del siglo XVI; en la segunda mitad se procedió a la ocupación y pacificación de los inmensos dominios. A mediados del siglo XVI, el número de españoles establecidos en América no pasaría de cien mil: una pequeña minoría, gracias a la tecnología europea, se impuso claramente a las masas **amerindias**, que se convirtieron en una mayoría dominada.

La emigración española a América fue protagonizada por los hijos **segundones** de las clases aristocráticas, procedentes sobre todo de Andalucía y Extremadura. Fueron frecuentes los matrimonios mixtos que dieron lugar al mestizaje. Hacia 1570, el 96 % de la población era amerindia, los blancos formaban alrededor del 1,25 %, y el resto eran mestizos, mulatos y **zambos**. En la sociedad americana conviven las dos comunidades: la de los españoles –conquistadores, religiosos, funcionarios– y la de los indios, obligados al trabajo en las tierras de los españoles.

Los clérigos se encargaron de la evangelización de los indios con el apoyo del estado. Los frailes fueron los defensores de los indios y los impulsores de las actividades culturales –universidades de México y Lima, difusión de las artes–.

Las leyes españolas reconocieron diversos tipos de propiedad entre los indígenas –terrenos para sus hogares, campos cultivables–. El resto de las tierras se consideraba propiedad del estado a raíz de la conquista y se fue distribuyendo entre los conquistadores.

América fue colonizada, a la vez, por los animales domésticos europeos, que se adaptaron rápidamente –ganado vacuno, sobre todo–. En la agricultura se introdujeron las especies del Viejo Mundo –cereales, leguminosas, vid, caña de azúcar–, mientras se impulsaba el cultivo de las especies autóctonas –maíz, cacao, patata, alubias–.

Lo decisivo en la economía americana fue la minería. Las grandes masas de metales preciosos americanos (sobre todo, la plata de Potosí, en la segunda mitad del siglo XVI) provocaron un gran aumento de los precios y el despegue del capitalismo moderno. Además garantizaban el dominio español en el mundo. Carlos V y Felipe II usaron las riquezas americanas que llegaban a Sevilla para financiar las guerras contra la Europa protestante.

Historia universal (adaptación)

ANÓNIMO, *De español e india, mestizo*

1 | Contesta a las siguientes preguntas sobre el texto:

a) ¿En qué momento se dieron las grandes conquistas de América?
b) ¿Qué hicieron los conquistadores en la segunda mitad del siglo XVI?
c) ¿Por qué una minoría consiguió imponerse a la población amerindia?
d) ¿De dónde procedían la mayoría de los conquistadores?
e) ¿A qué grupo social pertenecían?
f) ¿Qué grupos había entre los españoles?
g) ¿Qué funciones cumplieron los clérigos en América?
h) ¿Quiénes fueron los encargados de impulsar las actividades culturales?
i) ¿Para qué utilizaron Carlos V y Felipe II las riquezas que llegaban a Sevilla?

2 | Lee los siguientes enunciados y di cuál de ellos podría ser el título del texto y cuáles los subtítulos que introducirían los distintos subapartados de la lectura. En este último caso, relaciona cada subtítulo con el párrafo de la lectura correspondiente:

a) La ganadería y la agricultura.
b) La función de los religiosos.
c) Las dos fases de la colonización en el siglo XVI.
d) El oro y la plata de América.
e) América tras la conquista española.
f) La distribución de las tierras.

3 | Elabora un gráfico circular en el que reflejes la distribución de la población en América en 1570.

4 | Explica cómo se distribuyó la tierra en América.

5 | Crea una tabla en la que reflejes las actividades agrícolas y ganaderas en América. Indica qué especies agrícolas y ganaderas se trabajaban y cuál era su procedencia.

6 | ¿Qué fue lo que le dio el empuje definitivo a la economía americana?

7 | ¿Cómo crees que debía sentirse la población amerindia con la llegada de los españoles? Intenta ponerte en su lugar e imagina que eres uno de ellos. Escribe una carta dirigida al rey de España, en la que le expliques por qué crees que es injusto el trato que recibís los indígenas de parte de los colonizadores.

8 | En el texto se hace referencia al efecto que tuvo la conquista de América para los indígenas. ¿Cuáles crees que fueron las consecuencias que tuvo para Europa?

9 | ¿Cuál es el «Viejo Mundo» al que se hace referencia? ¿Por qué crees que lo llama así?

UNIDAD 7

EN MOVIMIENTO

Observa la fotografía y responde a las preguntas:

- ¿Qué está haciendo el chico de la fotografía?
- ¿Consideras esta actividad un deporte o simplemente una afición?
- ¿Qué deportes te parecen más beneficiosos: los individuales o los que se practican en equipo? ¿Por qué?
- ¿Qué deportes te gustan más: los que se practican al aire libre o en recintos cerrados? ¿Por qué?

EN ESTA UNIDAD APRENDERÁS...

- Las principales características de la descripción.
- La diferencia entre las descripciones objetivas y subjetivas.
- Las características del verbo.
- Las normas de ortografía de la *b* y la *v*.
- El uso de los puntos suspensivos.
- La antonimia.
- Las principales características de la poesía.

Y SERÁS CAPAZ DE...

- Producir textos incorporando descripciones objetivas y subjetivas.
- Reflexionar sobre aspectos usados a diario en el lenguaje: los verbos.
- Aplicar correctamente las reglas de *b* y *v*.
- Conocer el uso expresivo de los puntos suspensivos.
- Disfrutar de la lectura de poemas después de reflexionar sobre aquellas características que le son propias.

EMPEZAMOS

Lee el texto siguiente y contesta a las preguntas:

El deporte es necesario para poder gozar de buena salud, tanto ahora como con el paso del tiempo, así como para el desarrollo en la etapa de la adolescencia, ya que es una época de crecimiento. Pero practicar un deporte no quiere decir realizar solamente una actividad física.

Cuando jugamos a fútbol, a voleibol o a cualquier otro deporte en equipo, nos estamos relacionando con otras personas, en vez de aislarnos en casa, en nuestra habitación o ante la tele; desarrollamos un nuevo círculo de amistades, un verdadero equipo al que nos unen las reglas de un juego.

Si, por el contrario, practicamos un deporte individual, como el atletismo o la natación, su práctica nos aportará una gran enseñanza para la vida, ya que los resultados que obtendremos se deberán a nuestro entreno, a nuestra constancia y a nuestro esfuerzo. Nadie nos regalará nada.

Pero, sobre todo, es imprescindible no olvidar que el deporte es un juego y, como tal, hay que entenderlo y aprender tanto de las victorias como de las derrotas.

1. ¿Para qué es necesario el deporte?
2. ¿Qué aportan los deportes que se practican en equipo?
3. ¿Y los deportes individuales?
4. ¿Qué no debemos olvidar cuando practicamos algún deporte?
5. Relaciona el vídeo que encontrarás en la web con el texto que acabas de leer.

A veinte segundos de la victoria

- ¿Qué crees que puede sentir un portero cuando van a tirarle un penalti?
- ¿Sabes por qué motivos puede suspenderse un partido?
- ¿Qué sucede en un partido en el que el árbitro sufre algún percance?

En un pequeño pueblo de un valle de Argentina, un modesto club de tercera división regional, el Estrella Polar, que siempre ha sido de los últimos en la tabla de clasificación, está a punto de ganar la liga contra el club dominador, el Deportivo Belgrano. La clasificación está tan ajustada, que se lo juegan todo en el último partido.

El penal más fantástico del que yo tenga noticia se tiró en 1958 en un lugar perdido del valle de Río Negro, en Argentina, un domingo por la tarde en un estadio vacío. Estrella Polar era un club que participaba en el campeonato del valle porque los domingos no había otra cosa que hacer y el viento arrastraba la arena de las bardas y el polen de las **chacras**.

Los jugadores eran siempre los mismos, o los hermanos de los mismos. En el campeonato participaban dieciséis clubes, y Estrella Polar siempre terminaba más abajo del décimo puesto. En 1957 se habían colocado en el decimotercer lugar y volvían a sus casas cantando, con la camiseta roja bien doblada en el bolso porque era la única que tenían. En 1958 empezaron ganándole a Escudo Chileno, otro club de miseria.

A nadie le llamó la atención eso. En cambio, un mes después, cuando habían ganado cuatro partidos seguidos y eran los punteros del torneo, en los doce pueblos del valle empezó a hablarse de ellos.

El último enfrentamiento, contra Deportivo Belgrano, fue histórico por el penal. El estadio estaba repleto y los techos de las casas también. Todo el mundo esperaba que Deportivo Belgrano les ganara.

A los 42 minutos, todos nos quedamos con la boca abierta cuando el puntero izquierdo de Estrella Polar clavó un tiro libre desde muy lejos y se pusieron arriba 2 a 1. Entonces, el delantero de Deportivo Belgrano entró en el área y ni bien se le acercó un defensor el **referí** dio un pitazo estridente, aparatoso y sancionó el penal. El referí, que era epiléptico, se llamaba Herminio Silva. Nada más recoger la pelota, el lateral derecho de Estrella Polar lo durmió de un cachetazo en la nariz. Hubo tanta pelea que se hizo de noche y no hubo manera de despejar la **cancha** ni de despertar a Herminio Silva. El comisario, con la linterna encendida, suspendió el partido.

Según el tribunal de la Liga faltaban jugarse veinte segundos a partir del tiro del penal y tendría lugar el domingo siguiente, en el mismo estadio a puertas cerradas. De manera que el penal duró una semana y fue, si nadie me informa lo contrario, el más largo de toda la historia. El miércoles faltamos al colegio y nos fuimos a curiosear. El club estaba cerrado y todos se habían reunido en la cancha. Formaban una larga fila para patearle penales al Gato Díaz y el entrenador de traje negro y lunar trataba de explicarles que esa era la mejor manera de probar al **arquero**.

El domingo salieron del club veinte camiones cargados de gente, pero la policía los detuvo a la entrada del pueblo y tuvieron que quedarse esperando bajo el sol. Como no había forma de enterarse de lo que ocurría en la cancha cerrada, los de Estrella Polar establecieron una **posta** entre el estadio y la ruta.

El empleado del bicicletero subió a un techo desde donde se veía el **arco** del Gato Díaz y desde allí narraba lo que ocurría a otro muchacho que había quedado en la vereda, y así hasta que cada detalle llegaba a donde esperaban los hinchas de Estrella Polar.

A las tres de la tarde, los dos equipos salieron a la cancha. Herminio Silva fue hasta el arco con la pelota apretada contra una cadera, contó doce pasos y la puso en su lugar. El Gato Díaz se había peinado a la gomina y la cabeza le brillaba como una cacerola de aluminio.

Herminio Silva se puso a medio camino entre el arco y la pelota, se llevó el silbato a la boca y sopló con todas sus fuerzas. Estaba tan nervioso y el sol le había machacado tanto sobre la nuca, que cuando la pelota salió hacia el arco, sintió que los ojos **se reviraban**

OSVALDO SORIANO

Mar de la Plata, 1943 - Buenos Aires, 1997

- *Triste, solitario y final.*
- *No habrá más penas ni olvido.*
- *Cuarteles de invierno.*
- *El ojo de la patria.*
- *El penal más largo del mundo.*

y cayó de espalda echando espuma por la boca. Díaz dio un paso al frente y se tiró a su derecha. La pelota salió dando vueltas hacia el medio del arco y la desvió hacia un costado. El Gato pensó en la gloria tardía.

Pero el árbitro Herminio Silva no podía verlo porque estaba en el suelo, revolcándose con su epilepsia. Cuando todo Estrella Polar se tiró sobre el Gato Díaz, el juez de línea corrió hacia Herminio Silva con la bandera **parada** y desde el paredón donde estábamos sentados oímos que gritaba: «¡No vale, no vale!».

Hasta que Herminio Silva no se puso de pie, desencajado por el ataque, no hubo respuesta definitiva. Lo primero que preguntó fue «qué pasó» y, cuando se lo contaron, sacudió la cabeza y dijo que había que patear de nuevo, porque él no había estado allí y el reglamento decía que el partido no puede jugarse con un árbitro desmayado. Entonces el Gato Díaz apartó a los que querían pegarle al referí y dijo que había que apurarse, y fue otra vez bajo el arco.

Constante Gauna, el delantero de Deportivo Belgrano, fue hacia la pelota mientras el juez de línea ayudaba a Herminio Silva a mantenerse parado. Afuera se escuchaban bocinazos de festejo y los jugadores de Estrella Polar empezaron a retirarse de la cancha rodeados por la policía.

El pelotazo salió hacia la izquierda y el Gato Díaz se fue para el mismo lado con una elegancia y una seguridad que nunca más volvió a tener. Constante Gauna miró al cielo y después se echó a llorar. Nosotros saltamos del paredón y fuimos a mirar de cerca a Díaz, que miraba la pelota que tenía entre las manos como si hubiera **sacado la sortija de la calesita**.

Osvaldo Soriano, *El penal más largo del mundo* (adaptación)

El penal más largo del mundo.

chacra Granja.

referí Árbitro.

cancha Campo de fútbol.

arquero Portero.

posta Persona que se encarga de pasar las noticias de un lugar a otro, a caballo, corriendo, en bicicleta...

arco Portería.

revirar Torcer.

parada Levantada.

sacar la sortija de la calesita Expresión argentina con la que se indica que se ha tenido mucha suerte.

Comprensión lectora

1 | Contesta a las siguientes preguntas sobre el relato:

a) ¿En qué año sucede esta historia?
b) ¿Qué se destaca del equipo Estrella Polar?
c) ¿En qué lugar de la clasificación de la liga solía quedar el Estrella Polar?
d) ¿Contra quién jugó el Estrella Polar su partido decisivo?
e) ¿Qué resultado indicaba el marcador hasta el minuto 42?
f) ¿Qué ocurre en el minuto 42?
g) ¿Cómo se llama el árbitro? ¿Qué le sucede?
h) ¿Cuánto tiempo de juego queda tras suspenderse el partido?
i) ¿Quién es el portero del Estrella Polar?
j) ¿Cuántos camiones de seguidores salen del pueblo para ver el desenlace del partido? ¿Quién los detiene?
k) ¿Cómo se enteran los seguidores que iban en el camión de lo que sucede en el partido?
l) ¿Qué ocurre de nuevo cuando disparan el penalti?
m) ¿Quién chuta finalmente el penalti?
n) ¿Cuál acaba siendo el resultado final?

Estructura

2 | **Localiza los siguientes fragmentos del texto e indica si pertenecen al planteamiento, al desarrollo o al desenlace:**

a) El domingo salieron del club veinte camiones cargados de gente, pero la policía los detuvo a la entrada del pueblo y tuvieron que quedarse esperando bajo el sol. Como no había forma de enterarse de lo que ocurría en la cancha cerrada, los de Estrella Polar establecieron una posta entre el estadio y la ruta.
b) Constante Gauna miró al cielo y después se echó a llorar. Nosotros saltamos del paredón y fuimos a mirar de cerca a Díaz.
c) Hasta que Herminio Silva no se puso de pie, desencajado por el ataque, no hubo respuesta definitiva. Lo primero que preguntó fue «qué pasó» y, cuando se lo contaron, sacudió la cabeza y dijo que había que patear de nuevo, porque él no había estado allí y el reglamento decía que el partido no puede jugarse con un árbitro desmayado.
d) El penal más fantástico del que yo tenga noticia se tiró en 1958 en un lugar perdido del valle de Río Negro, en Argentina, un domingo por la tarde en un estadio vacío.

Léxico

3 | **Relaciona las palabras o expresiones de la primera columna con la correspondiente sinónima de la segunda:**

sorprender	delantero
jugador de fútbol que juega más avanzado	curiosear
fisgonear	hinchas
seguidores de un equipo de fútbol	juez de línea
ayudante del árbitro que corre por las bandas	estadio
espacio para la realización de actividades deportivas	llamar la atención

4 | Forma verbos a partir de las siguientes palabras extraídas del texto. Fíjate en el ejemplo:

vacío > vaciar

a) enfrentamiento
b) tiro
c) defensor
d) árbitro
e) pelota
f) larga
g) mejor
h) entrada
i) empleado
j) detalle

5 | Busca en el texto diez palabras pertenecientes al campo semántico de los deportes. Después, realiza las siguientes actividades:

a) Indica si estos términos son exclusivos del habla de Argentina o no. En el caso de que lo sean, escribe también la forma utilizada habitualmente en España.
b) Escribe una oración con cada una de estas palabras.

Expresión escrita

6 | ¿Has ido alguna vez a ver alguna competición deportiva en directo, en la cual ocurrieran hechos curiosos e inusuales? Piensa en ello y redacta un texto narrativo en el que expliques los hechos que presenciaste, siguiendo estas indicaciones. Si no has vivido algo parecido en persona, inventa una historia sobre ello:

- ¿Cómo asististe al acontecimiento, como espectador o bien fue como jugador?
- ¿Cuándo y dónde sucedió?
- ¿Quiénes participaron? ¿Qué tipo de encuentro fue?
- ¿Cuál fue el motivo que originó el suceso?
- ¿Qué ocurrió para que fuese recordado?
- ¿Qué consecuencias tuvo?
- ¿Cómo finalizó todo?

EXPRESIÓN ORAL

Una retransmisión deportiva

7 | Conviértete en periodista deportivo por un día y expón oralmente ante tus compañeros la retransmisión de una competición de la modalidad deportiva que prefieras. Para ello, ten en cuenta los siguientes aspectos:

- Familiarízate con el vocabulario propio de ese deporte.
- Adopta la entonación adecuada para transmitir a los compañeros la emoción propia de cada instante de la competición y sé muy claro en tu explicación.
- Piensa si tu retransmisión va a escucharse a través de la radio o si se va a ver por televisión, ya que, en el primer caso, tu explicación deberá ser más precisa, puesto que será el único elemento del que dispondrán los oyentes para informarse de lo que ocurre.

La descripción (I)

8 | Lee el texto siguiente y responde a las preguntas:

El tenis se juega principalmente en tres tipos de superficies: tierra batida, asfalto o concreto y grama natural.

Las canchas de arcilla comprenden una superficie de polvo de ladrillo molido de color rojo con una cinta plástica para delimitar la cancha. Estas canchas comprenden una base granular y arcilla compactada para luego terminar con polvo de ladrillo suelto en toda el área. Estas superficies son muy lentas y la pelota tiende a rebotar más alto que en el resto de las superficies. Por tratarse de polvo de ladrillo, los jugadores tienden a deslizarse lateral y frontalmente durante el juego.

Las canchas de asfalto o concreto son las llamadas canchas duras, que necesitan un acabado especial para crear la superficie de juego. El asfalto es utilizado con más frecuencia por su facilidad de instalación y por no necesitar juntas de dilatación que molesten el rebote de la pelota. Las canchas de concreto deben ser construidas con sistema postensado para evitar las juntas.

Las canchas de grama natural son las menos comunes, ya que en realidad existen gracias al torneo de Wimbledon, que es uno de los cuatro grandes torneos de ámbito profesional. Estas canchas necesitan de una construcción muy precisa para evitar los desniveles y malos drenajes, tal y como se hace en los *greens* de golf. Su uso es limitado, ya que la grama se desgata muy fácilmente con el uso continuo.

«Tipos de superficie para canchas de tenis», *Tenis en la Educación Física* (adaptación)

a) ¿Cuántos tipos de pistas de tenis existen?
b) ¿De qué color son las pistas de arcilla?
c) ¿Cuál es la pista más lenta?
d) ¿Qué problema presentan las pistas de grama?
e) Lee el artículo del enlace que encontrarás en la web y compáralo con el texto que acabas de leer. ¿Crees que ambos textos persiguen el mismo objetivo?

En el texto anterior, se explica cómo son los diferentes tipos de pistas de tenis que se utilizan en las competiciones oficiales. Se trata, pues, de una descripción.

La **descripción** explica cómo es una persona, un objeto o un paisaje. Se dice que describir es pintar con palabras.

Las características de la descripción

Para hacer una descripción, es muy importante seguir los siguientes pasos:

- **Observar** detenidamente aquello que se quiere describir, como si se quisiera dibujar.
- Seguir un **orden** a la hora de describir un elemento: de arriba abajo, de derecha a izquierda, de delante hacia detrás… Según sea lo que se vaya a describir (un objeto, un paisaje, una persona...), seguiremos un orden u otro. Es importante que sigamos ese orden, pues de lo contrario el lector podría no hacerse una idea clara de lo que se describe.

Según se opte por empezar la descripción por una u otra parte, se utilizan diferentes conectores:

Orden	Conectores
Si describimos los elementos de **arriba abajo**.	*en la parte superior, a la mitad, por debajo...*
Si describimos los elementos de **derecha a izquierda**.	*a la izquierda, a la derecha, hacia la mitad, por el centro...*
Si describimos los elementos de **delante hacia detrás**.	*por delante, hacia el centro, en la mitad, por la parte posterior...*

9 | Observa la siguiente ilustración y describe el equipo de submarinismo que se muestra en ella. Sigue las instrucciones que leerás a continuación:

Para elaborar tu descripción, desarrolla las siguientes partes:

- **Introducción:** presenta aquello que quieres describir de manera general.
- **Desarrollo:** realiza la descripción de forma detallada, utilizando de manera adecuada los conectores necesarios.
- **Conclusión:** haz un repaso final a aquello que hayas descrito.

Las características lingüísticas de la descripción

10 | Lee el texto siguiente y realiza las actividades:

El comedor, un cuarto *estrecho* y *largo*, con una ventana al patio, comunicaba con dos *angostos* corredores, torcido en ángulo *recto*; frente a la ventana se levantaba un aparador **de nogal** *negruzco* con estantes, sobre los cuales lucían baratijas **de porcelana** y **de vidrio**, y copas y vasos en hilera. La mesa **del centro** era tan *larga* para un cuarto tan *pequeño*, que apenas dejaba sitio para pasar por los extremos cuando se sentaban los invitados.

Pío Baroja, *La busca* (adaptación)

a) ¿Qué describe el texto? ¿Qué características se destacan del elemento descrito?
b) Enumera los objetos que se mencionan.
c) ¿Dónde se encuentra el aparador? ¿Qué conector indica su posición?
d) ¿Cómo era la mesa? ¿Dónde se sitúa? ¿Qué palabras lo indican?
e) ¿Qué clase de palabras son las que están en cursiva?
f) ¿Qué clase de palabras son las que están en negrita?
g) ¿Qué clase de palabras son las que están subrayadas?

Las descripciones se caracterizan por poseer unos rasgos lingüísticos propios:

Características de las descripciones
Abundancia de **adjetivos**, ya que son las palabras que indican cualidades.
Uso de **sintagmas preposicionales**, que empiezan por la preposición *de* (*de nogal*, *de porcelana*...).
Empleo del presente o del pretérito imperfecto de indicativo (*comunicaba*, *lucían*, *sentaban*...).

11 | Señala todos los sintagmas preposicionales que encuentres en la siguiente descripción:

Una articulación es un punto de contacto entre los huesos. Aunque muchas articulaciones del cuerpo permiten un movimiento considerable, otras son completamente inmóviles.

THIBODEAU Y PATTO, *Anatomía y fisiología*

12 | Lee este texto. Señala todos los verbos que encuentres e indica en qué tiempo se utiliza cada uno de ellos:

La mayor parte de los tiburones se parecen en su forma general. Sin embargo, las rayas tienen el cuerpo deprimido, con grandes aletas pectorales ampliamente unidas a la cabeza y el tronco, de manera que estos peces tienen el perfil de forma romboidal y de disco. Nadan mediante batidos de las aletas.

VV. AA., *Zoología general* (adaptación)

13 | Observa este cuadro y lee el texto que lo acompaña. A continuación, realiza las actividades correspondientes:

GEORGES PIERRE SEURAT, *Tarde de domingo en la Grande Jatte*

Es una tarde junto al río Sena. Delante hay una pareja. En el suelo hay unas personas estiradas. Uno tiene una gorra y otro tiene un sombrero de copa. Con ellos hay una señora y un perro.

Detrás hay dos niñas también sentadas, que tienen una sombrilla. Una de las niñas tiene unas flores en la mano. Detrás de las niñas, una señora lleva de la mano a una pequeña. Las dos tienen un gorro.

A la izquierda hay un río, el Sena. En el río hay diferentes barcas de vela. Al fondo hay unos árboles que dan una fuerte sombra.

a) Sustituye las formas verbales del verbo *haber* por otras equivalentes.
b) Sustituye las formas verbales del verbo *tener* por otras sinónimas.
c) Localiza tres sustantivos y escribe un adjetivo para cada uno de ellos.
d) Señala tres sustantivos del texto y escribe un sintagma preposicional para cada uno de ellos.

Las descripciones objetiva y subjetiva

Lee atentamente estos textos:

espada Arma blanca, larga, recta, aguda y cortante, con guarnición y empuñadura.

RAE, *Diccionario de la Real Academia Española*

Se ciñó después el cinto de cuero que yo había engrasado cuidadosamente durante su ausencia, e introdujo en él la espada de grandes gavilanes cuya hoja y cazoleta mostraban las huellas, mellas y arañazos de otros días y otros aceros. Era una espada buena, larga, amenazadora y toledana, que entraba y salía de la vaina con un siseo metálico interminable, que ponía la piel de gallina.

Arturo Pérez Reverte, *El capitán Alatriste*

Los dos textos describen un mismo objeto: una espada.

Sin embargo, el primero es una definición, o sea, un tipo de **descripción objetiva**, en la que el autor se limita a describir el objeto en cuestión. El segundo texto, en cambio, es una **descripción subjetiva**, pues no solo nos dice cómo es la espada, sino también las sensaciones que esta genera en el autor del escrito.

Para conseguir este efecto, las descripciones subjetivas suelen recurrir a expresiones pertenecientes al lenguaje figurado, como las siguientes del texto de Pérez Reverte: «amenazadora» (referida a la espada) o «ponía la piel de gallina», para decir que impresionaba o asustaba al contemplarla.

14 | Lee la siguiente descripción subjetiva y realiza las actividades:

Platero es pequeño, peludo, suave; tan blando por fuera, que se diría todo de algodón, que no lleva huesos. Solo los espejos de azabache de sus ojos son duros cual dos escarabajos de cristal negro. Es tierno y mimoso igual que un niño, que una niña...; pero fuerte y seco por dentro, como de piedra.

Juan Ramón Jiménez, *Platero y yo* (adaptación)

a) Señala todos los adjetivos del texto.

b) Indica las metáforas que encuentres en este fragmento.

c) Rescribe la descripción eliminando todos los aspectos subjetivos que contiene. ¿Transmite ahora el texto algún tipo de sensación o emoción?

Amplía conocimientos sobre uso y comunicación.

El verbo (I)

Practica con el verbo.

15 | **Lee el texto siguiente y contesta a las preguntas que encontrarás a continuación:**

El juego *es un cortometraje del director portugués Julio Alves, basado en el cuento «El partido de Reyes», de Manuel Rivas, cuyo argumento puedes leer a continuación.*

Félix es un chaval de pueblo con síndrome de Down al que siempre le ha gustado jugar al fútbol. Cuando era más pequeño, lo hacía con sus compañeros de clase en el patio de la escuela; pero cuando empiezan a competir contra otros equipos, solo le dejan hacer de recogepelotas. El día de Reyes, su equipo tiene un importante partido contra su eterno rival, los de las Casas Baratas, pero uno de los jugadores no se presenta y deciden que en su lugar juegue Félix.

Zezé, el capitán del equipo, lo sitúa como defensa y le da la orden de que no deje escapar al delantero. También le muestra la línea de medio campo y le dice que no puede pasar de allí. Cuando el partido está empatado a uno, Félix roba una pelota y empieza a regatear, uno tras otro, a los jugadores del otro equipo; traspasa la línea de medio campo y sigue adelante hasta encontrarse con el portero, consigue driblarlo…, pero en ese momento recuerda que no debía haber pasado la raya y se para, no sabe qué hacer. Si chuta y marca gol, su equipo conseguirá una gran victoria, pero habrá desobedecido lo que le había dicho su capitán.

a) Busca diez verbos en el texto y escríbelos en tu cuaderno.
b) ¿Hay algún verbo que se utilice en plural? Si es así, ¿cuál es?
c) Escribe en tu cuaderno alguna forma verbal del texto que esté en 3.ª persona.
d) ¿Hay en el texto algún verbo que se utilice en presente? Si es así, escríbelo en tu cuaderno.
e) Busca un verbo en futuro y escríbelo en tu cuaderno.

> El **verbo** es una palabra que se caracteriza por:
> - Expresar acciones, estados o procesos: *jugar*, *ganar*, *llegar*, *saltar*…
> - Indicar la persona (1.ª, 2.ª o 3.ª) y el número (singular o plural), así como el tiempo (pasado, presente o futuro) en el que se desarrolla una acción: *Ayer jugó. / Hoy juega. / Mañana jugará.*

La forma de los verbos

16 | **Copia las siguientes oraciones en tu cuaderno y corrige las formas verbales incorrectas por la forma adecuada:**

a) Los ciclistas llega ayer a las cuatro y fue a descansar.
b) Laura consiguieron un premio y serán felicitada por el jurado.
c) Mañana, Silvia y Claudia prepararon la cena.
d) Su hermano y yo construirás una barbacoa en la terraza.
e) El cursillo duraremos dos semanas y nos dio un diploma.
f) Al salir, los trabajadores apaguen las luces de la oficina.
g) Nosotros no sabéis dónde estamos el apartamento de Pedro.

En los verbos podemos distinguir dos partes principales:

Lexema	Es la parte que aporta su significado básico. En la mayoría de los verbos, esta parte se reconoce separando la terminación del infinitivo: *-ar*, *-er*, *-ir*.	***cant*** *- ar* ***escond*** *- er* ***escrib*** *- ir*
Desinencia	Es la parte del verbo que varía y que aporta la información gramatical: persona, número y tiempo.	*explic -* ***o*** *explic -* ***arás*** *explic -* ***aré***

17 | Separa el lexema de las desinencias en las siguientes formas verbales:

a) espero, esperé, esperamos, esperas
b) pensábamos, penséis, pensó, pensarás
c) bebieron, beben, beberán, bebes
d) partisteis, parten, partiré, partas
e) abriré, abrieron, abro, abría
f) comería, comieron, comerás, comisteis

Las formas simples y compuestas del verbo

- Las **formas simples** de los verbos son las que se forman mediante la combinación de un lexema con las desinencias correspondientes: *soñ - aré*, *busc - as*.
- Las **formas compuestas** de los verbos se construyen mediante la combinación del verbo auxiliar ***haber*** con el **participio** del verbo principal: *había soñado*, *he pasado*, *habéis buscado*.

18 | Señala los verbos de las siguientes oraciones y di si son formas simples o compuestas:

a) Cuando pusimos la televisión, ya habían dado las noticias.
b) Te he esperado toda la tarde y no has venido ni me has llamado.
c) Hace un rato que hemos salido del cine y ahora vamos a cenar.
d) Te devolveré el libro cuando lo haya leído.
e) Le pedí unos informes y ya me los ha enviado.
f) He pensado que es mejor que vaya yo a tu casa.
g) Esta mañana se encontraba mal y no ha ido a trabajar.
h) Este verano iré de vacaciones a Menorca, porque me han recomendado sus playas.

Las conjugaciones verbales

La **conjugación** de un verbo es el conjunto de todas sus formas. En castellano existen tres conjugaciones, según la terminación del infinitivo:

- **Primera conjugación:** verbos cuyo infinitivo termina en *-ar*, como *amar*, *cantar*, *pescar* o *soñar*.
- **Segunda conjugación:** verbos cuyo infinitivo termina en *-er*, como *temer*, *comer*, *vencer* o *volver*.
- **Tercera conjugación:** verbos cuyo infinitivo termina en *-ir*, como *partir*, *subir*, *sentir* o *confundir*.

19 | Señala los verbos de las siguientes oraciones y di a qué conjugación pertenece cada uno de ellos:

a) Le pedí que me dejara su libreta de Matemáticas.
b) Tengo un hambre atroz, así que me voy a casa a comer.
c) ¿Estarás aquí cuando vuelva del teatro?
d) Dame dos euros para comprarme un refresco.
e) La vista desde la montaña era maravillosa.
f) La calle está a oscuras porque se fue la luz.
g) Su abuelo fue un hombre muy culto, hablaba siete idiomas y escribió muchos libros de temas diversos.
h) Recitó el poema ante todos sus compañeros, quienes lo escucharon atentamente.
i) Su padre sufrió una indigestión y tuvo que ir al hospital.
j) El coche se estropeó y llegaron tarde a la función.
k) Me temo que no ganaremos este partido decisivo y descenderemos de categoría.
l) Al salir el sol, se levantaron para continuar la escalada y poder llegar a la cima.

Los verbos de una misma conjugación se caracterizan por añadir las mismas desinencias a los lexemas:

1.ª conjugación	am - **áis** am - **aba** am - **aré**	cant - **áis** cant - **aba** cant - **aré**	pesc - **áis** pesc - **aba** pesc - **aré**	soñ - **áis** soñ - **aba** soñ - **aré**
2.ª conjugación	tem - **éis** tem - **ía** tem - **eré**	com - **éis** com - **ía** com - **eré**	venc - **éis** venc - **ía** venc - **eré**	volv - **éis** volv - **ía** volv - **eré**
3.ª conjugación	part - **ís** part - **ía** part - **iré**	sub - **ís** sub - **ía** sub - **iré**	sent - **ís** sent - **ía** sent - **iré**	confund - **ís** confund - **ía** confund - **iré**

Los verbos regulares e irregulares

20 | Lee el texto siguiente y contesta a las preguntas:

Ya **sé** que no **puedes** hacer nada para evitar que **tengamos** que realizar obras en la casa, pero sí que podrías decirnos qué **piensas** que es mejor: tirar todas las paredes para que no **vuelvan** a surgir más problemas o dejarlas como están y reformar solo lo necesario. Si **tienes** tiempo, ven a casa mañana por la tarde y me **dices** lo que has **pensado**.

a) Escribe en tu cuaderno el infinitivo correspondiente de cada uno de los verbos destacados.
b) ¿A qué conjugación pertenece cada uno de los verbos?
c) ¿Mantienen todos los verbos el mismo lexema que su correspondiente infinitivo? Si no es así, indica los cambios que se producen en el lexema de cada uno de estos verbos.

Como has podido observar, algunos de estos verbos no siguen el modelo de su conjugación. Por ejemplo, la forma *puedes* pertenece al verbo *poder* y, por lo tanto, debería ser **podes*. En el caso de *tengamos*, como es del verbo *tener*, debería ser **tenamos*, si siguiese el modelo de su conjugación. De este modo, podemos afirmar que estas formas son irregulares.

Los **verbos regulares** son aquellos verbos cuyo lexema no varía cuando se conjuga y sus desinencias se ajustan al modelo de su conjugación (1.ª, 2.ª o 3.ª): *cantar*, *cantaba*, *canté*, *cantaré*.

Los **verbos irregulares** son aquellos que presentan alguna modificación en alguna de las formas de su conjugación.

Estas irregularidades pueden darse en:

- El **lexema**: ***pens*** *- ar* > ***piens*** *- as*; ***ten*** *- er* > ***tien*** *- es*.
- Las **desinencias**, cuando no siguen el modelo de su conjugación: *est* - ***uve*** (no **est - é*, siguiendo el modelo de *am* - ***é***, *esper* - ***é***, *cant* - ***é***); *condu* - ***je*** (no **conduc - í*, siguiendo el modelo de *part* - ***í***, *sufr* - ***í***, *viv* - ***í***).

21 | **Indica si las formas verbales de las siguientes oraciones son regulares o irregulares:**

a) No vuelvas tarde esta noche, porque mañana tienes que madrugar.
b) Fuimos al espectáculo que hicieron en la plaza.
c) Encontró la llave en el asiento del coche.
d) Anduvo perdido durante más de seis horas.
e) Repartió entre todos lo poco que quedaba del pastel.
f) Le compraron el ordenador porque se lo pidieron en el trabajo.

22 | **Escribe la forma adecuada de los verbos entre paréntesis. ¿Son verbos regulares o irregulares? Justifica cada una de tus respuestas:**

a) No (recordar) bien lo que ocurrió.
b) Al final del partido se (producir) un gran alboroto.
c) Le (poner) un sobresaliente en Educación Física.
d) Aún no hemos (hacer) los deberes de mañana.
e) Como tenía prisa, Rosa (conducir) toda la noche.
f) No (querer) que (colgar) estas fotos en internet.
g) Esto me lo (decir) un testigo de lo ocurrido.
h) Ya me devolverás el dinero cuando (haber) acabado el trabajo.
i) Cuando me enteré del accidente, no (saber) qué decir.

23 | **Lee las siguientes oraciones y señala cada una de las formas verbales que encuentres. Después, cópialas en tu cuaderno y di a qué conjugación pertenecen, si son formas simples o compuestas y si son verbos regulares o irregulares:**

a) Nos dirigimos a casa de Pablo a celebrar su aniversario.
b) Visité la iglesia del pueblo para poder completar mi trabajo de Historia del Arte.
c) Juan había deseado tanto que llegara ese momento, que consiguió emocionarnos a todos.
d) ¿Le habías contado toda la verdad?
e) Me preguntaron si iríamos y les respondí afirmativamente.
f) La retransmisión de los hechos resultó ser un auténtico desastre, puesto que los medios resultaron insuficientes.
g) Haremos todo aquello que sea necesario para reparar el daño que hemos causado.

Amplía conocimientos sobre el estudio de la lengua.

La *b* y la *v* (II)

24 | Lee el texto siguiente y realiza las actividades:

MIRÓN, *Discóbolo*

En los primeros Juegos Olímpicos, la prueba estrella era el pentatlón –literalmente, los «cinco ejercicios»–, cuyo vencedor alcanzaba un enorme prestigio entre los griegos. La primera de las pruebas era el *dromos*, una carrera a lo largo del estadio de casi 200 metros, equivalente a la actual prueba de velocidad, los 100 metros lisos. Su vencedor era el que encendía el fuego sagrado en el altar de Zeus. Le seguían el salto de longitud o *halma*, semejante al actual triple salto, y el lanzamiento de disco o *discobalia*. El *dískos* –significa «objeto que se lanza»–, tanto de piedra como de bronce, pesaba entre un kilo y medio y los cinco kilos, dependiendo de la edad, peso y tamaño del atleta, y el vencedor era aquel que lograba obtener la mejor media tras cinco intentos. El *akontismo* o lanzamiento de jabalina estaba claramente ligado al entrenamiento militar y a la caza. La quinta prueba, que era la lucha, solo se celebraba en caso de que dos contrincantes tuvieran que desempatar.

«Cinco curiosidades sobre la historia de las olimpiadas», *Muy interesante*

a) ¿Por qué se escriben con *b* las palabras *alcanzaba*, *pesaba* y *lograba*?
b) ¿Por qué se escribe con *v* la palabra *tuvieran*?
c) ¿Se pronuncia de la misma manera el sonido de la *b* y el de la *v*?

La ortografía de la *v*

Como ya hemos visto en la unidad anterior, la *b* y la *v* son letras distintas, pero se pronuncian de la misma manera. Para ver qué palabras se escriben con *v*, hay que seguir las siguientes normas:

Se escriben con *v*		
Normas	**Ejemplos**	**Excepciones**
Se escriben con *v* las formas del verbo *ir* que contengan este sonido.	*voy, va, vas, vayan*	Las formas del pretérito imperfecto de indicativo: *iba, ibas, íbamos…*
Después de las letras *d-*, *b-* y *n-*.	*adverbio, obvio, invierno*	
Las siguientes terminaciones de adjetivos: *-ava, -ave, -avo*; *-eva, -eve, -evo*; *-iva, -ivo*.	*suave, leve, nueva, decisivo, colectivo*	La palabra *árabe* y sus derivados.
Las formas del pretérito perfecto simple que acaban en: *-uve, -uviste, -uvo, -uvimos, -uvisteis, -uvieron*.	*tuve, tuviste, anduvimos, anduvieron*	Las formas del verbo *haber*: *hube, hubiste, hubo…*
Las palabras compuestas y derivadas de otras que se escriben con *v*.	*prevenir* (venir), *prever* (ver), *desvestir* (vestir)	

25 | Escribe *b* o *v* en los espacios en blanco de las siguientes palabras:

a) ad__ertir
b) __ayamos
c) explicati__o
d) sub__ersión
e) tu__ieron
f) espera__a
g) hu__ieron
h) in__ersión
i) le__e
j) ara__ismo
k) í__amos
l) consecuti__o

26 | Copia en tu cuaderno el siguiente cuadro y complétalo con las formas verbales que faltan:

	estar	tener	andar	haber
yo		tuve		
tú			anduviste	
él / ella	estuvo			
nosotros / nosotras				hubimos
vosotros / vosotras			anduvisteis	
ellos / ellas	estuvieron			

Signos de puntuación

Los puntos suspensivos

Los **puntos suspensivos** se utilizan para indicar una oración inacabada y, gráficamente, se representan con tres puntos.

Los dos puntos se utilizan para indicar:

- Una enumeración inacabada: «En esa habitación estaba todo desordenado: libros, ropa, zapatos…».
- Una oración inacabada porque el receptor ya sabe su final: «Como te coja…»; «Agua que no has de beber…».
- Dudas, titubeos: *No sé…, quizás…, bueno*.
- Suspense: «Los gruñidos se oían cada vez más cerca y… el lobo se abalanzó sobre ella».

! Los puntos suspensivos pueden combinarse con otros signos de puntuación (coma, dos puntos, punto y coma, signos de interrogación y admiración), pero nunca con otro punto. El último punto de los puntos suspensivos hace de punto y seguido o de punto y final: «Si…, estoy contento»; «No es una decisión fácil… Hablaremos mañana».

27 | Escribe los puntos suspensivos en las siguientes oraciones cuando sea necesario. Escribe también mayúsculas en aquellos casos en los que sea preciso:

a) Como bien dice el refrán, no dejes para mañana.
b) Fuimos a la playa, al cine, al parque; pero seguía sin querer parar.
c) Si todo va bien quizá bueno ya veremos mañana.
d) Algo se movía entre las ramas del bosque y, entonces, se oyó un grito, que nos dejó a todos helados.

Dictado

Voy a explicarte un poco lo que tuvimos que hacer cuando trabajamos en la reserva natural. Por la mañana, observábamos el movimiento de los pájaros y de otros animales por si advertíamos algún problema en su comportamiento y lo anotábamos todo. Por las tardes paseábamos por el bosque para verificar que los visitantes cumplían las normas de la reserva. Además, íbamos limpiando el bosque para evitar incendios. Ahora, en invierno, vamos menos por allí porque no hay tanto trabajo.

¡Fíjate!

voy
tu**v**imos
o**b**ser**v**ábamos
ad**v**ertíamos
e**v**itar
in**v**ierno
vamos

Amplía conocimientos sobre ortografía.

La antonimia

28 | Lee el texto siguiente y realiza las actividades que encontrarás a continuación:

Hoy inauguramos nuestro blog poniendo palabras al que, sin duda, es el tema del día: el pase de nuestra selección a la final de la Eurocopa no fue algo sencillo ni vulgar, sino todo lo contrario: impresionante, genial, soberbio, alucinante, ilusionante, fascinante, apoteósico, deslumbrante, flipante, sensacional, brillante, magnífico, extraordinario, sublime, formidable, sobresaliente, descollante, espléndido, imponente, inefable, mágico...

«El fútbol nos deja sin sinónimos», RTVE (adaptación)

a) ¿Cuál es el tema del texto?

b) ¿Cómo se desarrolló el pase de la selección a la final de la Eurocopa?

c) ¿Qué relación de significado mantienen las palabras *impresionante*, *genial*, *soberbio*, respecto a *sencillo* y *vulgar*?

Las palabras **antónimas** son aquellas palabras que mantienen entre sí significados opuestos o contrarios, como por ejemplo, *vulgar* e *impresionante*. Esta relación de significado se denomina **antonimia**.

29 | Relaciona las palabras de la primera columna con el antónimo correspondiente:

suspenso	sólido
célebre	desconocido
endulzar	generosidad
desgana	pérdida
líquido	entusiasmo
ganancia	aprobado
avaricia	salar
verosímil	increíble

30 | Lee el texto siguiente y escribe en tu cuaderno un antónimo para cada una de las palabras destacadas:

Mira **hijo** mío, vosotros sois **tontos**. Si he entendido **bien** lo que **dijiste** ayer a tu madre por teléfono, habéis desafiado a ese **anciano** del barrio, al tal Narciso, a dar cincuenta vueltas a la fuente, él por **dentro**, pegado al anillo de la fuente, y vosotros, **uno** de vosotros, por fuera. De los demás lo entiendo, pero de ti no. ¿De qué te sirve ser el hijo del **profesor** de Geometría? ¿Qué? ¿No caes todavía? Pues te lo explico: **ninguno** de vosotros es capaz de hacer 900 metros por el **exterior** en el tiempo que tarda Narciso en hacer los 500 por dentro. **Menos** aún tratándose de él, con lo bien que se conserva. Así que id preparando el dinero que os corresponderá **pagar** por la apuesta.

BERNARDO ATXAGA, *Relatos urbanos*

31 | Escribe los antónimos de las siguientes palabras:

a) recordar
b) entrar
c) luz
d) enfermar
e) libertad
f) hablar
g) tristeza
h) abajo
i) comprar

Amplía conocimientos sobre léxico.

Los deportes minoritarios

¿QUÉ VAMOS A HACER?

En este proyecto, vais a investigar y a hacer una exposición sobre alguno de los deportes minoritarios, es decir, sobre algún deporte que no se haya convertido en un espectáculo de masas, como es el fútbol. Algunos de esos deportes minoritarios son: el *lacrosse*, el criquet o la cesta punta. Cuando hayáis realizado vuestra investigación, deberéis preparar una presentación audiovisual que lo dé a conocer a vuestros compañeros.

PARA EMPEZAR

La humanidad ha practicado deportes desde hace muchos años: hay evidencias de que, en las culturas antiguas de China, Egipto y Persia, ya se llevaban a cabo actividades en las que se ponían a prueba las habilidades físicas del individuo, muchas de las cuales estaban relacionadas con las destrezas necesarias para la guerra o la caza.

En la antigua Grecia, las habilidades deportivas llegaron a ser tan importantes, que se crearon los Juegos Olímpicos: competiciones atléticas que se celebraban cada cuatro años en Olimpia, en honor del dios Zeus.

A partir del siglo XIX, con la industrialización y el aumento del tiempo libre, se ha ido incrementando el interés por las actividades deportivas. Algunos deportes se han convertido en espectáculos de masas, que interesan a una amplia mayoría: el fútbol, el básquet, el atletismo, la gimnasia, la natación… Pero otros han quedado relegados a grupos minoritarios, y mucha gente ni siquiera sabe de su existencia.

¿CÓMO LO VAMOS A HACER?

- Definid el juego:
  - Indicad si es individual o colectivo. Si es colectivo, señalad el número de jugadores.
  - Explicad el objetivo que se persigue en el juego en cuestión.
- Explicad cómo es la pista en la que se juega.
- En el caso de que sea un deporte colectivo, conviene explicar qué diferentes funciones desempeña cada jugador del equipo.
- Explicad el material que se requiere para su práctica.
- Desarrollad las reglas que rigen el juego.
- Buscad imágenes que ilustren muy bien la presentación. Cada punto de la presentación debe ir acompañado de aquellas imágenes que ayuden a vuestro público a hacerse una idea visual de lo que estáis explicando.

CONSEJOS ÚTILES

- Recordad que, en el trabajo en grupo, podéis repartiros las tareas, pero debéis tomar las decisiones entre todos.
- Elaborad un guion y después desarrollad cada uno de los apartados.
- Los apartados del guion deben seguir un orden lógico y coherente.
- Puede resultar interesante incluir un vídeo en el que se muestre la práctica de este deporte, ya sea en una competición oficial o no oficial.

Los beneficios de la actividad física

¿Cuánto tiempo dedica a hacer deporte?

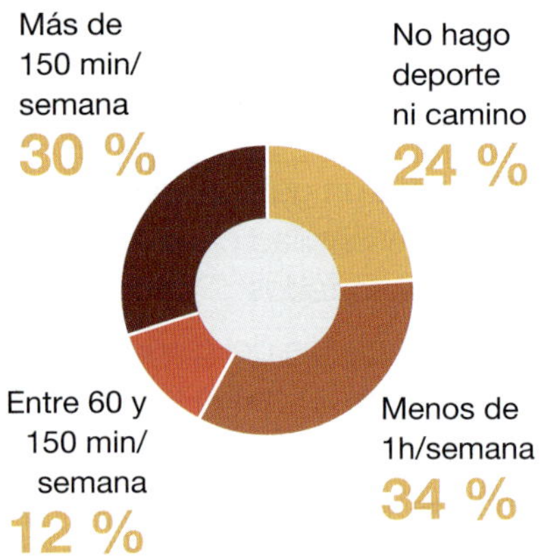

Los beneficios de la actividad física para nuestro organismo son, sin duda, una de las consignas más repetidas por los profesionales de la salud. Nada extraño si tenemos presente que abundan los estudios que establecen una relación directa entre el sedentarismo y el riesgo de padecer muchas dolencias. Pero nos interesaba saber en qué medida hacemos caso de esa recomendación, si existen ciertas condiciones que lo facilitan y, sobre todo, hasta qué punto la práctica de ejercicio mejora nuestra calidad de vida. He aquí los resultados del estudio.

Para empezar, hemos considerado como sedentarias a las personas que no hacen ningún tipo de actividad física y también a aquellas que ni tan siquiera andan a buen ritmo una hora por semana. La conclusión es que un preocupante 24 % de los encuestados se engloban en la categoría de sedentarios.

Por el contrario, hemos considerado activos a quienes dedican un mínimo de 60 minutos a la semana a caminar o practicar algún deporte. Y consideramos deporte todo lo que supone una actividad física, por eso hemos incluido, por ejemplo, la gimnasia de mantenimiento, los bailes de salón o incluso el yoga y el pilates. El 76 % de los encuestados pertenece a este grupo.

Hecha la aclaración, conviene resaltar que no existe un perfil muy definido de persona sedentaria o de persona activa. Algo más activos son los menores de 30 años, con alto nivel educativo. Y, después de los jóvenes, son los comprendidos entre los 65 y 70 años quienes más se ejercitan en total y también los que lo hacen durante más horas a la semana.

Podría pensarse que la disposición de tiempo es un aspecto que marca la diferencia. Pero nada lo confirma. El conjunto de nuestros encuestados declara tener una cantidad diaria de tiempo libre razonable: 4,6 horas al día de media, que casi se duplica los fines de semana. Pero no hay una correspondencia significativa entre disponer de más tiempo y practicar más deporte. Tanto es así que los segundos más ociosos son también los más sedentarios. Eso de no hacer deporte por andar demasiado ocupados, por tanto, es más una excusa que una realidad.

Sí hay, no obstante, algunos condicionantes que pesan en la balanza: de quienes dicen practicar más de 150 minutos de ejercicio a la semana, el 53 % declara una buena o muy buena situación económica. En el extremo opuesto, la tasa de sedentarios que tienen una situación financiera delicada (el 15 %) duplica a la de los sedentarios acomodados.

Nuestro estudio nos ha servido también para comprobar que hacer ejercicio incrementa la calidad de vida de las personas, tanto en lo mental como en lo físico. Y la progresión es clara: cuanto más tiempo se dedica al ejercicio, mejor se siente uno.

OCU salud, febrero-marzo de 2012 (adaptación)

¿Qué deportes son los que más practicamos?

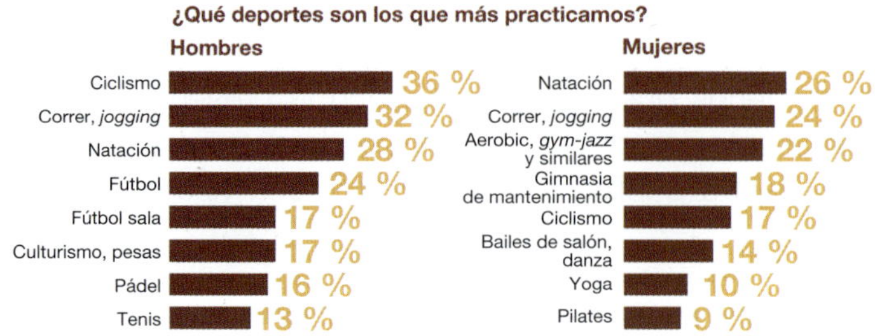

1 | **Contesta a las siguientes preguntas sobre el texto:**

a) ¿Qué opinan los profesionales de la salud sobre la actividad física? ¿En qué se basan?
b) ¿Qué han pretendido estudiar los autores del texto?
c) Según el texto, ¿qué es una persona sedentaria?
d) ¿Y una persona activa?
e) ¿Qué grupos de edad son más activos?
f) ¿Qué relación hay entre la práctica del ejercicio y la calidad de vida?

2 | **Di cuáles de las siguientes actividades se consideran «deporte» en el estudio del que habla el texto:**

a) Bailes de salón
b) Ajedrez
c) Yoga
d) Pilates
e) Billar
f) Natación
g) Lectura
h) Caminar

3 | **¿Cuáles de los siguientes factores influyen en la práctica del ejercicio?**

a) El tiempo libre del que se dispone.
b) Tener o no un empleo.
c) El nivel educativo.
d) La situación económica.
e) La edad.
f) El sexo, masculino o femenino.

4 | **Contesta a las siguientes preguntas sobre el gráfico circular:**

a) ¿Qué porcentaje de encuestados no hace deporte ni camina?
b) ¿Qué porcentaje de encuestados hace ejercicio más de 60 minutos a la semana?
c) ¿Qué porcentaje de encuestados hace ejercicio menos de 60 minutos a la semana?
d) ¿Qué porcentaje de encuestados hace deporte más de 150 minutos a la semana?

5 | **Contesta a las siguientes preguntas sobre el gráfico de barras:**

a) ¿Qué deportes practican solo hombres?
b) ¿Qué deportes practican solo mujeres?
c) ¿Qué deportes practican tanto hombres como mujeres?
d) ¿En qué grupo hay más porcentaje de ciclistas, en el de los hombres o en el de las mujeres?
e) ¿En qué grupo hay más porcentaje de nadadores, en el de los hombres o en el de las mujeres?

6 | **¿A qué crees que se deben las diferencias entre hombres y mujeres en los deportes elegidos (razones físicas, sociales...)?**

UNIDAD 8

AL COMPÁS

Observa la fotografía y responde a las preguntas:

- ¿Reconoces cada uno de los instrumentos musicales que están tocando las personas de la imagen?
- ¿A qué estilo musical crees que pertenece este grupo?
- ¿Crees que tocar un instrumento es un acto individual o puede necesitar la coordinación de varias personas?

EN ESTA UNIDAD APRENDERÁS...

- Las características de la descripción de personas y de espacios.
- Los rasgos lingüísticos de la descripción.
- Las formas personales y no personales del verbo.
- El uso de la *h*.
- El empleo de los paréntesis.
- Las características de los campos semánticos.
- La métrica.
- Los diferentes tipos de rima, así como de las estrofas más importantes.

Y SERÁS CAPAZ DE...

- Producir textos incorporando descripciones de espacios y retratos de personas.
- Reflexionar sobre aspectos usados a diario en el lenguaje: las formas no personales de los verbos.
- Aplicar correctamente las reglas de escritura de las palabras con *h*.
- Aplicar de forma adecuada los paréntesis en los textos.
- Ampliar el vocabulario a través del análisis de los campos semánticos.
- Escribir poemas utilizando la métrica y rima adecuadas.

EMPEZAMOS

Lee el texto siguiente y contesta a las preguntas:

«La música es un instrumento irremplazable para unir a las personas», afirma el pedagogo venezolano José Antonio Abreu, quien en 1975 inició un nuevo método de enseñanza musical.

A través de este método, los niños, ya desde muy pequeños, empiezan a tocar instrumentos sin apenas saber nada música. No lo hacen solos, sino siempre en grupos o en pequeñas orquestas. Y el resultado obtenido de la aplicación de este método ha sido doble. Por un lado, ha logrado que en Venezuela haya más orquestas y jóvenes músicos que en ningún otro país del mundo (en la actualidad, la Joven Orquesta Simón Bolívar ha tocado en los auditorios de mayor prestigio). Y por otro lado, ha conseguido arrancar a muchos niños de la calle, amenazados por la delincuencia y las drogas.

Las orquestas surgidas de este método tienen todas un mismo lema: «Tocar y luchar», y en él se resume su ideario: la música es la experiencia colectiva y social que nos lleva a intentar mejorar como personas y a hacer realidad nuestras propias ilusiones.

1. ¿Quién es José Antonio Abreu?
2. ¿Qué ha conseguido con la aplicación de su método?
3. ¿Cuál es el lema de las orquestas surgidas de este método?
4. Relaciona el vídeo que encontrarás en la web con el texto que acabas de leer.

El pianista de los nueve dedos

- ¿Sabes quién escribió la composicón musical «Para Elisa»? ¿Podrías tararearla?
- ¿Crees que requiere mucho esfuerzo estudiar música?
- ¿Qué puede sucederle a un pianista si sufre un grave accidente en alguna de sus manos?

Ringo es un adolescente que sueña con ser pianista. Debido a la situación económica que vive, por las mañanas debe trabajar en un taller de joyería y, dos días a la semana, recibe clases de piano. Sin embargo, un día sufre un grave accidente en el trabajo y pierde el dedo índice de la mano derecha. Esto tendrá graves consecuencias para poder alcanzar su sueño de ser pianista.

Piensa en la dolorosa consecuencia del accidente: imagina su mano derecha recorriendo el teclado del piano como una grotesca araña mutilada, coja y repulsiva, la mano que guarda memoria de las primeras notas y compases, de los ejercicios para cinco dedos y del inicio de algunas piezas sencillas aprendidas con tanto esfuerzo, como «Para Elisa» o el «Vals de las olas». Dooo-re-mi-sol-dooo, si-do-re-do-si-do-mi-sol-siii... Siempre esperó poder reanudar algún día sus interrumpidas clases de solfeo y piano, y ahora, a pesar del accidente, con solo nueve dedos y contra viento y marea, mantiene esa esperanza.

Su relación con la música ha sido siempre intuitiva, y está lejos de ser selectiva. Tararea con el mismo respeto y agrado una melodía de **Cole Porter** o la música de fondo de películas que le han gustado, que algunos compases de una sonata de Mozart. Piensa en las partituras que tiene guardadas y en los sueños que había depositado en ellas hasta ayer mismo, y espera tiempos mejores. No hubo tiempo de aprender gran cosa, fueron apenas diez meses, una hora cada lunes y jueves acariciando las teclas y leyendo música en voz alta al compás del tres por cuatro, pero lo poco que aprendió lo considera un tesoro, un raro privilegio. «Levanta la cabeza, no mires tanto al teclado», flota aún en el aire la voz de humo del maestro: «La música no está en las teclas, la música está en la memoria de los dedos y en el corazón».

La memoria de los dedos. No sabría explicarlo, pero juraría que en aquel viejo teclado había aprendido algunas lecciones para andar por el mundo. No es que el profesor Emery le aleccionara expresamente acerca de nada –salvo una vez que él se burló de un compañero de clase, al que aventajaba, y el profesor le dijo que ser bueno con el piano exigía ser

JUAN MARSÉ

Barcelona, 1933

- *Últimas tardes con Teresa.*
- *Si te dicen que caí.*
- *Ronda del Guinardó.*
- *Caligrafía de los sueños.*

mejor persona–, pero en su manera de serenarle las manos obligándole a dejarlas quietas sobre el teclado, reposadas y dóciles pero atentas, rozando apenas con las yemas de los dedos el marfil **alabeado** y el negro barniz de los **bemoles**, sin permitirle presionar antes de haber cantado la partitura por completo y de memoria, él había intuido un magisterio que iba más allá de las rudimentarias lecciones de solfeo y piano, una determinada forma de entender y asumir todo lo que le pasaba, y recuerda que fue en aquella vorágine de notas bailando en el pentagrama y en su cerebro donde un día percibió de pronto el aroma de una nueva y extraña disciplina que estaba muy dispuesto a abrazar en el futuro. Así, costumbres tan simples como levantar el brazo iniciando el compás, atrapando las notas en el aire como si fueran mariposas de luz bailando en la oscuridad, y el hábito de las manos apaciguadas y expectantes sobre el teclado convocando el milagro del acorde armónico, tendían misteriosamente, un día tras otro, a convertirse en pequeños preceptos de moralidad. Después de las repetidas y rápidas escalas, al dar por terminada la clase, el maestro le dejaba cerrar el piano al alumno, y cada vez que él, con las manos aún encendidas, bajaba cuidadosamente la tapa sobre el teclado y en el último instante la dejaba caer, la entraña del viejo piano le obsequiaba con una honda resonancia que era como una señal amistosa y una promesa de futuro. Era como si en aquellos días felices, la música fuera la única tela con la que se teje la vida, y entre las cinco pautas del pentagrama estuviera cifrada la belleza que le reservaba el mundo. En esa adolescencia tan precaria, memorizar una partitura deviene algo más que cumplir un trámite para educar el oído musical.

¿Y ahora, tras el terrible accidente, todo ha terminado?, se pregunta. ¿El pianista de nueve dedos está condenado a ser un fenómeno de feria? Tal vez ni siquiera eso cabía esperar, puesto que en casa seguía sin haber dinero para más clases –suponiendo que el profesor Emery quisiera retomar algún día al alumno de nueve dedos– y mucho menos para alquilar un piano, y no digamos para comprarlo. Ya veremos si puede ser más adelante, le había dicho su madre al quitarle las clases. No hay mal que cien años dure, hijo, y de momento, si tanto te gusta la música, ¿por qué no te entretienes con una armónica?

JUAN MARSÉ, *Caligrafía de los sueños* (adaptación)

Entrevista a Juan Marsé.

Cole Porter Músico norteamericano que compuso una gran cantidad de canciones y musicales que lograron gran popularidad a partir de los años veinte.

alabear Curvar.

bemol Nota de entonación un semitono más baja que la nota de sonido natural.

Comprensión lectora

1 | Contesta a las siguientes preguntas sobre el relato:

a) ¿Cómo imagina Ringo su mano derecha tras el accidente?
b) ¿Qué piezas había aprendido a tocar?
c) ¿Cómo se llama el profesor de música de Ringo?
d) ¿Cuánto tiempo llevaba Ringo estudiando piano?
e) ¿Qué días y cuántas horas dedicaba Ringo al estudio de la música?
f) Si la música no está en las teclas, ¿dónde dice el profesor que está realmente?
g) Además de música, ¿qué lecciones para la vida ha aprendido Ringo con el profesor Emery?
h) ¿Qué se ha de hacer con el brazo al iniciar el compás?
i) ¿Qué hace Ringo al terminar la clase?
j) Tras el accidente que ha sufrido, ¿Ringo piensa seguir yendo a las clases de piano?
k) ¿Qué le dice su madre?

Estructura

2 | Indica las líneas del texto que se correspondan con cada una de las siguientes partes del relato:

Introducción	Ringo piensa en las consecuencias más importantes del accidente para el desarrollo de sus estudios musicales.	**Líneas:**
Desarrollo	Se expone cómo ha sido su relación con la música y cuánto tiempo lleva estudiando piano.	**Líneas:**
	Explica cómo eran las clases de piano y solfeo, de qué forma se desarrollaban y cómo cerraba el piano al acabar la clase.	**Líneas:**
Conclusión	No sabe si podrá seguir con las clases de piano. Su madre le aconseja que practique con una armónica.	**Líneas:**

Léxico

3 | En la lectura aparece el adjetivo *intuitiva*, que deriva del sustantivo *intuición*. Escribe el sustantivo que se corresponda con cado uno de los siguientes adjetivos:

intuitiva > intuición

a) doloroso
b) interrumpido
c) selectivo
d) sacrificado
e) viejo
f) sencillo
g) veloz
h) pesado
i) amistoso
j) condenado
k) expectante
l) feliz

4 | Fíjate en el ejemplo y forma adjetivos a partir de los siguientes sustantivos extraídos del texto:

accidente > accidental

a) día
b) esperanza
c) respeto
d) agrado
e) barniz
f) milagro
g) aroma
h) costumbre
i) adolescencia
j) oscuridad

Expresión escrita

5 | Escribe un texto narrativo a partir de las siguientes indicaciones:

Imagina por un momento que eres un estudiante de música que tocas algún instrumento (piano, guitarra, batería...) o que te gusta cantar. En las clases has conocido a otros compañeros que tocan otros instrumentos y decidís formar un grupo.

En primer lugar, tenéis que decidir cómo se llamará vuestro grupo. Seguidamente, debéis encontrar un lugar en el que ensayar y acordar los días de ensayo.

Pero veréis que no todo resulta tan fácil: los vecinos se van a quejar porque hacéis mucho ruido; por otro lado, los ensayos son agotadores, y esto hace que surjan pequeños conflictos, que el bajo del grupo, debido a su carácter pacificador, consigue resolver.

Pero todo esfuerzo tiene su recompensa y, por fin, os proponen tocar en la fiesta de fin de curso... Ahora debéis decidir qué piezas tocaréis y cómo será vuestra primera puesta en escena ante un público numeroso.

EXPRESIÓN ORAL

Cómo es un piano

6 | Describe oralmente, ante tus compañeros, el piano que se muestra en la imagen de la derecha. Para ello, sigue este esquema:

- Explica cada una de las partes que componen el piano.
- Describe cómo se produce el sonido.
- Di si es un instrumento para solista o puede integrarse en un conjunto instrumental.
- Describe cómo es su sonido, así como qué sensaciones puede producir al tocarlo o al oírlo.

En el caso de que toques algún instrumento, si lo prefieres, puedes describirlo siguiendo las mismas indicaciones que se han dado para el piano.

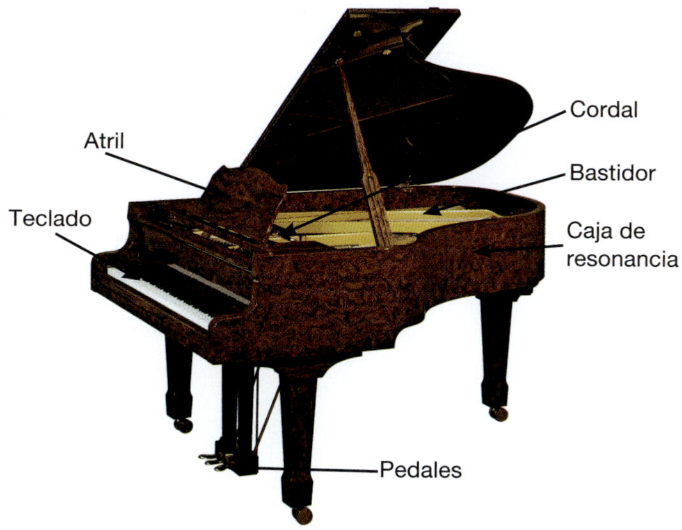

La descripción (II)

7 | Lee el texto siguiente y responde a las preguntas:

Todos los instrumentos eléctricos –guitarra, bajo y teclados electrónicos– han sido diseñados para hacer mucho ruido. Se pueden tocar suavemente, pero lo que suena suave al que lo toca, puede resultar intolerablemente fuerte a los otros habitantes de la casa. La mayor parte de la música que tocan –y esta es la razón por la que atraen a los adolescentes– es tan agresiva y masculina como una moto. El problema, incluso para el jovencito que ha prometido practicar sin hacer ruido, es semejante al del motorista que se ha comprometido a no sobrepasar los 20 kilómetros por hora; es demasiado insatisfactorio.

Atara Ben-Tovim y Douglas Boyd, *Cómo escoger el instrumento más adecuado*

a) Según el texto, ¿para qué han sido creados los instrumentos musicales eléctricos?
b) ¿Por qué crees que los instrumentos eléctricos resultan atractivos a los adolescentes?
c) En el texto, ¿con qué otro objeto se comparan los instrumentos musicales eléctricos?
d) ¿Por qué dice el texto que tocar el instrumento musical eléctrico sin hacer ruido resulta insatisfactorio?
e) Relaciona el texto con el contenido del enlace que encontrarás en la web.

En el texto anterior, se describe el fin para el cual han sido diseñados los instrumentos musicales eléctricos, así como cuál es su relación con los adolescentes. En esta unidad, profundizaremos en la descripción y estudiaremos dos tipos de descripción: la de personas y la de espacios.

La descripción de personas

8 | Lee el texto siguiente y responde a las preguntas:

Pedro de Braganza y Borbón acababa de cumplir dieciocho años y estaba enamorado. Era un chico delgado y fibroso, con grandes ojos negros y brillantes y mirada lánguida. Bucles de pelo castaño enmarcaban su rostro de piel bronceada por la vida al aire libre, iluminado por una sonrisa siempre alegre. Sin ser muy corpulento, daba la impresión de ser más alto de lo que en realidad era. Era un adolescente impulsivo, muy activo y bien dotado para el ejercicio físico.

Javier Moro, *El imperio eres tú* (adaptación)

a) ¿A quién se describe en este texto?
b) ¿Qué edad tiene?
c) ¿Es de complexión delgada o gruesa?
d) ¿De qué color tiene los ojos?
e) ¿Cómo es su pelo? ¿De qué color es?

En el texto anterior se describe a una persona. Este tipo de descripciones se conocen con el nombre de **retratos**, y en ellas el escritor no se limita a explicar solamente cómo es una persona físicamente, sino que también aporta otros datos, como por ejemplo, sobre su personalidad.

Un **retrato** es la descripción de los principales rasgos físicos, así como de otras características (carácter, aficiones…) que definen a una persona.

En el retrato deben destacarse los rasgos más representativos de la persona que se describe:

- El **aspecto físico general**: se indica la edad, la altura, la constitución física (delgado, grueso…).
- Los detalles más significativos de la **cabeza** y del **rostro**, sobre todo del cabello, los ojos, la nariz, la boca…
- Los rasgos más característicos de su **personalidad**.
- La **vestimenta**, es decir, si la persona descrita viste traje, tejanos, falda, uniforme de trabajo...
- Las **costumbres y aficiones** más destacadas (apasionado de la música, jugador de baloncesto...).

9 | **Observa las siguientes fotografías de diferentes personas y realiza las actividades correspondientes:**

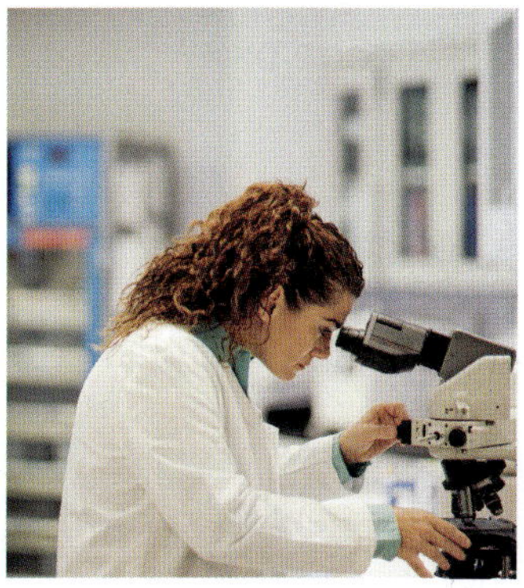

a) Haz una lista con los rasgos físicos, tanto generales como concretos, de cada uno de estos personajes, así como de la vestimenta de cada uno de ellos. Indica, al menos, cinco rasgos de cada persona.

b) Asigna a cada una de las fotografías cuatro de los siguientes adjetivos que sirvan para describir el carácter de estas personas. Cambia el género de los adjetivos cuando sea necesario:

> eficiente, divertido, habilidoso, moderno, formal, disciplinado, rockero, informal, entregado, glotón, simpático, metódico

c) Elabora un retrato de cada una de estas personas en el que incluyas los rasgos que has seleccionado en los apartados a) y b).

10 | **Haz una descripción de tus principales rasgos físicos, de tu carácter y de tus aficiones, siguiendo un orden concreto. Ten en cuenta que es una descripción que va dirigida a una persona que no te ha visto jamás y debe hacerse una idea lo más ajustada posible a la realidad, teniendo como referencia solamente los datos que tú le ofrezcas.**

11 | **Elabora una descripción de una persona en la que incluyas las siguientes palabras: alto, simpático, divertido, hablador, rubio, tenis, bajo eléctrico, grupo, concierto.**

La descripción de espacios

12 | Lee la siguiente descripción y responde a las preguntas que encontrarás a continuación:

La luna, erguida y sola, suaviza su poderío en el valle. Todo el cielo bajo es ya verde y se aleja; solo el alto es azul. Hacia el norte, una mínima nube tenebrosa, como una equivocación, una mancha de tinta sobre este paisaje que parece pintado por un niño. Aún queda un gallo, solo uno, y un millar de pájaros resucitados y enloquecidos. Las colinas del fondo se distinguen unas de otras, se separan, se acercan o se alejan según su oficio diario. El caserío del este se concreta; el del oeste, trepa definido y exacto, azoteas sobre azoteas, aún no quietas como habrán de fingirse durante el dominio de la luz, sino temblorosas, ateridas acaso. La luz creciente, apoyada sobre la ladera o sobre los más elevados edificios, hace crecer las casas ruines, y vacilar y entrechocarse...

Antonio Gala, *El manuscrito carmesí* (adaptación)

a) ¿Qué se describe en el texto?
b) ¿Dónde está la luna?
c) ¿De qué color es la parte alta del cielo? ¿Y la parte baja?
d) ¿Qué hay al norte de ese paisaje?
e) ¿Dónde se sitúan las colinas?
f) ¿En qué puntos cardinales se ubican los dos caseríos?

El texto anterior constituye la descripción de un espacio, concretamente, de un paisaje.

En la **descripción de espacios** se explica qué elementos lo forman, así como dónde se sitúan y cómo son estos. Asimismo, también se puede explicar qué impresión y sensaciones producen estos elementos en la persona que los describe.

Características de la descripción de espacios

Cuando tengamos que describir un lugar, habrá que prestar atención a los siguientes aspectos:

- Como no se puede describir todo lo que hay en un lugar o espacio determinado, hay que **seleccionar los elementos más destacados** y significativos.
- Es muy importante seguir un **orden espacial** para que el lector no pierda el hilo de lo que se describe; por eso son muy importantes las referencias y los conectores espaciales. Así, en el texto trabajado en la actividad anterior, se destacan los puntos cardinales y se especifica lo que se ve al norte, al este y al oeste. Además, también se indica lo que hay en la parte alta del cielo, así como en las colinas del fondo.
- Asimismo, es habitual no limitarse a hacer una descripción objetiva, sino que también se incluyen expresiones que transmiten la **impresión** que produce el espacio descrito en la persona que lo describe. Se ha de prestar especial atención, como en todas las descripciones, al uso de adjetivos y de comparaciones: «Hacia el norte, una mínima nube **tenebrosa**, **como una equivocación**».

Los recursos lingüísticos de la descripción

En las descripciones, destaca el uso de dos tipos de palabras:

- Los **sustantivos**, que se utilizan para nombrar los elementos del espacio descrito.
- Los **adjetivos**, que expresan las características de los sustantivos que se describen. También se pueden utilizar otro tipo de expresiones, como los sintagmas preposicionales: *de madera*, *de color verde*...

Otras características lingüísticas propias de la descripción son:

- Uso frecuente de las **enumeraciones**, que permiten englobar elementos parecidos. Estas enumeraciones no deben ser muy extensas, para evitar la monotonía. Es necesario evitar la simple lista repetitiva.
- Empleo de **comparaciones** y **metáforas**, que ayudan a crear una descripción subjetiva.
- Utilización de **varios estilos**: se debe evitar repetir los verbos *haber* o *tener*, a través de sinónimos. Es conveniente utilizar verbos de percepción (*ver*, *contemplar*, *percibir*, *entrever*...).

13 | Reescribe el siguiente texto sustituyendo el verbo *haber* por otro que sea sinónimo:

Al fondo del camino hay dos montañas, en cuya cumbre aún hay algo de nieve. En la parte baja de la ladera hay bastantes árboles, pero de la mitad para abajo solo hay rocas. A nuestro alrededor hay prados verdes en los que hay suaves ondulaciones del terreno. Hay muchas vacas diseminadas por los prados y hay muchos pajarillos cantando. A lo lejos hay un río que produce un sonido manso.

14 | Lee el siguiente poema y realiza las actividades que encontrarás a continuación:

La muerte lenta de la tarde fría
llena la estancia de melancolía.
Los leños encendidos de reflejos
salpican muebles y tapices viejos.
Un reloj soñoliento da la hora:
las cinco; y cada campanada llora.
Junto al hogar, un galgo; no se mueve;
sus costillas se acusan en relieve.
Alza de pronto la cabeza fina:
se ha movido el carmín de una cortina.
Da paso la cortina blasonada
a un hidalgo de ascética mirada.
Se sienta en un sillón de tonos rojos.
El perro fija en él sus vítreos ojos.
¿Qué viejas cosas recordarle quiere?
Se carboniza un leño. El día muere.

Enrique Díez-Canedo, *Antología de la poesía española del siglo XX*

a) Busca en el diccionario el significado de las siguientes palabras del poema: *blasonado*, *ascético*, *vítreo*.

b) Escribe un sinónimo para cada una de las palabras definidas en el apartado anterior.

c) Haz una lista en tu cuaderno con los elementos más importantes que se mencionan en el poema, tanto de los que se relacionan con el espacio como con los personajes.

d) A partir de los elementos enumerados en el apartado anterior, haz una descripción de la escena descrita en el poema. Acompaña cada sustantivo con al menos un adjetivo e incluye también al menos tres comparaciones o tres metáforas.

Amplía conocimientos sobre uso y comunicación.

El verbo (II)

Practica con el verbo.

15 | Lee el texto siguiente y contesta a las preguntas:

Tocar un instrumento y cantar son, como hablar, escribir o dibujar, formas de expresión y comunicación y, como todos los sistemas de comunicación, tienen sus reglas y características propias.

El lenguaje de la música se basa en sonidos que pueden distinguirse entre ellos gracias a cuatro características fundamentales: el tono (altura del sonido como consecuencia del mayor –agudo– o menor –grave– número de vibraciones por segundo), la intensidad (fuerza dinámica con la que se emite el sonido), la duración (espacio de tiempo que dura su emisión) y el timbre (cualidad del sonido que depende del instrumento que lo produce).

En el lenguaje musical, los sonidos, para que puedan combinarse eficazmente entre ellos, han de cumplir ciertas reglas: el lenguaje musical, como el verbal, tiene una gramática. La gramática musical no es la misma para la música de cada lugar y de cada época, de la misma manera que las diversas lenguas tienen gramáticas distintas.

La manera de codificar la música europea constituye, de hecho, un lenguaje universal. Se fue desarrollando con el paso del tiempo y se estabilizó a finales del siglo XVIII, época en que los compositores hicieron un uso tan eficaz de los diversos elementos del lenguaje musical, que sus composiciones se han considerado «clásicas» por los estudiosos de los siglos posteriores.

«El llenguatge de la música», *Proa temàtica. Llenguatge i cultura* (traducción y adaptación)

a) ¿Es la música un sistema de comunicación? ¿Por qué?

b) ¿En qué se basa el lenguaje musical?

c) ¿Cuáles son las cuatro características que distinguen los sonidos?

d) ¿Por qué el autor dice que el lenguaje musical tiene una gramática?

e) ¿En qué época los compositores hicieron un uso eficaz de los diversos elementos del lenguaje?

f) ¿En qué tiempo (presente, pasado o futuro) se utilizan las siguientes formas verbales extraídas del texto: *emite*, *fue*, *produce*, *tiene*, *hicieron*, *es*, *estabilizó*?

g) Indica la persona y número de los verbos anteriores.

h) ¿Qué tipo de palabras son: *tocar*, *cantar*, *hablar*, *escribir* y *dibujar*, que se utilizan en el primer párrafo del texto? ¿Son verbos? ¿Podemos ponerles delante los pronombres personales *yo*, *tú*, *él*, *nosotros*, *vosotros* o *ellos*?

Las **desinencias verbales** se añaden al lexema y, entre otras cosas, informan sobre:

- La **persona** y el **número** del verbo.
- El **tiempo** en que transcurre la acción verbal.
- El **modo** del verbo.

Cuando las formas verbales aportan la información de persona, número, tiempo y modo, son **formas personales**. En cambio, las que no aportan esta información son las **formas no personales** del verbo, es decir, el **infinitivo** (*cantar*), el **gerundio** (*cantando*) y el **participio** (*cantado*).

Las formas personales del verbo

Persona y número

La **persona** indica quién o qué realiza la acción verbal.

Podemos distinguir tres personas verbales:

1.ª persona	Se relaciona con el hablante: *yo*, *nosotros*, *nosotras*.	*Yo espero.* *Nosotros esperamos.*
2.ª persona	Se relaciona con el oyente: *tú*, *vosotros*, *vosotras*.	*Tú esperas.* *Vosotros esperáis.*
3.ª persona	Se refiere a algo o a alguien que no es ni el hablante ni el oyente: *él*, *ella*, *ellos*, *ellas*.	*Él espera.* *Ellos esperan.*

El **número** indica si el sujeto de la acción es uno (**singular**) o más de uno (**plural**): *Yo saldré* (singular). / *Nosotros saldremos* (plural).

	Número	
Persona	Singular	Plural
1.ª persona	cant - **o**	cant - **amos**
2.ª persona	cant - **as**	cant - **áis**
3.ª persona	cant - **a**	cant - **an**

16 | Indica la persona y el número de los verbos de estas oraciones:

a) Saldrán a la venta las joyas que tenía la abuela de la reina.
b) Compraremos una bicicleta y Marta la llevará a casa de tus padres.
c) No vayas a esta excursión porque no te gustará.
d) Me dio una camiseta, pero no la quiero porque es demasiado vieja.
e) Te dejaré mi traje de buceo para que vayas con Irene al arrecife.
f) Os entretuvisteis demasiado por el camino y os esperamos tres horas.
g) Las vi en la parada del autobús, pero no me reconocieron.
h) Esta Navidad reuniremos por fin a toda la familia.

Tiempo

17 | Lee el siguiente texto y realiza las actividades:

La semana pasada **acabé** el curso de socorrismo al que me **había matriculado**. No me **extrañó** que **estuviéramos** más de cinco horas diarias en el agua, porque **practicamos** lo que nos **habían enseñado** en las clases teóricas. Ahora **estoy** en la piscina de mi pueblo y **hago** de todo un poco: **ayudo** en las tareas de mantenimiento y **vigilo** a los bañistas para que no **ocurran** accidentes. Si todo **va** bien, el año que viene **iré** a Menorca y **aplicaré** todo lo que **he aprendido** durante este tiempo. Allí me **pagarán** más dinero y **podré** quedarme a vivir seis meses en la isla. **Estoy** muy ilusionado con esta nueva experiencia.

a) Clasifica los verbos destacados del texto según estén en pasado, en presente o en futuro.
b) ¿Qué diferencia percibes entre los verbos en pasado, en presente y en futuro?

El **tiempo** verbal indica el momento en el que se sitúa la acción.

Hay tres tiempos verbales:

Los tiempos verbales		
Pasado o pretérito	Indica que los hechos son anteriores al momento del habla.	*La semana pasada **acabé** el curso de socorrismo.*
Presente	Indica que los hechos se desarrollan en el mismo momento del habla.	*Ahora **estoy** en la piscina de mi pueblo.*
Futuro	Indica que los hechos se desarrollarán en un momento posterior al momento del habla.	*El año que viene **iré** a Menorca.*

18 | Lee el texto siguiente y realiza las actividades:

La selva del Amazonas ocupa el 60 % del territorio de Brasil y se extiende también por zonas de Venezuela, Colombia y Perú. Invade un área de casi cuatro millones de kilómetros cuadrados, donde conviven miles de especies de vertebrados y vegetales, aproximadamente la quinta parte de las especies que existen en el planeta.

a) Copia en tu cuaderno todos los verbos del texto.
b) Indica el tiempo de cada una de las formas verbales.
c) Vuelve a escribir el texto, cambiando los verbos por formas en pasado y luego en futuro.

Modo

El **modo verbal** indica la actitud del hablante ante la acción que expresa el verbo.

Los modos verbales son tres:

- El **modo indicativo**: se utiliza para expresar una acción que el hablante considera real: *Hoy **saldré** temprano*.
- El **modo subjuntivo**: se utiliza para expresar deseos, dudas, posibilidades... También se emplea para dar una orden negativa: *Ojalá **salga** temprano*. / *No **salgas** tarde*.
- El **modo imperativo**: se utiliza cuando el hablante quiere influir en el oyente a través de una orden afirmativa: *¡**Sal** temprano!*

19 | Copia en tu cuaderno los verbos de estas oraciones y di en qué modo se encuentran:

a) Escribe pronto.
b) No aparques aquí.
c) Tengo un reloj nuevo.
d) La conocí en la playa.
e) Por favor, dame la servilleta.
f) Quizás todo esto acabe bien.
g) Ven inmediatamente.
h) Me gustaría que te esforzaras más en los entrenamientos.
i) No comas tantos dulces.

Las formas no personales

Como se ha comentado anteriormente, algunas formas verbales no indican ni la persona, ni el número, ni el tiempo, ni el modo verbal. Estas son las formas no personales del verbo, es decir, el infinitivo, el gerundio y el participio.

Las formas no personales del verbo		
Infinitivo	Indica la conjugación a la que pertenece el verbo. Termina en *-ar*, *-er*, *-ir*.	*cantar, temer, salir*
Gerundio	Termina en *-ando*, *-iendo*.	*cantando, temiendo, saliendo*
Participio	Termina en *-ado*, *-ido*. Algunos verbos irregulares pueden tener otras terminaciones: *dicho, visto, abierto...* Los participios se usan para formar las formas compuestas de los verbos.	*cantado, temido, salido* *hemos escrito, habrá hecho*

20 | Señala las formas verbales de las siguientes oraciones y di si son formas personales o no personales:

a) Al contar la historia, se le olvidaron muchas cosas.
b) Saliendo de la estación del ferrocarril, me tropecé con Juan.
c) El actor escogido para protagonizar esta película es mi favorito.
d) Llegó la policía y los ladrones salieron huyendo.
e) Quiero encontrar un sitio tranquilo para pasar las vacaciones.

21 | Copia el siguiente cuadro en tu cuaderno y complétalo con las formas no personales que faltan:

Infinitivo	Gerundio	Participio
volver		
		ido
	esperando	
hacer		
		puesto
descubrir		

22 | Analiza las siguientes formas verbales en el siguiente cuadro. Fíjate en el ejemplo:

	Conjugación	Persona	Número	Tiempo	Modo
llegarás	1.ª	2.ª	singular	futuro	indicativo
volved					
soñábamos					
mirarán					
he comprado					
tengas					
habrán ido					
soy					
había trabajado					

Amplía conocimientos sobre el estudio de la lengua.

La *h*

23 | Lee el texto siguiente y realiza las actividades:

Hace algunos meses que, visitando una célebre abadía, descubrí en uno de sus rincones dos o tres cuadernos de música bastante antiguos, cubiertos de polvo y hasta comenzados a roer por los ratones.

Era un Miserere.

Yo no sé de música, pero tengo tanta afición que, aun sin entenderla, suelo coger a veces la partitura de una ópera y me paso las horas muertas hojeando sus páginas.

Me fijé un poco en las hojas de música y me chocó que había unos renglones escritos con letras muy menudas y en alemán, que servían para advertir de cosas tan difíciles de hacer como esto: «Crujen… crujen los huesos, y de sus médulas ha de parecer que salen los alaridos»; o esta otra: «la cuerda aúlla sin discordar, el metal atruena sin ensordecer; por eso suena todo y no se confunde nada, y todo es humanidad que solloza y gime»; o la más original de todas, sin duda, recomendaba: «Las notas son huesos cubiertos de carne; lumbre inextinguible, los cielos y su armonía… ¡Fuerza!..., fuerza y dulzura».

–¿Sabéis qué es esto? –pregunté al viejecito que me había acompañado.

El anciano me contó entonces la leyenda del Miserere.

GUSTAVO ADOLFO BÉCQUER, «El Miserere», *Rimas y leyendas* (adaptación)

a) ¿Qué tiene de particular el miserere que encuentra el autor del texto?
b) Escribe en tu cuaderno todas las palabras del texto que lleven *h*.
c) ¿Esta letra representa algún sonido?
d) De las palabras del texto que se escriben con *h*, ¿hay algún dígrafo? Si es así, di cuál es.

La ***h*** es una letra que, en castellano, no representa generalmente ningún sonido, excepto cuando forma parte de un dígrafo con la *c* (*ch*), así como en algunas palabras de origen extranjero (*hitleriano*).

Se escriben con *h*	
Todas las formas de los verbos cuyo infinitivo lleva *h*.	*haremos, hicieron, había, he, habitó, habitaba*
Todas las palabras que empiezan por los diptongos *hia-, hie-, hue-, hui-*.	*hiato, hielo, hueco, hueso, huir, hierático, hierro*
Las palabras que empiezan con los prefijos *hecto-* (cien), *hepta-* (siete) o *hexa-* (seis).	*hectómetro, heptasílaba, hexágono*
Las palabras que empiezan por los prefijos *hemi-* (medio), *hetero-* (otro, diferente), *hidro-*, *hidra-* (agua), *hiper-* (muy grande), *homo-* (igual, semejante).	*hemiciclo, heterogéneo, hidroavión, hipermercado, homosexual*

La letra *h* puede aparecer en diferentes posiciones:
- Al principio de una palabra: *hombre*, *haber*, *horror*.
- Dentro de una palabra (*h* intercalada): *deshojar*, *almohada*, *deshacer*.
- Al final de una palabra: *¡ah!*, *¡eh!*, *¡bah!*

!

La palabra *a* no lleva *h* cuando es una preposición, pero sí cuando es una forma del verbo *haber*: *Iré **a** su casa. / **Ha** encontrado las llaves.*

Se puede distinguir cada una de estas formas porque cuando es un verbo, este se puede poner en plural: *Iré **a** su casa. / **Han** encontrado las llaves.*

24 | Escribe la letra *h* en los espacios en blanco de las siguientes oraciones cuando sea necesario:

a) Va __a llegar temprano porque __a salido pronto.
b) __abía alumnos que no __icieron el trabajo de __istoria del __arte.
c) Este poema combina versos __exasílabos, __eptasílabos y __octosílabos.
d) __antes, durante el __invierno, siempre se formaba __ielo en los __uecos de esa montaña.
e) El piloto __izo aterrizar el __idroavión, recogió al __erido y __uyó __a toda velocidad.
f) Fuimos al __ipermercado __a comprar __alimentos.
g) __acía mucho tiempo que debíamos __aber __ido a visitarla.

Signos de puntuación

El paréntesis

Los **paréntesis** están formados por dos signos, uno de abertura y otro de cierre, y se utilizan para insertar una aclaración dentro de un texto.

Los paréntesis se utilizan para:

- Señalar una **fecha**: «Cuando llegaron a la costa (1519), se dispersaron por el interior».
- Desarrollar el significado de unas **siglas**: «Estas cifras pertenecen a un estudio realizado por la OCU (Organización de Consumidores y Usuarios)».
- Informar sobre la **ubicación de un lugar**: «Estuvimos de vacaciones en Cabo de Gata (Almería)».
- Explicar el **significado de una palabra** que puede resultar desconocida: «La técnica del *fracking* (fractura hidráulica de rocas para liberar gas o petróleo) es muy cuestionada por algunos científicos».

El texto que se encuentra entre los paréntesis se pronuncia en un tono más bajo: «Los alumnos (la mayoría de ellos jóvenes universitarios) protagonizaron las protestas».

25 | Escribe los paréntesis que sean necesarios en las siguientes oraciones:

a) La pérdida de Cuba y Filipinas 1898 supuso la evidencia de una profunda crisis en España.
b) El PIB producto interior bruto de Francia ha aumentado estos años.
c) Su padre profesor de Historia jubilado nos explicó este tema.
d) Manuel Chirivella 1957 es notario y un gran coleccionista de arte contemporáneo.
e) Los determinantes artículos *el*, *la*, *los*, *las* acompañan a un nombre.

Dictado

Cuando hicimos ese viaje en hidroavión para ver la zona de los lagos, no habíamos imaginado, ni por un momento, la gran belleza de un lugar habitado por muchísimas especies animales y vegetales. Gracias al plan hidrológico que se había puesto en marcha años atrás, miles de hectolitros de agua sin rastro de contaminación crearon un hábitat adecuado para el desarrollo de una gran variedad de formas de vida.

¡Fíjate!

hicimos
hidroavión
habíamos
habitado
hidrológico
hectolitros
hábitat

Amplía conocimientos sobre ortografía.

El campo semántico (I)

26 | Lee el texto siguiente y responde a las preguntas que encontrarás a continuación:

Los instrumentos de la orquesta

La palabra orquesta procede del griego y significa «lugar para danza», porque, alrededor del siglo v, las representaciones se realizaban en anfiteatros y el lugar principal de la representación era ocupado por cantantes, danzantes y músicos. Actualmente, la palabra orquesta hace referencia a un conjunto de músicos que se organizan de una manera determinada. Podemos clasificar los instrumentos más habituales de una orquesta en los siguientes grupos:

Instrumentos de una orquesta			
Cuerda	**Viento**		**Percusión**
	Metal	**Madera**	
Arpas Violines Violas Violonchelos Contrabajos	Trompetas Trombones Trompas Tubas	Clarinetes Fagots Oboes Flautas	Timbales Bombos Platillos

a) ¿Qué tienen en común los instrumentos de cuerda, viento y percusión?
b) ¿Qué relación hay entre los instrumentos de metal y de madera?
c) ¿Qué tienen en común los timbales, los bombos y los platillos?

Un **campo semántico** está formado por un conjunto de palabras entre las cuales se establece una relación de significado. Por ejemplo, los timbales, los bombos y los platillos forman parte del campo semántico de los instrumentos de percusión.

27 | Copia el siguiente cuadro en tu cuaderno y escribe cada una de las siguientes palabras en el campo semántico que le corresponda:

garbanzo - lechuga - coliflor - fresa - guisante - naranja - alubia - espinaca - banana - alcachofa - lenteja - endivia - escarola - albaricoque - haba

Verduras	Legumbres	Frutas

28 | Escribe cinco palabras que pertenezcan a cada uno de los siguientes campos semánticos: familia, escuela, ropa, informática.

29 | Indica a qué campo semántico de los animales pertenecen las siguientes series de palabras:

a) loro, búho, paloma, cacatúa, gorrión
b) serpiente, cocodrilo, lagartija, lagarto, iguana
c) mosca, mosquito, abeja, saltamontes, escarabajo
d) lubina, salmón, carpa, tiburón, dorada
e) delfín, búfalo, camello, perro, ballena

Amplía conocimientos sobre léxico.

La métrica

30 | Lee este poema y contesta a las preguntas:

Le he puesto una rosa fresca
a la flauta melancólica;
cuando cante, cantará
con música y con aroma.
Tendrá una voz de mujer,
vacilante, arrolladora,
plata con llanto y sonrisa,
miel de mirada y de boca.
–Y será cual si unos finos
dedos jugasen con sombra
por los leves agujeros
de la caña melodiosa–.
¡Tonada que no sé yo,
oída una tarde en la fronda;
tonada que fui a coger
y que huía entre las hojas!
Para ver si no se iba,
la engañé con una rosa:
cuando llore, llorará
con música y con aroma.

JUAN RAMÓN JIMÉNEZ

a) ¿Qué ha hecho el poeta con la flauta?
b) ¿Qué efecto conseguirá con ello?
c) ¿Qué pretende recuperar el poeta con esta acción?

La rima.

El verso

El poema anterior está escrito en verso.

El **verso** es un conjunto de palabras con un determinado número de sílabas, que poseen un ritmo y, en ocasiones, una rima determinada.

En el poema anterior hay versos de 8 sílabas:

De	dos	ju	ga	sen	con	som	bra
1	2	3	4	5	6	7	8

Sin embargo, cuando se cuentan las sílabas de un verso, hay que tener en cuenta los siguientes casos especiales:

Cuando el verso acaba en una palabra **aguda**, se añade una sílaba.	cuan | do | can | te, | can | ta | **rá** 1 2 3 4 5 6 7 (+1) = 8
Cuando el verso acaba en una palabra **esdrújula**, se resta una sílaba.	a | la | flau | ta | me | lan | **có** | [li] | ca; 1 2 3 4 5 6 7 8 9 (–1) = 8
Cuando en el verso una palabra acaba en vocal y la siguiente empieza por vocal, se produce una **sinalefa**, y entonces las dos sílabas se cuentan como una.	va | ci | lan | **te**, **a** | rro | lla | do | ra, 1 2 3 4 5 6 7 8

En algunos casos, el poeta puede romper las normas de la lengua para conseguir el número de sílabas deseado, a través de:

La **sinéresis**, es decir, cuando un hiato ha de ser pronunciado como un diptongo.	**oí** | da u | na | tar | de en | la | fron | da; 1 2 3 4 5 6 7 8
La **diéresis**, es decir, cuando un diptongo ha de pronunciarse como un hiato.	del | mun | da | nal | **rü** | **i** | do 1 2 3 4 5 6 7

! La **métrica** estudia las características del verso:
- El **número** de sílabas de cada verso.
- La **forma** de las estrofas.
- La **rima**.

! Cuando en un verso la segunda palabra empieza por vocal tónica, no se produce sinalefa.

31 | Cuenta las sílabas de los siguientes fragmentos poéticos y explica qué casos especiales se producen:

①

La casa tan querida
donde habitaba ella,
sobre un montón de escombros arruinada
o derruida, enseña
el negro y carcomido
maltrabado esqueleto de madera.
La luna está vertiendo
su clara luz en sueños que platea
en las ventanas. Mal vestido y triste,
voy caminando por la calle vieja.

ANTONIO MACHADO

②

Y si caigo,
¿qué es la vida?
Por perdida
ya la di,
cuando el yugo
del esclavo,
como un bravo,
sacudí.

JOSÉ DE ESPRONCEDA

Clases de versos

Según el número de sílabas, los versos se dividen en:

- **Versos de arte menor**, es decir, los versos de hasta ocho sílabas. Los más frecuentes son de seis, siete y ocho sílabas.
- **Versos de arte mayor**, es decir, de más de ocho sílabas. Los más frecuentes son de once sílabas.

32 | Lee los siguientes poemas y realiza las actividades que encontrarás a continuación:

①

En los paisajes de Mansiche labra
imperiales nostalgias el crepúsculo;
y lábrase la raza en mi palabra,
como estrella de sangre a flor de músculo.

CÉSAR VALLEJO

②

Yo escucho los cantos
de viejas cadencias,
que los niños cantan
cuando en coro juegan.

ANTONIO MACHADO

③

Todo lo puede un fuego propagado.
Dolido voy de zaga
del aire y el ganado,
con el alicaimiento de la aulaga
y con la delgadez de mi cayado.

MIGUEL HERNÁNDEZ

a) Cuenta las sílabas de cada poema, teniendo en cuenta los casos especiales que se produzcan.

b) Di si son versos de arte mayor o de arte menor.

La rima

La **rima** es la coincidencia total o parcial, a partir de la última vocal acentuada, de los sonidos de dos o más versos.

La rima puede ser:

- **Rima consonante:** si riman vocales y consonantes.
- **Rima asonante:** si solo riman las vocales.

Cuando se analiza un poema, la rima se indica mediante letras y se asigna una para cada terminación. Los versos que no riman se marcan con un guion:

- Si los versos son de **arte mayor**, las letras se deberán escribir en **mayúsculas**:

Nada más triste que un titán que ll**ora**,	A
hombre-montaña encadenado a un l**irio**,	B
que gime, fuerte, que pujante, impl**ora**;	A
víctima propia en su fatal mart**irio**.	B

- Si los versos son de **arte menor**, las letras se deberán escribir en **minúsculas**:

El viento rinde las ramas	-
con los pájaros dorm**idos**.	a
–Abre tres veces el faro	-
su ojo verde–. Calla el gr**illo**.	a
¡Qué lejos, el huracán,	-
pone, uno de otro, los sit**ios**!	a

Los versos reciben los nombres siguientes según el número de sílabas que tengan:

- 2 sílabas: bisílabos
- 3 sílabas: trisílabos
- 4 sílabas: tetrasílabos
- 5 sílabas: pentasílabos
- 6 sílabas: hexasílabos
- 7 sílabas: heptasílabos
- 8 sílabas: octosílabos
- 9 sílabas: eneasílabos
- 10 sílabas: decasílabos
- 11 sílabas: endecasílabos
- 12 sílabas: dodecasílabos
- 14 sílabas: alejandrinos

33 | Lee los siguientes poemas y realiza las actividades que encontrarás a continuación:

1

Niñas que dais al viento,
al cielo y a la mar
la mirada, el acento
y el olor de azahar
que de vuestros cabellos
bellos
amamos respirar.

RUBÉN DARÍO

2

La soledad se abre hambrientamente,
ah todo alrededor es hombre y fronda
de hombro arraigado en la raíz más honda:
la tierra, firme, descieladamente.

BLAS DE OTERO

a) ¿Cuántas sílabas tienen los versos de estos dos poemas?

b) Señala los casos especiales que hayas encontrado a la hora de contar los versos.

c) Indica la rima de cada poema mediante letras y di si es asonante o consonante.

Según cómo se ordenen los versos que riman, tanto de arte mayor como de arte menor, se dan tres tipos de rimas:

- **Rima continua:** todos los versos tienen la misma rima (*aaa* / *AAA*).
- **Rima abrazada:** el primer verso rima con el cuarto y el segundo con el tercero (*abba* / *ABBA*).
- **Rima encadenada:** el primer verso rima con el tercero y el segundo con el cuarto (*abab* / *ABAB*).

La estrofa

En muchos poemas, los versos se agrupan en **estrofas**, es decir, en conjuntos de versos, cuya estructura se repite a lo largo del poema.

Las estrofas tienen las siguientes características:

- Están formadas por un determinado número de versos.
- En algunas estrofas, todos los versos tienen el mismo número de sílabas, pero en otras, se combinan versos de distinto número de sílabas.
- Los versos riman entre sí.
- En algunos casos, un poema está formado por una sola estrofa, aunque lo más frecuente es que se encadenen varias estrofas iguales.

En castellano hay muchos tipos de estrofas, algunas de las cuales tan solo poseen dos versos y otras, en cambio, tienen hasta ocho. Algunas de las estrofas más frecuentes son:

Estrofa	N.º de versos	Medida de los versos	Rima
Pareado	2	Arte menor.	aa bb cc...
Terceto	3	Endecasílabos.	ABA BCB CDC...
Redondilla	4	Arte menor.	abba...
Cuarteto	4	Arte mayor.	ABBA, ABAB...
Lira	5	Endecasílabos y heptasílabos.	aBabB...
Octava real	8	Endecasílabos.	ABABABCC...

Los tipos de poemas

Cuando analicemos las composiciones poéticas, podremos encontrar poemas:

- Compuestos por una sucesión de estrofas iguales.
- Formados por un número determinado de estrofas, como por ejemplo el **soneto**, que consta de dos cuartetos y dos tercetos de versos endecasílabos.
- Compuestos por una serie ilimitada de versos que siguen un esquema de rima, como por ejemplo el **romance**, formado por una serie de versos octosílabos en la que riman los pares en asonante.

34 | Lee el siguiente poema y realiza las actividades que encontrarás a continuación:

¿Qué es aquello que reluce
por los altos corredores?
Cierra la puerta, hijo mío,
acaban de dar las once.

En mis ojos, sin querer,
relumbran cuatro faroles.
Será que la gente aquella,
estará fregando el cobre.

Federico García Lorca

a) ¿Cuántas sílabas tiene cada verso?
b) Indica la rima de este poema.
c) ¿Qué tipo de poema es?

Amplía conocimientos sobre literatura.

La música que nos gusta

¿QUÉ VAMOS A HACER?

En este proyecto, vais a investigar sobre la vida y la obra de un cantante o grupo musical *pop* o *rock* que os guste, para diseñar una página web que ofrezca toda la información destacada sobre este grupo o sobre este cantante.

PARA EMPEZAR

Desde mediados del siglo pasado, hemos asistido a un auge de la música *pop* y *rock*. Estos estilos musicales han despertado auténticas pasiones entre los jóvenes y han influido enormemente tanto en el estilo de vida, como en las opiniones políticas o en el modo de vestir de la época.

El interés por este tipo de música ha hecho que muchos intérpretes sean admirados no solo por su música, sino también por su forma de vestir y de hacer.

¿CÓMO LO VAMOS A HACER?

- Elegid el cantente o grupo musical y buscad información sobre los siguientes aspectos:
  - Biografía (del cantante, si es solista, o de cada uno de los miembros del grupo, si se trata de un conjunto musical).
  - Aspectos destacados de su personalidad.
  - Estilo musical en el que se encuadra y características más destacadas de su estilo.
  - Lista de álbumes publicados.
  - Lista de otras colaboraciones musicales (banda sonora de películas, colaboraciones con otros artistas…).
  - Temas más frecuentes en sus canciones.
- Seleccionad una canción que os guste especialmente (si puede ser, de la del último álbum publicado, ya que así la página web resultará más actual), transcribid la letra y comentad los siguientes aspectos:
  - Tema tratado en la canción.
  - Estructura.
  - Principales recursos literarios usados.
- Por último, con toda la información recabada, diseñad una página web en la que ofrezcáis toda esa información, clasificada en diferentes apartados.

CONSEJOS ÚTILES

- Recordad que, en el trabajo en grupo, podéis repartiros las tareas, pero debéis tomar las decisiones entre todos.
- Elaborad un guion y después desarrollad cada uno de los apartados.
- Escoged imágenes del grupo y de las portadas de sus álbumes, para que la página web resulte más atractiva.
- Incluid también enlaces que lleven a vídeos de sus actuaciones o a videoclips de sus canciones.

Los beneficios de tocar un instrumento

Una investigación reciente asegura que el cerebro puede ser modelado a través de la práctica musical. Por este motivo, cada vez más especialistas recomiendan estudiar música para mejorar las habilidades lectoras y de escritura, sobre todo en niños con dislexia. Tocar un instrumento mejora, sin duda, las habilidades del lenguaje, la memoria y la conducta.

Además, la práctica de tocar un instrumento mejora el estado anímico de los niños y su relación con los demás. Carolyn Phillips enumera las ventajas globales de la música. En el terreno individual, tocar un instrumento convierte a quien lo hace en una persona metódica que cuida los detalles, planifica bien las tareas y tiene mucha capacidad de atención. Esta conducta puede trasladarse a la labor propia del estudiante, a quien se exige calidad y resultados.

La música es un medio de expresión, y una consecuencia de ello es una buena autoestima. Enseña a los jóvenes a vencer el miedo y asumir riesgos, aporta seguridad y autoconfianza. Si se forma parte de una orquesta o grupo, la práctica mejora el trabajo en equipo (para lograr un objetivo único) y la disciplina: para que una orquesta suene bien, el conjunto debe trabajar en armonía. Favorece el compromiso para aprender, asistir a los ensayos y practicar en casa.

Los niños atraviesan un período en el que la melodía y el ruido son lo mismo: un simple efecto sonoro. En este aprendizaje, cualquier instrumento de percusión es su favorito, y cualquier elemento puede ser un tambor. Pero llega un momento en que el niño, si muestra interés por la música, querrá ir más allá. La mejor edad para iniciarse en el estudio musical, con un instrumento «de verdad», es a partir de los cinco años. Sin embargo, no se recomienda a los padres imponer este aprendizaje y se aconseja que sea el propio niño quien escoja el instrumento que quiere aprender a tocar, si bien el piano y la flauta son los dos que menos exigen a los niños de esta edad.

Si se decide contratar a un profesor, es esencial que este tenga experiencia previa con niños muy pequeños, ya que el aprendizaje difiere del de los adultos. La enseñanza más adecuada a estas edades aprovecha la imaginación y la espontaneidad del menor, en lugar de imponer una disciplina cerrada, con el objetivo de que las clases se conviertan en una sesión de juegos con música y movimiento, no una tarea obligatoria.

Núria Llavina Rubio, *Consumer*, 9 de noviembre de 2009 (adaptación)

1 | Contesta a las siguientes preguntas sobre el texto:

a) ¿Qué efecto produce la práctica musical en el cerebro?
b) ¿Para qué tipo de personas está especialmente recomendada la formación musical? ¿Por qué?
c) ¿Qué habilidades necesarias para el aprendizaje mejora la práctica de tocar un instrumento?
d) ¿Qué efecto produce sobre la persona el estudio de un instrumento?
e) ¿Qué tipo de conducta, útil para un estudiante, desarrollan quienes tocan un instrumento musical?
f) ¿Qué aporta a la persona el hecho de tocar bien sea en una orquesta o en grupo?
g) ¿A qué edad conviene iniciar a un niño en el estudio de un instrumento musical?
h) ¿Cómo debe elegirse el instrumento que un niño ha de estudiar? ¿Deben imponerlo los padres?
i) ¿Cómo ha de ser la enseñanza de un instrumento musical en las edades tempranas?
j) ¿Qué se debe tener en cuenta a la hora de contratar a un profesor de música para un niño?

2 | Divide el texto en dos partes:

a) La primera parte ha de llevar por título: «Las ventajas del estudio de la música en niños y adolescentes».
b) La segunda parte ha de llevar por título: «Cómo iniciar a un niño en el estudio de la música».

3 | Di cuáles de las siguientes afirmaciones son ciertas:

a) La práctica musical puede modelar el cerebro.
b) La práctica musical ayuda a mejorar la lectura, pero retrasa el aprendizaje de la escritura.
c) Tocar un instrumento mejora las habilidades del lenguaje y la memoria.
d) El estudio de un instrumento mejora el sentido del oído, pero hace que el sentido del gusto y del olfato empeoren.
e) Los estudiantes de música son excesivamente individualistas.
f) Los estudiantes de música son personas metódicas y bien organizadas que saben trabajar en grupo.
g) Los músicos no saben trabajar en grupo.
h) Al principio los niños consideran la música como un ruido más.
i) No es aconsejable imponer a un niño el estudio de un instrumento determinado.
j) Los niños han de aprender música siguiendo un método de disciplina cerrada.

4 | ¿Tocas algún instrumento? Si no lo tocas, ¿te gustaría tocar alguno? Escribe una redacción en la que expliques qué instrumento estudias o qué instrumento te gustaría tocar y por qué.

UNIDAD 9

PINCELADAS DE ARTE

Observa la fotografía y responde a las preguntas:

- ¿Reconoces estos elementos gráficos?
- ¿Con qué tipo de textos los relacionarías?
- Fíjate en las palabras de la imagen. ¿Sabes qué nombre reciben estas palabras?
- ¿Crees que la recreación de los sonidos en palabras es igual en todas las lenguas?

EN ESTA UNIDAD APRENDERÁS...

- Las características propias del cómic.
- Los elementos gráficos característicos del cómic
- Las definiciones y características de las palabras invariables de la oración: el adverbio, la preposición, la conjunción y la interjección.
- Las reglas de ortografía de la *g* y la *j*.
- El uso de las comillas.
- La diferencia que hay entre los hiperónimos y los hipónimos.
- Los recursos literarios utilizados más frecuentemente en los poemas.
- El análisis de poemas.

Y SERÁS CAPAZ DE...

- Valorar los elementos que aportan expresividad al cómic.
- Reflexionar sobre aspectos usados a diario en el lenguaje: adverbios, preposiciones, conjunciones e interjecciones.
- Aplicar correctamente las reglas de escritura de las palabras que contengan las grafías de *g* y *j*.
- Conocer el uso expresivo de las comillas en la elaboración de textos.

EMPEZAMOS

Lee el texto siguiente y contesta a las preguntas:

Resulta fascinante ver cómo el trazado de una línea acaba convirtiéndose en una nariz, en unos ojos, en unos labios y, finalmente, en una cara, en un retrato.

El dibujante parece trabajar con una facilidad asombrosa. Pero esta tarea no es nada fácil y es el resultado de un laborioso proceso de aprendizaje, en el que la constancia resulta fundamental. Hay que mirar atentamente un modelo, observarlo y después plasmarlo, a través de líneas y sombras, en una hoja en blanco.

«Está dotado para el dibujo», se dice muchas veces cuando se observa a un dibujante hacer su trabajo. Pero uno se olvida de la cantidad de hojas y hojas que, con el tiempo, habrá emborronado y tachado de su cuaderno, y que, al final, han dado los frutos de aquello que parece ser «natural».

Nadie aprende nada de forma «natural»: todas las habilidades requieren un esfuerzo y una dedicación sistemática si se quieren obtener unos resultados, como mínimo, satisfactorios. Y, además, el dibujo desarrollará muchas otras facultades: la artística y, especialmente, la imaginación.

1. ¿Es el arte una característica innata de las personas?
2. ¿Qué se necesita para poder alcanzar unos resultados satisfactorios en una determinada habilidad?
3. ¿Qué facultades desarrolla el dibujo en las personas?
4. Relaciona los vídeos que encontrarás en la web con el texto que acabas de leer.

Una clase especial

- ¿Qué cómics conoces o lees con frecuencia?
- ¿Cuál es tu personaje de cómic preferido?
- ¿Sabrías citar el nombre de algún dibujante de cómic?

En ocasiones las apariencias engañan, y lo que en un principio parecía tan claro, se acaba convirtiendo en algo completamente distinto. La prudencia acostumbra a ser una de las mejores virtudes de las personas, así que hay que asegurarse siempre antes de lo que uno ve, no vaya a ser que nos equivoquemos...

MIQUEL ZUERAS (ilustrador)

Barcelona, 1961

- *Sempre em dic Pere.*
- *Deu Robins de foc.*
- *Adopta un fantasma...*
- *Uf, hoy cocino yo.*

RIS RAS...
?
¡POR FIN HE ABIERTO LA CAJA!
¡ESTUPENDO! A VER QUÉ HAY EN ESTA CÓMODA.
¡EEEEEH! ¡MIRAD ESO!
¡UNOS LADRONES ESTÁN ROBANDO EN LA CASA!
¡QUÉ FUERTEEE!
¡HABRÍA QUE HACER ALGO!
ESTOY HACIENDO UN RETRATO ROBOT.
¿LLAMAMOS A LA POLI?
¡OOOPS!
CLONK
¡MUY BIEN! CORTEN Y A POSITIVAR!

Comprensión lectora

1 | Contesta a las siguientes preguntas sobre el cómic:

a) ¿Quién es Ana? ¿Cómo es? Descríbela.
b) ¿A qué lugar asiste?
c) ¿Qué deberes les pone el profesor?
d) ¿Quiénes son los amigos de Ana? Describe detalladamente cada uno de sus amigos.
e) ¿Qué propone Ana a sus compañeros?
f) ¿Qué dibuja Ana?
g) ¿En qué se inspira Ana para hacer su dibujo?
h) ¿Qué están haciendo las personas que descubre Ana?
i) ¿Qué es un retrato robot?
j) ¿Qué quiere decir la expresión «corten y a positivar»? ¿Qué significado puede tener para la historia?

Estructura

2 | **El cómic, como todas las narraciones, presenta un planteamiento, un desarrollo y un desenlace. Responde a las siguientes preguntas sobre la estructura del cómic de la lectura:**

Planteamiento

a) ¿Cómo sabemos que Ana va a clases de dibujo?
b) ¿Qué ve Ana de camino a sus clases de dibujo?
c) ¿Será importante lo que ve Ana para el desarrollo de la historia? ¿Por qué?

Desarrollo

a) ¿En qué dos partes se puede dividir el desarrollo del cómic? Numera las viñetas que constituyen cada una de las partes.
b) Cada una de las dos partes en las que se divide el cómic se desarrolla en un escenario diferente. Indica cuáles son estos escenarios en cada una de esas partes.

Conclusión

a) ¿Tiene conclusión esta historia o debemos imaginarla? Razona tu respuesta.
b) En el caso de que debamos presuponer el final, escribe cómo crees que será este.

Léxico

3 | **Lee las siguientes oraciones y escribe expresiones equivalentes que puedan sustituir a las palabras y los sintagmas subrayados de las siguientes oraciones:**

a) <u>Hace unos días</u> Ana vivió una pequeña aventura.
b) Dibujar es como escribir, <u>pero</u> con imágenes.
c) ¿<u>Cómo</u> os va saliendo vuestro dibujo?
d) He visto una casa que <u>claramente</u> es ideal para dibujar.
e) ¡<u>Por fin</u> he abierto la caja!
f) ¡Unos ladrones <u>están robando</u> en la casa!

4 | Indica qué tienen en común las siguientes series de palabras:

a) lápiz, hoja, academia, retrato, pincel
b) ladrones, robo, joyas, alarma, forzar
c) lámpara, cómoda, silla, sofá, mesa
d) móvil, ordenador, tableta, pantalla, portátil

Expresión escrita

5 | Escribe una narración en la que desarrolles los mismos hechos que explica el cómic que acabas de leer. Antes de empezar a escribir, debes tener en cuenta los siguientes consejos:

a) Has de describir cómo son los personajes, tanto a Ana como a sus compañeros. Puedes partir de la descripción que ya has hecho en las preguntas de comprensión lectora, pero adaptándola y utilizando un lenguaje más literario.
b) También es muy importante para la historia que describas cómo es la casa:
   - ¿Cómo es su aspecto general exterior?
   - ¿Por qué le gusta a Ana?
   - ¿Qué elementos se destacan de ella: es grande, es misteriosa, parece que está abandonada o, por el contrario, está habitada…?
c) ¿Cómo descubre Ana a los ladrones?
d) ¿Cuál es la reacción de sus compañeros?
e) ¿Cuál es el final de la narración?

6 | Ahora piensa en una historia, ya sea real o imaginaria, que creas que puede adaptarse a un cómic. Después, diseña tu cómic basado en esta historia. Debes pensar cuántos personajes aparecerán y cuál será más o menos su extensión, es decir, de cuántas viñetas estará compuesto. Una vez lo tengas claro, coge lápiz y papel, y empieza a dibujar las viñetas. A continuación, inserta tanto el diálogo como los textos más narrativos, utilizando los recursos propios del cómic, que ya has podido ver en el cómic de la lectura.

EXPRESIÓN ORAL

Mi personaje de cómic preferido

7 | Escoge un personaje de cómic que te guste y prepara una exposición oral para realizar ante la clase. En tu exposición deberás explicar cuáles son las características de este personaje y por qué te gusta. Puedes seguir el siguiente guion:

- ¿Quién es?
- ¿En qué cómics aparece?
- ¿Quién es su creador?
- ¿Cuáles son sus características principales?
- ¿Cómo es físicamente?
- ¿Tiene algún oficio?
- ¿Qué tipo de aventuras o de historias protagoniza: policíacas, de misterio…?

El cómic

8 | Lee el texto siguiente y responde a las preguntas que encontrarás a continuación:

a) ¿Qué relación tiene este cómic con el anterior?
b) ¿Qué nos aclara?
c) ¿Crees que puede ser el final de la historia de la lectura anterior? Justifica tu respuesta.
d) ¿Sabes qué son los «globos» en los cómics?
e) ¿Qué es una viñeta?
f) ¿Cuál es el espacio que se ilustra en la primera viñeta de este cómic? ¿Y en la segunda?
g) ¿Qué crees que se destaca en la segunda viñeta?
h) Relaciona este cómic con el contenido de este enlace que encontrarás en la web.

El **cómic** es un tipo de relato que combina imagen y lenguaje escrito.

En los cómics se narra una historia con diferentes personajes, la cual se desarrolla en una sucesión de viñetas, en las que se combinan imágenes y textos. Muchos cómics son el resultado de la colaboración de un guionista, que se ocupa de desarrollar la historia y los diálogos, y de un ilustrador, que se encarga de crear la imagen para el texto. Sin embargo, a veces una sola persona puede realizar las dos tareas.
Los cómics suelen leerse de izquierda a derecha y de arriba abajo, aunque no siempre es así, como en el caso de algunos cómics japoneses.

!

La palabra *cómic* es de origen inglés, aunque ya está aceptada por la RAE. Anteriormente, la expresión correcta era *tira cómica*, aunque todo el mundo se refería a ellos como *tebeos*, en alusión a la revista de cómics más difundida, que se titulaba *TBO*.

Según su extensión, los cómics se clasifican en tres tipos:

- La **tira cómica**, que puede estar formada por una sola viñeta y hasta un máximo de cuatro.
- El **cómic de una o de doble página**, un espacio en el que se desarrolla una pequeña historia.
- El **cómic extenso**, dentro del cual destaca la llamada novela gráfica, dirigida a un público adulto. En ella se narra una historia más sofisticada y se presenta una narración gráfica más elaborada.

El texto

Cuando se habla del texto de un cómic, hay que diferenciar entre el guion previo y el texto final. El **texto final** es aquel que acaba leyendo el lector, una vez se ha finalizado la ilustración.

El **guion del cómic** es un elemento previo al diseño de la historia. Sería como un borrador, en el que el escritor da una serie de instrucciones para la realización de las viñetas. El guion se caracteriza por dividirse en viñetas, cada una de las cuales presenta dos elementos:

- La **acotación**, es decir, la explicación de la escena que deberá verse en el dibujo.
- El **diálogo**, en el caso de que lo haya, o, en ocasiones, las palabras del narrador.

En este sentido, el guion de un cómic se aproxima a una obra de teatro.

9 | Escribe el guion de las tres primeras viñetas del cómic de la lectura de la unidad. Ten en cuenta que deberás especificar:

a) Las viñetas que contiene.

b) Las acotaciones de escena, las cuales has de describir ampliamente.

c) Los diálogos.

Elementos de la narración

Como cualquier otro tipo de narración, la del cómic también se desarrolla a través de una serie de elementos:

- **El narrador:** no siempre aparece, aunque sí es muy frecuente. Suele presentarse en 3.ª persona, a pesar de que también encontramos el narrador subjetivo en 1.ª persona.
- **Los personajes:** los personajes de los cómics se caracterizan por su sencillez; suelen ser personajes planos y perfectamente reconocibles para el lector. Por ello acostumbran a presentar rasgos muy característicos y sencillos, sobre todo en las historias de tipo humorístico (*Mortadelo y Filemón*, por ejemplo). Existen diferentes tipos de personajes que suelen aparecer en la mayoría de las historias:

	Personajes tipo de los cómics
El protagonista	La historia se centra en él. Puede ser un héroe o una heroína, un guerrero, un superhéroe o un antihéroe. En ocasiones, tiene un compañero de aventuras.
El malvado o antagonista	Es el que se opone al héroe o a la heroína. Suele ser la encarnación del mal.
Los personajes secundarios	Pueden adoptar una gran variedad de papeles y presentar muchos matices.

Todos los personajes, al ser planos y estereotipados, poseen unas características básicas y perfectamente reconocibles a través de su imagen, que se corresponde con su comportamiento. Es justamente en este aspecto en el que se diferencia la novela gráfica, la cual presenta unos personajes más complejos y próximos a la vida cotidiana y real.

En los cómics que se publican en serie, los personajes protagonistas tienen siempre los mismos rasgos. Así, Spiderman posee, además de su característico disfraz, la posibilidad de lanzar telarañas; el Capitán América, un escudo; Mortadelo, la facultad de disfrazarse de cualquier cosa...

10 | Realiza las siguientes actividades sobre el cómic de la lectura inicial:

a) ¿Tiene narrador? Si es así, ¿se utiliza la primera o la tercera persona?

b) ¿Quién es el protagonista? ¿Y los personajes secundarios?

c) Señala dos rasgos característicos de cada uno de los personajes.

11 | Lee la siguiente lista de personajes de cómic e indica dos rasgos característicos de cada uno de ellos. Busca información en internet, en el caso de que sea necesario:

a) Batman

b) Superman

c) Obélix

d) Tintín

e) Filemón

f) Detective Conan

g) Teniente Blueberry

h) Corto Maltés

La imagen

La unidad del cómic es la **viñeta**, la cual representa un momento determinado de la acción.

Del mismo modo que en las escenas del cine o de la televisión, cada viñeta del cómic ilustra una acción de la historia, mostrándola de una forma más o menos lejana. A este encuadre de la acción se le llama **plano**. Existen diferentes planos, según se represente la escena más o menos cercana:

Plano general	Plano entero	Plano americano	Plano medio	Primer plano	Primerísimo plano
Presenta la escena de forma más amplia, más general.	La viñeta se centra en el personaje, que se ve entero, de la cabeza a los pies.	Los personajes se ven desde la cabeza hasta debajo de la cintura.	Los personajes aparecen de cintura para arriba.	Se ve solo la cara del personaje.	Se muestra un detalle, ya sea del personaje (las manos, los ojos) como de la escena (un reloj, un detalle aparentemente insignificante).

Los globos y los cartuchos

Los **globos y cartuchos** son un elemento fundamental del cómic, ya que es el espacio en el que se incluyen las palabras del narrador o el diálogo de los personajes. Suelen estar escritos a mano.

Cartucho	Es un rectángulo, normalmente en el lado superior izquierdo de la viñeta, en el que aparecen las palabras del narrador.
Globos o bocadillos	Es el espacio delimitado de la viñeta, donde se transcriben los diálogos de los personajes. Los globos han de leerse, dentro de cada viñeta, de izquierda a derecha y de arriba abajo, aunque a veces este orden puede sufrir variaciones.

Existen diferentes tipos de globos:

Formas de los globos	
Cuando los globos contienen el texto que pronuncia un personaje, estos acaban en forma puntiaguda y señalan a la persona que lo dice.	
Cuando son pensamientos y no diálogos, el globo sale de pequeños círculos blancos que van agrandándose.	
Si el diálogo es crispado o se grita, el globo adquiere formas angulosas. También se marca este elevado tono de voz aumentando el tamaño de la letra.	

Las **onomatopeyas** son las palabras que reproducen sonidos, como *¡boom!*, que indica un golpe o algo que explota, o *¡chooooof!*, que reproduce el sonido de algo que cae al agua bruscamente. Las onomatopeyas tienen un papel muy importante en los cómics. Para potenciar su forma expresiva, suelen integrar la forma de la palabra en la imagen de la viñeta.

12 | Localiza en el cómic de la lectura inicial los siguientes elementos del diálogo:

a) Un cartucho.

b) Un globo: de diálogo, de pensamiento y de gritos.

c) Una onomatopeya.

El movimiento y la gestualidad

El cómic, aunque narra una acción y, por tanto, ilustra el movimiento de los personajes, es estático. Por ello, resulta muy importante que la imagen dé la **sensación de movimiento**, lo que se suele conseguir a través de las líneas cinéticas, que lo imitan.

Asimismo, la sensación de movimiento se transmite también a través de la gestualidad de los personajes, la cual resulta muy útil en los siguientes casos:

- La gestualidad es un elemento muy importante en las escenas que no tienen diálogo, pues ayuda a entender lo que sucede en la viñeta.
- En los casos en los que sí hay diálogo, la gestualidad debe acompañar a lo que sucede en la escena y coordinarse con ella.
- La gestualidad es importante que se refleje tanto en los movimientos del cuerpo como de la cara, sobre todo en los primeros planos.

Amplía conocimientos sobre uso y comunicación.

Las palabras invariables de la oración

Las palabras invariables de la oración.

Pintura rupestre de manos en negativo.

13 | Lee el texto siguiente y contesta a las preguntas:

El arte prehistórico que se desarrollaba **en** paredes **de** las cavernas nos ha dejado las representaciones pintadas **o** grabadas de difícil interpretación. Las primeras producciones pictóricas consistieron en impresiones de manos realizadas en negativo, es decir, aplicando la palma de la mano sobre la pared de roca **y** soplando sobre ella una materia colorante pulverizada, **con** lo cual se conseguía plasmar su silueta. **Pero muy** pronto, las figuras de animales aparecen **también** pintadas en composiciones cuyos temas principales se repiten: caza abundante, habilidad de los cazadores y fecundidad del rebaño. Estas composiciones pretendían proporcionar al hombre el dominio **sobre** el mundo animal. Debemos imaginar estas cavernas adornadas con pinturas y grabados, **como** los templos **más** antiguos que conocemos. Eran utilizados por la colectividad **para** sus ceremonias de iniciación y para el desarrollo de los ritos que asegurarían la supervivencia del grupo, **porque** mantenían la fecundidad de los animales y la habilidad de los cazadores.

«Los hombres del Paleolítico», *El mundo y su historia*

a) ¿De qué habla el texto?
b) ¿Cómo eran las primeras pinturas? ¿Dónde se realizaban?
c) ¿Qué temas predominaban en ellas?
d) ¿Cuál era la función de esas pinturas?
e) Fíjate en las palabras destacadas del texto y contesta a las preguntas:
- ¿Admiten estas palabras morfemas de género?
- ¿Admiten estas palabras morfemas de número?

Las **palabras invariables de la oración** son aquellas que no aceptan morfemas flexivos ni derivativos, es decir, los adverbios, las preposiciones, las conjunciones y las interjecciones.

!

Algunos adverbios admiten sufijos derivativos:
- *lejos > lejitos*
- *cerca > cerquita*
- *despacio > despacito*

El adverbio

Los **adverbios** son una clase de palabras que se caracterizan por, además de ser invariables, poseer significado léxico y complementar a un verbo (*come **rápidamente***), a un adjetivo (***muy** simpática*) o a otro adverbio (***más** lejos*).

14 | Di a qué palabra complementan los adverbios subrayados de las siguientes oraciones:

a) Este guiso está muy bueno.
b) Su hermana se quedó fuera.
c) Llegaron tarde al entrenamiento.
d) Te veré mañana.
e) Su casa está más cerca que la mía.
f) Nos quedaremos aquí.
g) Hizo bien el trabajo que le mandé.
h) La quiero mucho.
i) Resultó ser muy divertida.

Según su significado, podemos clasificar los adverbios en los siguientes tipos:

Los adverbios según su significado	
Cantidad	*mucho, poco, nada, más, muy, menos, demasiado, tan, todo, bastante, casi, cuanto*
Lugar	*aquí, acá, ahí, allí, allá, lejos, cerca, dentro, fuera, donde, arriba, abajo, encima, debajo, delante, detrás*
Tiempo	*antes, ahora, después, luego, primero, entonces, mañana, siempre, nunca, jamás, temprano, tarde, pronto, enseguida, mientras, cuando, ya, todavía, aún*
Modo	*así, bien, mal, mejor, peor...*, y la mayoría de los adverbios terminados en *-mente* (*dulcemente, tranquilamente...*)
Afirmación	*sí, también, claro, efectivamente, seguro*
Negación	*no, tampoco*
Duda o posibilidad	*quizá (-s), acaso, igual, posiblemente, probablemente*

15 | Señala los adverbios de las siguientes oraciones y di de qué tipo son:

a) Quizá la postal llegue hoy o mañana.
b) Sí, yo también quiero que subas más el volumen del televisor.
c) Me parece que así está bien.
d) Le duele mucho la muela.
e) Mientras haces los deberes, yo te esperaré allí.
f) Me dijo que no había querido nunca irse de Barcelona.
g) Dejó los zapatos debajo de la cama.
h) Hoy hace demasiado calor.
i) Se quedó reposando tranquilamente en la playa.
j) No corras y ve despacio cuando pases por esta calle.

El sufijo *-mente* transforma los adjetivos en adverbios:

- fácil > fácilmente
- alegre > alegremente

Cuando añadimos el sufijo *-mente* a un adjetivo que lleva tilde, esta se mantendrá. Si el adjetivo no lleva tilde, tampoco la pondremos al añadir este sufijo:

- ágil > ágilmente
- dulce > dulcemente

16 | Di cuáles de los siguientes adjetivos pueden convertirse en adverbios añadiendo el sufijo *-mente* y cuáles no. Fíjate en el ejemplo:

Adjetivo	Adverbio
triste	tristemente
hábil	
amarilla	
baja	
dulce	
ingenua	
delgada	
rota	

Las preposiciones

Las **preposiciones** son un clase de palabras invariables que se utilizan para relacionar dos elementos: *Casa **de** Juan. / Encontró **a** sus amigos*.

Las preposiciones del castellano son:

a, ante, bajo, con, contra, de, desde, durante, en, entre, hacia, hasta, mediante, para, por, según, sin, sobre, tras

! Las palabras *al* y *del* están compuestas por una preposición (*a*, *de*) más un determinante (*el*).

17 | Señala las preposiciones del texto siguiente:

Ante el problema que se le planteó a Esteban en su trabajo, sus amigos no sabían qué decirle: bajo ningún concepto querían equivocarse de consejo y se pasaban los días hablando entre ellos sin encontrar una solución. Desde su punto de vista, Esteban debía elegir entre dos opciones: arriesgarse a cambiar de empresa y fracasar, o quedarse donde estaba con un sueldo más o menos alto, pero sin posibilidades de mejora. Era un dilema complicado, pero había que arriesgarse y apostar por una de las dos opciones.

18 | Copia en tu cuaderno las siguientes expresiones y completa los espacios en blanco con la preposición adecuada. Ten en cuenta que no puedes repetir ninguna preposición:

a) Animal __ compañía.
b) Chocolate __ leche.
c) Leyes __ la corrupción.
d) Situación __ control.
e) Ir __ contracorriente.
f) Saltar __ un avión.
g) Declarar __ un tribunal.
h) Un acuerdo __ tú y yo.
i) Estar __ las narices.
j) Estar __ blanca.
k) Tiene razón, __ se mire.
l) Trabajar __ seguro.
m) Estar __ Babia.
n) Ir __ el sur.
ñ) Un atajo __ llegar antes.
o) Ir __ el sospechoso.
p) Conseguir un objetivo __ el trabajo.
q) Hacer algo __ alguien.
r) Bailar __ toda la noche.

19 | Escribe la preposición que exige cada uno de estos verbos. Construye después una oración con cada uno de ellos:

a) acordarse
b) preocuparse
c) tardar
d) rebelarse
e) confiar
f) buscar
g) conformarse
h) interesarse

Las conjunciones

Las **conjunciones** son una clase de palabras invariables que relacionan palabras, grupos de palabras u oraciones.

Las conjunciones se clasifican en:

- **Coordinantes:** unen palabras, grupos de palabras u oraciones que están a un mismo nivel y que, por lo tanto, pueden intercambiarse:

Laura **y** Clara son hermanas.	Clara **y** Laura son hermanas.
Es simpático, **pero** habla poco.	Habla poco, **pero** es simpático.

- **Subordinantes:** unen una oración a una palabra o a otra oración, de la que depende. En este caso, no puede alterarse el orden sin que con ello varíe su significado:

Iré a tu casa **si** me llamas.	* Me llamas **si** iré a tu casa.
Prefiero **que** vayamos a la plaza.	* Vayamos a la plaza **que** prefiero.

Conjunciones	
Coordinantes	*y, e, ni, o, u, pero, sino…*
Subordinantes	*que, si, porque, aunque, conque…*

La conjunción *y*, cuando precede a palabras que empiezan por *i-* o *hi-*, se transforma en *e*: *padres e hijas*; *Juan e Irene*.

La conjunción *o*, cuando precede a palabras que empiezan por *o-* u *ho-*, se transforma en *u*: *minutos u horas*; *siete u ocho*.

20 | Señala las conjunciones de las siguientes oraciones y clasifícalas según sean coordinantes o subordinantes:

a) Sé que María y Carlos se compraron una casa cerca de aquí.
b) Tengo hambre, pero te esperaré para comer.
c) No me llames porque mi teléfono está estropeado.
d) ¿Prefieres carne o pescado?
e) No lo hago por dinero, sino por afición.
f) Jugaremos una partida de cartas, si tienes tiempo.
g) No te lo diré aunque me lo pidas de rodillas.
h) Entran y salen sin parar.
i) Si decides venir, avísame.

Las interjecciones

Las **interjecciones** son una clase de palabras invariables que se pronuncian de forma exclamativa. Expresan sentimientos e impresiones del hablante y también se utilizan cuando nos dirigimos a alguien para que haga algo.

Algunas de las principales interjecciones son:

¡ay!, ¡ah!, ¡oh!, ¡bah!, ¡venga!, ¡eh!, ¡uf!, ¡plaf!, ¡adelante!, ¡fuera!, ¡caramba!, ¡vaya!, ¡lástima!, ¡olé!, ¡bravo!, ¡zasca!, ¡chisss!

Hay interjecciones que se usan como fórmula de saludo, despedida, cortesía…, como por ejemplo: *¡Adiós!*, *¡Hola!*, *¡Salud!*, *¡Felicidades!*, *¡Gracias!*

21 | Escribe las interjecciones que expresen cada una de las siguientes emociones:

a) sorpresa
b) alegría
c) miedo
d) admiración

Amplía conocimientos sobre el estudio de la lengua.

La *g* y la *j*

22 | Lee el texto siguiente y realiza las actividades que encontrarás a continuación:

Pocas publicaciones tienen el privilegio de ser tan ampliamente recordadas por generaciones de lectores como la entrañable revista el *TBO*. Historietas como las de la simpática familia Ulises o los imaginativos inventos del profesor Franz de Copenhague, ocupan un lugar de privilegio en el recuerdo de los que tuvimos la suerte de leer más o menos habitualmente esta revista.

Acostumbrados a los sofisticados cómics actuales, las historietas y los chistes del *TBO* sorprenden por su aparente inocencia y humor blanco. Las aventuras clásicas de esta revista se caracterizaban por tener pocos personajes fijos.

Otro aspecto que sorprende al lector actual es el humilde material utilizado para su publicación, pues se trataba de un papel muy delgado parecido al empleado por los periódicos y, además, se imprimía con pocas páginas en color.

No obstante, lo que no era humilde fue la popularidad de la cual gozó durante casi toda su existencia; tanto, que incluso el nombre de la propia revista, pronunciado *tebeo*, se usó para definir las publicaciones de cómics infantiles y juveniles.

«El TBO de siempre», *Rosaspage* (adaptación)

a) ¿Qué historietas aparecían en *El TBO*?

b) ¿Presentaba muchos o pocos personajes fijos? ¿Ocurre lo mismo con los cómics actuales?

c) Aparte de ser el título de la revista, ¿qué definía la palabra *tebeo*?

d) ¿Qué palabras del texto se escriben con *g* y qué palabras se escriben con *j*? Anótalas en tu cuaderno.

e) ¿En cuáles de estas palabras del texto la letra *g* se pronuncia igual que la letra *j*?

f) ¿En cuáles de estas palabras del texto la letra *g* se pronuncia de manera distinta que la letra *j*?

! Cuando queremos reproducir el sonido débil ante *-e*, *-i*, escribiremos el dígrafo *gu* (*guitarra*, *reguero*). Si queremos pronunciar la *u* que aparece antes de *-e*, *-i*, hay que escribir diéresis (*pingüino*, *cigüeña*).

Ante las vocales *-a*, *-o*, *-u*, la *g* y la *j* representan sonidos diferentes: la *j* representa un sonido fuerte (*Javier*, *cajón*, *julio*) y la *g* uno débil (*gato*, *goma*, *gusano*). Por el contrario, delante de las vocales *-e*, *-i*, la *g* y la *j* tienen el mismo sonido: *jefe*, *cojín*, *general*, *rugido*, de forma que es en estos casos cuando debemos conocer las normas ortográficas para no cometer faltas de ortografía.

La ortografía de la *g* y la *j* ante *-e*, *-i*

Se escriben con *j*		
Norma	**Ejemplos**	**Excepciones**
Las palabras que terminan en *-aje*, *-jero*, *-jera* y *-jería*.	*embalaje*, *extranjero*, *consejera*, *conserjería*	ligero
Todas las formas verbales cuyo infinitivo no lleva ni *g* ni *j*.	*dije* (decir), *trajimos* (traer)	
Las palabras derivadas de otras que llevan *j*.	*caja*, *cajita*; *rojo*, *enrojecer*	

Se escriben con *g*		
Norma	**Ejemplos**	**Excepciones**
Los verbos cuyo infinitivo termina en *-ger* o *-gir*.	*coger, proteger, elegir, sumergir*	tejer, crujir
Las palabras que empiezan por el sufijo *geo-*.	*geología, geografía, geometría*	
Las palabras terminadas en *-gogía, -logía* y *-lógico*.	*pedagogía, fisiología, analógico*	
Las palabras terminadas en *-gencia, -gia, -ginal, -gión* y *-gioso*.	*urgencia, magia, original, región, religioso*	apoplejía

23 | Escribe *g* o *j* en los espacios en blanco de las siguientes oraciones:

a) La ca__era del supermercado reco__ió los productos y eli__ió los me__ores para unos clientes extran__eros.
b) El conser__e de__ó su equipa__e en casa y se diri__ió a la calle.
c) Jor__e co__ió el coche del gara__e y, al salir, __iró a la derecha.
d) Escuchó un li__ero ruido y vio el embala__e de la ca__ita abierto.
e) Le tra__imos un __arabe para prote__erse de la gripe.
f) Le di__e que yo quería estudiar filolo__ía y no __eolo__ía.
g) Sumer__í el dedo en agua fría como un remedio de ur__encia.
h) Te__ió un __ersey muy ori__inal para su hi__o.

Signos de puntuación

Las comillas

Las **comillas** son un signo de puntuación doble (se abren y se cierran) que se utilizan para:

- **Reproducir una cita** de un libro o las palabras textuales que ha pronunciado alguien: Juan dijo: «Ven ahora mismo».
- Cuando se quiere indicar que una palabra o expresión se utiliza en **sentido irónico**: Desde luego, eres muy «gracioso».
- Para citar el **título** de un texto, de una noticia o de un artículo: La noticia se titulaba «La corrupción política».

24 | Escribe las comillas en estas oraciones cuando sea necesario:

a) Escribió un artículo titulado La comida japonesa.
b) ¿Qué quieres?, preguntó Laura.
c) Este autor escribió: No todo lo que vemos es cierto.
d) Ese reportaje se llama Los hombres del abismo.

Dictado

Al caer al suelo, oímos cómo le crujía ligeramente el hueso del brazo e inmediatamente lo llevamos de urgencias a traumatología, donde le hicieron unas radiografías. Después le pusieron un vendaje de escayola y le dijeron que volviera dentro de un mes. Estuvo quejándose unos días, pero al final se relajó y, en general, aguantó bastante bien, aunque le molestaba no poder sumergir el brazo en el agua cuando se bañaba.

¡Fíjate!

cru**j**ía
li**g**eramente
ur**g**encias
traumatolo**g**ía
venda**j**e
di**j**eron
que**j**ándose
rela**j**ó
general
sumer**g**ir

Amplía conocimientos sobre ortografía.

El campo semántico (II)

25 | Lee el texto siguiente y responde a las preguntas:

Los diferentes tipos de pintura se clasifican atendiendo a diferentes criterios, como los pigmentos que utilizan, cómo se aglutinan estos pigmentos, cómo se diluyen o sobre qué soporte más frecuente se usan. De entre todos ellos podemos destacar la acuarela, el pastel, el óleo y la acrílica.

La acuarela se crea con pigmentos en polvo y goma arábiga; por eso necesitan agua como disolvente. Lo más habitual es que se utilicen para pintar sobre papel.

El óleo se forma a partir de la mezcla de pigmentos con aceites vegetales. Se trata de un tipo de pintura ya conocido en la Edad Media y que tiene como soporte más habitual el lienzo, aunque también se usa en madera o hierro.

La acrílica se crea a partir de materiales sintéticos diluidos en agua. Su textura es similar a la del óleo, pero se seca en mucho menos tiempo.

Por último, el pastel es un tipo de pintura cuyos pigmentos se forman con goma o resina hasta formar una pasta seca que se moldea en forma de barritas del tamaño de un dedo.

a) ¿Qué título le pondrías al texto?
b) ¿Cuántos tipos de pintura se describen?
c) ¿Qué diferencias existen entre el óleo y la pintura acrílica?
d) ¿Qué pintura se utiliza sobre el papel?
e) ¿Qué pintura se moldea en forma de pequeñas barras?
f) ¿Qué pintura necesita diluirse en agua?

En un campo semántico, podemos distinguir el **hiperónimo** y los **hipónimos**. El hiperónimo es el término general que engloba a los demás, que son los hipónimos.

Por ejemplo, en el texto anterior, podemos distinguir entre el hiperónimo *pintura*, y los hipónimos *acuarela*, *óleo*, *acrílica* y *pastel*.

26 | Escribe el hiperónimo de los siguientes hipónimos:

a) comedor, habitación, baño, pasillo, tejado, puerta
b) rojo, verde, amarillo, violeta, azul
c) autobús, avión, barco, coche, motocicleta
d) ciprés, abedul, pino, haya, roble

27 | Escribe cinco hipónimos distintos para los siguientes hiperónimos:

a) asignatura
b) arte
c) cine
d) naturaleza
e) juego
f) herramienta

28 | Lee las siguientes series de palabras y di cuál de ellas no pertenece al mismo campo semántico que las demás:

a) acero, cobre, madera, bronce, hierro
b) impresora, sobre, pantalla, teclado, ratón
c) agua, perejil, limonada, gaseosa, naranjada

Amplía conocimientos sobre léxico.

Los recursos literarios en la lírica

29 | Lee el siguiente poema y contesta a las preguntas que encontrarás a continuación:

Todas las artes están relacionadas y se influyen mutuamente, y la literatura no es una excepción. Por una parte, muchas obras literarias han sido fuente de inspiración de pinturas, esculturas, composiciones musicales... Por otra, artistas que se dedicaban a otras artes, como la pintura o la escultura, han influido en la obra de poetas, novelistas y dramaturgos. En el siguiente texto, el poeta Rubén Darío (1867-1916) expresa su admiración por la pintura de Francisco de Goya (1746-1828).

Poderoso **visionario**,
raro ingenio temerario,
por ti enciendo mi **incensario**.

Por ti, cuya gran **paleta**,
caprichosa, brusca, inquieta,
debe amar todo poeta;

por tus lóbregas visiones,
tus blancas irradiaciones,
tus negros y bermellones;

por tus colores **dantescos**,
por tus **majos** pintorescos,
y las glorias de tus **frescos**.

RUBÉN DARÍO

a) ¿Cuántas sílabas tiene cada verso?
b) Indica la rima del poema y di si es asonante o consonante.
c) Describe las características de la estrofa: número de versos y tipo de rima, es decir, si es continua, abrazada o encadenada.
d) Cuando el autor del poema dice que por Goya «enciende su incensario», ¿qué nos da a entender sobre la obra de este pintor?
e) ¿Crees que la paleta de un pintor (un objeto inanimado) puede ser «caprichosa» o «inquieta»? ¿Cómo debemos interpretar los versos 4 y 5?
f) ¿Qué aspectos admira el poeta de la obra de Goya?
g) Observa los siguientes cuadros de Goya, *El quitasol* y *El aquelarre*, y di con cuál de ellos relacionarías cada una de los siguientes versos del poema:
- «lóbregas visiones».
- «tus colores dantescos».
- «los negros y bermellones».
- «por tus majos pintorescos».

El análisis de poemas.

visionario Que prevé el futuro.
incensario Recipiente para quemar el incienso usado en las ceremonias religiosas.
paleta Tabla en la que un pintor mezcla sus colores.
dantesco Propio de Dante, infernal.
majo Personaje popular del siglo XVIII.
fresco Pintura hecha sobre la pared.

1

2

La **lírica** es tal vez el género literario que más se aleja del uso normal del lenguaje, debido a la abundancia de recursos literarios. Por eso, con frecuencia, nos resulta más difícil entender un poema que una narración o una obra de teatro.

30 | Lee este poema y contesta a las preguntas que encontrarás a continuación:

> Como enjambre de abejas irritadas,
> de un oscuro rincón de la memoria
> salen a perseguirme los recuerdos
> de las pasadas horas.
>
> Yo los quiero ahuyentar. ¡Esfuerzo inútil!
> Me rodean, me acosan,
> y unos tras otros a clavarme vienen
> agudo aguijón que el alma encona.
>
> Gustavo Adolfo Bécquer

a) ¿Cuántas estrofas tiene el poema?

b) ¿De cuántos versos está compuesta cada una de ellas? ¿Cuántas sílabas tiene cada verso?

c) ¿Se da algún tipo de rima en el poema? Justifica tu respuesta.

d) Fíjate en los versos pares y di qué tipo de rima se establece entre ellos, es decir, si es asonante o consonante.

e) En la primera estrofa, el poeta habla de sus recuerdos; ¿con qué los compara? ¿Sugiere sufrimiento esta comparación que hace el poeta? Justifica tu respuesta.

f) En la primera estrofa, el poeta también explica cómo se originan esos recuerdos; ¿de dónde surgen?

g) En la segunda estrofa, el poeta explica cómo reacciona ante esos recuerdos y, para ello, utiliza el verbo «ahuyentar»; ¿cómo se relaciona la utilización de este verbo con la comparación «como enjambre de abejas irritadas»? Justifica tu respuesta.

h) En la segunda estrofa, el poeta describe qué producen en él esos recuerdos y, para ello, usa las expresiones «me rodean», «me acosan» y «vienen a clavarme un agudo aguijón»; ¿crees que estas expresiones están relacionadas con la comparación de la primera estrofa con las abejas? Justifica tu respuesta.

i) Al final del poema, se dice que todo ese daño afecta a su alma. ¿Crees que se trata de un dolor físico o más bien se trata de un dolor emocional? Justifica tu respuesta.

31 | **Copia en tu cuaderno el siguiente texto sobre el poema anterior, y complétalo con las palabras y expresiones siguientes:**

sufrimiento emocional, recuerdos, metáfora, enjambre de abejas, expresión, antiguos y confusos

En la primera estrofa de este poema, el poeta habla de sus ________. Para sugerir qué le producen, los compara con un ________. Para expresar que son recuerdos ________, usa la ________ «de un oscuro rincón de la memoria».

En la segunda estrofa se explica el dolor que le causan esos recuerdos usando expresiones que corresponden a una ________. Sin embargo, el poeta deja claro que se trata de un ________, porque dice que le afecta al alma.

32 | Lee el siguiente poema y contesta a las preguntas que encontrarás a continuación:

Era un suspiro **lánguido** y sonoro
la voz del mar aquella tarde... El día,
no queriendo morir, con garras de oro
de los acantilados se prendía.

Pero su seno el mar alzó potente,
y el sol, al fin, como en **soberbio** lecho,
hundió en las olas la dorada frente,
en una brasa **cárdena** deshecho.

Para mi pobre cuerpo dolorido,
para mi triste alma **lacerada**,
para mi **yerto** corazón herido,

para mi amarga vida fatigada...
¡el mar amado, el mar apetecido,
el mar, el mar, y no pensar nada...!

MANUEL MACHADO, «**Ocaso**»

lánguido Falto de energía.
soberbio Magnífico.
cárdeno Rojo.
lacerado Herido.
yerto Rígido por el frío o por la muerte.
ocaso Puesta de sol.

a) ¿Cuántas estrofas tiene el poema?
b) ¿Cuántos versos contiene cada una de ellas?
c) ¿Cuántas sílabas tiene cada verso? ¿Se establece algún tipo de rima entre los versos? Si es así, di qué versos riman y qué tipo de rima es.
d) Este poema es un soneto. ¿Por qué?
e) ¿En qué dos partes se divide el poema? ¿Qué tema trata cada una de ellas?
f) En la primera y segunda estrofas, el poeta describe un fenómeno cotidiano, el ocaso, de una forma especial. Responde a las siguientes preguntas sobre estas estrofas:
   - Los términos con los que se alude al mar en los versos 1, 2 y 5 (*suspiro*, *voz* y *seno*), ¿son propios de un objeto o de una persona?
   - En el verso 3, ¿con qué expresión se hace referencia al reflejo de los rayos de sol en el acantilado? ¿Qué recurso literario usa?
   - En los versos 3 y 7, los términos que se utilizan para hacer referencia al día y al sol (*no querer morir*, *frente*), ¿son propios de un objeto o de una persona?
g) La tercera y la cuarta estrofas se centran en el estado anímico del poeta. ¿Cómo se describe emocionalmente? ¿Qué recursos literarios usa? ¿Qué efecto tienen?
h) Para referirse a sí mismo, el poeta utiliza varios sustantivos; señálalos. ¿Cuántos adjetivos acompañan a esos sustantivos? ¿Por qué se han de interpretar en sentido figurado? Justifica tu respuesta.
i) ¿Por qué la expresión «amarga vida» es una sinestesia?

33 | **Copia en tu cuaderno este texto sobre el poema anterior, y complétalo con las palabras y expresiones siguientes:**

personificaciones, epítetos, anáforas, dos, puesta de sol,
estado de ánimo, metáforas, paralelismos, consonante, negativos,
embellecedora, soneto, mar, tristeza

El poema anterior es un ______ con rima ______. En cuanto al contenido, podemos distinguir __ partes:
La primera parte describe la ______ junto al ______ con ______ y ______, de manera que resulta una descripción ______.
En la segunda parte, el poeta describe su ______ con términos muy ______. Destaca la abundancia de ______. Además, para intensificar su ______, usa ______ y ______.

34 | Lee el siguiente poema y contesta a las preguntas:

¡La otra tarde, se ha llevado
el viento más hojas secas!
¡Qué pena tendrán los árboles,
esta noche sin estrellas!

He entreabierto mi balcón:
la luna camina muerta,
sin luz de besos ni lágrimas,
amarilla entre la niebla.

Y he acariciado los árboles,
con miradas de terneza,
que les van abriendo hojitas
verdeluz de primavera.

¿Es que están soñando, así
con sus pobres hojas secas?
Yo les digo: «No lloréis;
vendrán con las hojas nuevas».

Juan Ramón Jiménez

a) Indica la medida de los versos y la rima del poema.
b) ¿Es un romance? Justifica tu respuesta.
c) ¿Qué suceso recuerda el poeta en la primera estrofa?
d) ¿Por qué supone el poeta que los árboles sentirán pena?
e) En la segunda estrofa, ¿por qué le parece al poeta que la luna «camina muerta»?
f) ¿Crees que en las dos primeras estrofas el poeta se centra en cosas tristes? Justifica tu respuesta.
g) En la tercera estrofa, ¿de qué manera mira el poeta los árboles?
h) El verbo *acariciar*, ¿se utiliza metafóricamente? Justifica tu respuesta.
i) ¿Qué efecto cree el poeta que produce en los árboles su manera de mirarlos?
j) En la cuarta estrofa, ¿por qué supone el poeta que los árboles están tristes? ¿Cómo pretende consolarlos?

35 | Lee el poema siguiente y realiza las actividades:

–Yo soy ardiente, yo soy morena,
yo soy el símbolo de la pasión,
de ansia de goces mi alma está llena.
¿A mí me buscas?

–No es a ti, no.

–Mi frente es pálida, mis trenzas de oro,
puedo brindarte dichas sin fin.
Yo de ternura guardo un tesoro.
¿A mí me llamas?

–No, no es a ti.

–Yo soy un sueño, un imposible,
vano fantasma de niebla y luz.
Soy incorpórea, soy intangible,
no puedo amarte.

–¡Oh ven, ven tú!

a) Analiza la métrica del poema, así como las características de cada estrofa.
b) Explica con quién dialoga el poeta en cada estrofa.
c) Explica qué recursos expresivos usa el poeta para caracterizar a cada personaje.
d) ¿Por qué crees que rechaza a los dos primeros personajes y acepta al tercero?

Amplía conocimientos sobre literatura.

El museo del cómic

¿QUÉ VAMOS A HACER?

En este proyecto vais a diseñar la página web del museo virtual del cómic. En ella deberéis incluir información sobre su historia, los géneros más destacados y los autores más importantes.

PARA EMPEZAR

Como habéis estudiado en esta unidad, el cómic es una manifestación artística que combina lengua escrita e imagen para narrar una historia en una sucesión de viñetas. Además, en el último siglo ha alcanzado una gran difusión, lo que ha hecho que algunos de sus creadores gocen en la actualidad de gran prestigio y hayan influido en artistas de otros ámbitos.

Sin embargo, aún son pocos los museos dedicados al cómic, en comparación con los que se destinan a otras artes plásticas.

¿CÓMO LO VAMOS A HACER?

- Buscad información sobre la historia del cómic:
  - –Los antecedentes del cómic en la Antigüedad, en la Edad Media o en la pintura de los siglos XV al XVIII.
  - –Las publicaciones gráficas del siglo XIX (aleluyas, por ejemplo).
  - –El inicio del género del cómic propiamente dicho en EE. UU. y Europa, en la primera mitad del siglo XX.
  - –La época dorada del cómic en la segunda mitad del siglo XX.
  - –Las últimas tendencias en Europa, EE. UU. y Japón.
- Recopilad información y ejemplos de los géneros más importantes del cómic:
  - –Humor.
  - –Aventuras, wéstern...
  - –Detectivesco.
  - –Bélico.
  - –Fantasía (superhéroes, terror, ciencia ficción...).
- Explicad y aportad ejemplos de los elementos gráficos del cómic:
  - –Globos.
  - –Cartuchos.
  - –Líneas cinéticas.
- Distribuid toda esta información en las diferentes salas del museo virtual. En cada una de ellas, debéis aportar explicaciones e imágenes ilustrativas.

CONSEJOS ÚTILES

- Recordad que, en el trabajo en grupo, podéis repartiros las tareas, pero debéis tomar las decisiones entre todos.
- Elaborad un guion y después desarrollad cada uno de los apartados.
- Incluid enlaces de otros museos y completad así la información de vuestra página web.

Entrevista a Carlos Giménez

En 1971 habías dibujado *El Miserere*, una adaptación de un cuento de Bécquer que se publicó en la revista *Trinca*. En esa historieta explotan un montón de ideas de montaje que ya se apuntaban en obras tuyas anteriores. ¿Crees que se puede hablar de un punto y aparte en tu carrera?

El Miserere y una adaptación de Edgar Allan Poe que hice el mismo año, *El extraño caso del señor Valdemar*, son esas pequeñas ocasiones para hacer algo distinto a lo habitual: un trabajito corto, en el que puedes hacer lo que quieras, un experimento...

De todas formas, cuando hablamos de experimentos, yo pienso que solamente se debe experimentar hasta cierto punto. Tú no puedes publicar en una revista algo que el lector no vaya a entender: si trabajas en una industria, tu trabajo está sujeto a ella. Nos guste o no nos guste. Eso no quiere decir que tenga que dejar de ser artístico o comprometido, pero tiene que servir a la industria.

En 1974 publicaste *Hom*, una adaptación de una novela del escritor de ciencia ficción Brian Aldiss.

Sí, yo había leído por aquella época *En el lento morir de la tierra* y me había entusiasmado por la cantidad de posibilidades que tenía. Me apetecía mucho hacer aquello. Yo nunca había hecho un guion largo y no me atrevía a hacer uno yo solo, necesitaba una base y utilicé la historia de Aldiss añadiendo todo lo que me interesaba. Del libro utilicé muy poco. *Hom* no es exactamente una adaptación; más bien está inspirada en la novela.

También dibujaste una excelente adaptación de *Réquiem para un campesino español*, de Sender.

Fue una historieta de tres páginas para un número extra. Como tantas cosas en mi vida, cuando la enseñé todo el mundo la miraba como diciendo «¿Pero esto qué es?». Muchas veces te encuentras que la gente que está al frente del negocio en el que estás trabajando tiene unos planteamientos mucho más reducidos que los tuyos. Esa historieta se publicó, como tantas otras cosas, casi a traición.

En 1979 publicaste *Koolau, el leproso*, adaptando un relato de J. London.

En aquella época había unos editores alemanes que iban a sacar una revista y pagaban unas cuatro o cinco veces lo que cobrábamos normalmente. Víctor Mora iba a hacer un guion y yo lo iba a dibujar, iba a ser una serie de ciencia ficción que luego la dibujó Alfonso Font. Como Víctor tardaba en darme los guiones, en ese espacio de tiempo decidí dibujar una versión de un cuento de Jack London. Tenía tantas ganas de adaptarlo, que empecé a dibujarlo sin guion ni nada. *Koolau, el leproso* se vendió muy mal, me dio muy poco dinero y me obligó a estar durante mucho tiempo pasando penas.

¿Por qué ese interés continuado en hacer adaptaciones literarias?

A veces lees una cosa y piensas: «¡Qué bonito sería dibujar esto!», y como la historia ya está contada, solo piensas en cómo la vas a dibujar. Yo me divertía mucho cuando dibujaba historias partiendo de textos ajenos. La verdad es que cuando adaptaba textos buscaba cosas que fueran muy de acuerdo con mi temperamento, con los temas que suelo tratar en mis guiones originales.

David Muñoz y Antonio Trashorras, «Entrevista», *U. El hijo de Urich* (adaptación)

1 | **Contesta a las siguientes preguntes sobre la entrevista:**

a) ¿Por qué considera Carlos Giménez que las adaptaciones de *El Miserere* y *El extraño caso del señor Valdemar* fueron especiales?
b) ¿Qué opina Carlos Giménez sobre el hecho de hacer experimentos en sus cómics? ¿Por qué?
c) ¿Por qué aprovechó la novela *En el lento morir de la tierra* para hacer su primer guion largo?
d) Según el dibujante, ¿la adaptación de esta novela es muy fiel al original?
e) ¿Cómo reaccionaron los editores cuando les mostró la adaptación de *Réquiem por un campesino español*? ¿Por qué?
f) ¿Por qué en el año 1979 dispuso de tiempo para hacer la adaptación de *Koolau, el leproso*?
g) ¿Cuál fue el resultado económico de la publicación de ese relato?
h) ¿Por qué ha dibujado tantas adaptaciones de obras literarias?

2 | **¿De qué autores ha adaptado obras Carlos Giménez? Señálalos:**

a) Gustavo Adolfo Bécquer
b) Isaac Assimov
c) Juan Benet
d) Edgar Allan Poe
e) Miguel de Cervantes
f) Jack London
g) Ramón J. Sender
h) Brian Aldiss

3 | **Escribe el nombre de los autores de las siguientes obras adaptadas al cómic por Carlos Giménez:**

a) *El Miserere.*
b) *El extraño caso del señor Valdemar.*
c) *Réquiem por un campesino español.*
d) *En el lento morir de la tierra.*
e) *Koolau, el leproso.*

Las categorías gramaticales

El sustantivo

Designa cosas, animales, personas, ideas o sentimientos. Admite morfemas de género masculino (*-o*) o femenino (*-a*) y de número singular y plural (*-s*, *-es*). Suele ir acompañado de un determinante con el que concuerda en género y número:

el** gat - **o	***la** gat - **a***	***los** gat - **os***	***las** gat - **as***
masc. sing.	fem. sing.	masc. pl.	fem. pl.

Tipos de sustantivos	
Comunes	Denominan, en general, seres y cosas de una misma clase: *lápiz*, *amor*, *mesa*.
Propios	Individualizan a un ser u objeto, diferenciándolo de otros: *Laura*, *París*.
Individuales	Designan a un solo ser, objeto o concepto: *nube*, *espejo*, *Mar*.
Colectivos	Designan, en singular, a un conjunto de elementos: *rebaño*, *biblioteca*, *bosque*.
Concretos	Designan objetos reales, que pueden percibirse por los sentidos: *madera*, *luz*.
Abstractos	Designan ideas, conceptos o sensaciones: *bondad*, *felicidad*, *belleza*.

El adjetivo

Acompaña a un sustantivo y expresa sus cualidades. Concuerda con él en género y número:

*jueg**os***	*nuev**os***	*chic**a***	*divertid**a***
N	Adj	N	Adj

Según la forma, el adjetivo puede presentar una o dos terminaciones: *hombre sabio*, *mujer sabia*, *niño feliz*, *niña feliz*.

Los determinantes

Artículos		Señalan al sustantivo como algo conocido. **Formas:** *el*, *la*, *los*, *las*.	*el árbol*, *las gafas*.
Demostrativos		Indican la distancia a la que se encuentra aquello que nombra el sustantivo. **Formas:** *este*, *esta*, *estos*, *estas*, *ese*, *esa*, *esos*, *esas*, *aquel*, *aquella*, *aquellos*, *aquellas*.	*esta casa*, *ese vaso*, *aquellas barcas*.
Numerales	**Cardinales**	Indican una cantidad exacta. **Formas:** *un*, *dos*, *tres*...	*cinco coches*, *seis velas*.
	Ordinales	Indican una serie ordenada. **Formas:** *primero*, *segundo*, *tercero*...	*el quinto lugar*, *el tercer clasificado*.
Posesivos		Indican posesión o pertenencia del sustantivo al que acompañan. **Formas:** *mi*, *mío*, *mía*, *mis*, *míos*, *mías*; *tu*, *tuyo*, *tuya*, *tus*, *tuyos*, *tuyas*; *su*, *suyo*, *suya*, *sus*, *suyos*, *suyas*; *nuestro*, *nuestra*, *nuestros*, *nuestras*; *vuestro*, *vuestra*, *vuestros*, *vuestras*; *su*, *suyo*, *suya*, *sus*, *suyos*, *suyas*.	*mi chaqueta*, *sus trucos*, *un compañero tuyo*.
Indefinidos		Aluden, de forma imprecisa, a la cantidad o identidad del nombre al que acompañan. **Formas:** *un*, *una*, *unos*, *unas*; *algún*, *alguna*, *algunos*, *algunas*; *ningún*, *ninguna*, *ningunos*, *ningunas*; *cualquier*, *cualquiera*, *cualesquiera*; *mismo*, *misma*, *mismos*, *mismas*; *otro*, *otra*, *otros*, *otras*; *demás*; *todo*, *toda*, *todos*, *todas*; *mucho*, *mucha*, *muchos*, *muchas*; *poco*, *poca*, *pocos*, *pocas*; *varios*, *varias*; *bastante*, *bastantes*.	*alguna idea*, *poco ruido*, *bastante frío*.
Interrogativos y exclamativos		Expresan una pregunta o una exclamación. **Formas:** *qué*, *cuánto*, *cuánta*, *cuántos*, *cuántas*.	*¿Cuántos años tienes?* *¡Qué idea tan genial!*